楼船铁马刘寄奴
南北朝启幕战史

李硕 著

北京出版集团
文津出版社

图书在版编目（CIP）数据

楼船铁马刘寄奴：南北朝启幕战史 / 李硕著. -- 北京：
文津出版社，2020.8
ISBN 978-7-80554-718-3

Ⅰ.①楼… Ⅱ.①李… Ⅲ.①中国历史—魏晋南北朝
时代—通俗读物 Ⅳ.①K235.09

中国版本图书馆CIP数据核字（2020）第 032679 号

地图审图号：GS（2020）266 号

出　品　人：安　东　高立志	责任编辑：王忠波　孔伊南
项目统筹：孔伊南	特约编辑：范亚男
装帧设计：泽　丹	责任印制：陈冬梅

楼船铁马刘寄奴
南北朝启幕战史
LOUCHUAN TIEMA LIU JINU

李硕　著

| 出　　版：北京出版集团 |
| 　　　　　文津出版社 |
| 地　　址：北京市北三环中路6号 |
| 邮　　编：100120 |
| 网　　址：www.bph.com.cn |
| 发　　行：北京出版集团 |
| 印　　刷：北京华联印刷有限公司 |
| 经　　销：新华书店 |
| 开　　本：889 毫米 ×1194 毫米　1/32　　印　张：10.875　字　数：222 千字 |
| 版　　次：2020 年 8 月第 1 版　　　　　印　次：2023 年 10 月第 5 次印刷 |
| 书　　号：ISBN 978-7-80554-718-3 |
| 定　　价：59.00 元 |

如有印装质量问题，由本社负责调换
质量监督电话：010-58572393

图书策划：活字文化　　　　　　　　　　　　　　　版权所有·侵权必究

目录

引子 1

第一章　东晋大司马桓温北伐前燕 1
  舰队北征 4
  陆地行舟 10
  对峙黄河 14
  燕军反击 17
  名将叛逃 20
  决战太行 25

第二章　萎靡江东 33
  荆扬对峙 35
  废立之谋 39
  士族 43
  觊觎与消磨 48

第三章　苻秦崩溃 51
庶民刘裕 53
圣人梦 55
云散淝水 60
脆弱的道德线 62
秦晋联军 65
叛乱蔓延 68
凤凰止阿房 70
血污超度者 74
宫阙依然 80
佛国之路 82

第四章　江东新士族 85
桓氏又起 87
北方变局 89
天师道 92
驰援京口 99

第五章　桓楚代晋 103
荆扬再启衅 105
刘牢之再倒戈 106
清洗北府 109
桓楚帝业 112

北府密谋.................................. 116

第六章　虎变南国.................................. 121
　　京口举兵.................................. 123
　　血战钟山路.................................. 126
　　接管朝廷.................................. 131
　　桓玄末路.................................. 134
　　卢循占广州.................................. 137

第七章　袭南燕.................................. 139
　　三头时代.................................. 141
　　慕容超启衅.................................. 144
　　山地北征.................................. 146
　　马镫改变战争.................................. 152
　　决战临朐.................................. 156
　　后秦的威胁.................................. 159
　　慕容末路.................................. 163

第八章　天师道再起.................................. 171
　　跨岭奇思.................................. 173
　　何无忌战死豫章.................................. 176
　　刘毅兵败桑落洲.................................. 177
　　死守建康.................................. 180
　　艰难转折.................................. 185

江海齐举.............................. 188

第九章　故人火并 193
整顿政治.............................. 195
心腹刘穆之.......................... 197
"二刘"结怨.......................... 199
千里溯江.............................. 204
诸葛长民.............................. 210
进占蜀地.............................. 212
司马休之.............................. 216

第十章　法显西行 223
求法第一人.......................... 225
初入佛国.............................. 228
六载中天竺.......................... 230
泛海还乡路.......................... 232
汉地...................................... 236

第十一章　西征后秦 241
姚秦王朝.............................. 243
反季节用兵.......................... 245
初战河南.............................. 250
受阻潼关.............................. 256

北魏介入... 260

第十二章　故国往事............................. 265
　　时空之旅... 267
　　探秘桃花源... 273
　　长安克定... 277
　　失关中... 282
　　残年帝业... 287
　　南朝余波... 290

附录一　部分人物及其家族简介............. 293
附录二　战事年表................................. 305
后记.. 315
关于本书体例的一点说明..................... 323

引子

公元410年，旧历二月五日。慕容鲜卑建立的南燕王朝都城——青州广固城①，终于被晋军攻占。

屠城命令已经下达。成群结队的晋军士兵在街巷间搜索，寻找还有一口气的敌人。鲜卑人大多皮肤白皙，须发偏棕黄色，被称为"白虏"，很容易辨认。经过八个月的围城、血战、饥荒和瘟疫，他们大多已经丧失了战斗力，甚至瘫软到无法行走。

二月的天空，南风开始送来春天的暖意。干涸的护城河床上，嫩绿的狗尾草已经舒展开了叶子。战俘们成排跪在河沿，身旁站着行刑的晋军士兵。随着军官的口令，钢刀挥动，头颅一齐在空中翻滚、落下岸坡。鲜血喷溅的尸体随之被踢下，横七竖八堆积在河底。

乱尸丛中，还有肢体在痉挛、踢踏，然后又被新尸体压

---

① 广固城，城址在今山东省青州市区西。

住、覆盖。

屠杀之后，全城都将被焚毁。夯土城墙也要被铲平，填入护城河。青草将从乱尸中吸收养分，生长得格外茂盛。

西南的沂山无语绵延，见证了广固城建成以来的八十多年，汉人流民、羯人、氐人、鲜卑人相继成为它的统治者，它经历了三次围城、血战和屠杀。这个因分裂和割据而生的城市，终于要消失了。

不久，燕子会从南方飞来，它们将再也找不到旧巢所在的屋椽，和在屋椽下曾经熟悉的人们。晋军士兵们还在城内搜索，在城外砍杀。和燕子一样，他们现在也终于回到了自己的北方故乡。

这个轮回，用去了整整一百年。

一百年前，西晋王朝诸王争权，陷入内乱。匈奴人、羯人乘机起兵，攻克都城洛阳。中原大地胡马纵横，生灵涂炭。华北汉人为躲避战乱纷纷南迁，他们和宗族、同乡结成流民群落，在战乱中且战且行，向南渡过黄河、淮河，甚至渡过长江定居下来。曾经短暂统一的西晋王朝，由此变成了偏安东南一隅的东晋王朝。

这些辗转南迁的汉人，还顽固地保留着北方人的习惯。他们在南国土地上集群而居。除了难改的乡音，他们还把家乡的地名带到了南方。一百年来，他们自报家门，填写籍贯，总是北方故乡的郡县。对他们来说，南方只是暂住之地，他们终究要回到乡国。

所以，这些正在屠城的晋军士兵对鲜卑人毫无怜悯。他们砍杀俘虏，如同祖先在秋后的农田里收获庄稼。

黄河北岸，生活在北魏拓跋人统治下的汉人，正扶老携幼、成群结队向广固行来。多数人死在了拓跋骑兵的追杀中，少数南渡黄河的百姓，为晋军带来了宝贵的粮食，也带来了北进西征、驱逐拓跋人和羌人、光复中原全境的希望。

广固城下，北望西顾。幽州，冀州，并州，雍州；中山，邺城，长安，洛阳。这些沦陷中的故园，裹挟着多少人的血泪回忆。当年，铁甲战马把他们驱赶到了异乡，并一次次洗劫他们的新家园。但现在，他们不再害怕了。投降的鲜卑骑兵、步兵，已被晋军整编，和伤兵一起驻扎在城外不远处，对这边的屠杀，降兵们报以麻木与漠然。

弃城逃命的南燕皇帝慕容超，已经被晋军骑兵俘获，他将被送回江南，在都城建康街市上处斩。那里是处决人犯的场所，和他一起处斩的，也许有窃贼、杀人犯。这个曾经的鲜卑皇帝，现在只是晋王朝的一名普通人犯。

士兵中悄悄流传着军官会议的决定：平定南燕后，主力将班师回彭城休整，准备下半年的西征，目标将是羌人姚氏建立的、定都长安的后秦王朝。

冲动和兴奋的情绪在士兵中悄悄弥漫。经过近一年的战斗，他们已经黑瘦疲惫，蓬头垢面。他们知道，平定中原的日子不远了。对他们来说，这不仅意味着回到故里，更有胜利的封赏、出人头地的前程。以前，只有出身高贵的士族才有资格做官，但如今，只要战场立功，就不愁富贵显达、光宗耀祖。那些指挥他们的军官就是最好的例证。

这一切的希望,都集中在城头的一个人身上。这个人就是远征军的统帅,身材瘦高的中年将领刘裕。老兵中流传着关于他在战场上的种种神奇传说,他是官兵心中的战神。他现在的官职只是三品中军将军、扬州刺史,爵豫章郡公。但士兵私下都称他"刘王",甚至叫"刘武王"。这些文化不高的士兵们不知道,"武"是谥号,死后才能有。

短短六年间,刘裕和他的老兵们,不仅从篡位者手中再造了晋朝,还向北方异族亮出了流亡者们的反攻之剑。如今,关河澄清已指日可待。

此刻的刘裕,看着城下已进入尾声的屠杀,心却在南方千里之外的建康城。

现在的远征军中,只有他和一位年轻的将军知道,一场惊天大乱即将(也许已经)在后方爆发:盘踞广州的天师道教主卢循,要趁刘裕远征之机悄然起兵,从海道北上占领建康。

天师道是刘裕的老对手。十一年前,他们在长江下游发起暴动,席卷江浙。刘裕的戎马生涯,就是从和天师道军作战开始的,那时他还是一名最低级军官。和天师道交手数载,刘裕深知这些人的优势:惯打海上游击战,造船和水战正是他们所长。

如今晋军主力在外,建康守备空虚,晋安帝司马德文是个白痴,镇守后方的重将刘毅又患病不起。如果天师道军扬帆北上,建康无异于囊中之物;而在北方前线,虎视眈眈的拓跋人和羌人随时会把这支师老兵疲的远征军踩成齑粉。

而且，现在远征军中已经混入了天师道奸细，正在秘密争取倒戈者，准备里应外合、南北齐举。年轻的将军沈林子就是这样获悉此事的，但他秘密报告了刘裕。刘裕不敢打草惊蛇，他要等克定广固，才能回头处置卢循。

而今，广固终于攻下。安排好占领区的善后事务，刘裕火速班师南归。军队里一部分是伤残士兵，一部分是收编的燕军俘虏，能作战的晋军只占一小部分。他们开进到下邳城，这里是北伐的后勤基地，有泗水南通淮水，循运河可抵长江。刘裕此时才敢逮捕、处死军中的天师道奸细。他在这里留下了伤兵，带着有战斗力的部队从陆路加急南行。

出下邳不远，迎面又遇到建康派来的加急信使。原来天师道已经起兵，但不是走海路，而是翻越南岭，顺赣江、湘江而下。刘裕的老战友、江州刺史何无忌带兵迎战，大败身死。敌军已经进入长江，随时可能顺江而下，建康城陷入惊恐。密信还告知刘裕，朝廷正准备放弃建康，北上投奔刘裕军。

军情火急，刘裕让部队继续赶路，自己带几十名卫士和军官兼程换马向南狂奔，到达长江北岸。他登上江边一条渡船，驶向南岸的京口城（今江苏镇江市）。

当年的长江就在京口一带入海。这段江面宽数十里，波涛汹涌与大海无异。摇摇晃晃的船头上，遥望南岸的一线陆地和烟树遮掩下的京口城垣，刘裕陷入了江水一样的茫茫思绪。

四十八年前，他出生在这座京口小城里的一个贫寒家庭。出生丧母，少年丧父，他跟着后娘和两个同父异母的弟弟长大。少年时,他在江中洲岛的泥滩上砍伐芦荻卖给人做烧柴,深秋的江水寒冷刺骨。六年前,他又是在这座小城里聚众起兵,向废晋建楚的皇帝桓玄宣战,以志愿投奔的区区一千名兵民,挑战一个庞大的王朝。

他似乎是幸运的。一次次实力悬殊,甚至蚂蚁对抗大象一样的战斗,他居然都是最终胜利者。血战中他一次次身受重伤,但都奇迹般活了下来,留下满身可怕的伤疤。很多人无法置信,只能归因于钟山的山神——蒋神①与他同命相怜,垂青他这个出身低微的军官。

但这一次,钟山上的命运之神,还会再次眷顾他吗?

本书是一部涵盖了刘裕一生的战记,前面有些战争他没有亲身参与,但他当时也在关注这些战事,并受到这些战事的影响;刘裕亲历的战争也是前面这些战事的继续。不过,这里暂时放下战争,仅从东晋—南朝乃至整个魏晋南北朝的宏观背景下谈谈刘裕的历史意义,以及历史局限。

刘裕生当士族门阀专权的东晋晚期,从一名出身寒微的中下级军官起步,终结了百年门阀专权史,开启了南朝(宋齐梁陈)历史。田余庆的史学代表作《东晋门阀政治》重点描绘了士族高门在近百年里如何垄断朝政,同时高门权臣之间又如何互相倾轧、争斗。与之不同的是,本书的关注点则在于该时期士族门阀政治是如何终结、如何被军人集团取代。

---

① 蒋神:蒋子文,汉末秣陵(今南京)县尉,逐盗至钟山下,战死。后在钟山多次"显灵",孙权为之立庙祭祀,钟山因此又名蒋山。

本书并非政治史，而是战记、战争史，但从开端部分桓温的北伐，以及稍后东晋门阀权臣之间的荆、扬内战，都可以看到当时士族高门的无能腐朽。从文化上说，这个阶层恰是"魏晋风流"的主人公，但在政治上、军事上他们都毫无建树。

刘裕给南朝奠定的政治基础，就是使士族门阀退居边缘，让军人将领成为政坛主导。但这没能构建一套稳定、良性的政治秩序。军人的职业习惯是服从有能力的领导，如果在位的皇帝是幼儿或者低能者，南朝军事将领们就会试图推举更有能力掌控局面的人做皇帝。所以南朝皇帝为了巩固自己的地位，经常对军事将领阶层进行屠杀清洗，这又会激起新一轮的叛乱和朝代更迭。

南朝一百七十年时间，只有梁武帝统治的近半个世纪里，皇帝能够笼络住武将，削弱他们的权力，实现长久和平，但这也造成了梁朝军队战斗力低下，最后被一支来自北方的小规模叛军（侯景）瓦解。随后的陈朝又回归了军人集团的统治，当第一代将领逐渐离世之后，陈朝丧失了抗衡北方的能力。

南朝的士族虽然退到了次要位置，不能掌控政权，但在文化上仍然处于垄断地位，他们很重视强调自己的门第优势，还完善了琴棋书画、骈体诗文等雅致文化。那些靠打仗立功出人头地的军事将领们，也很羡慕士族的这种高贵身份，他们的第二代、第三代子孙会以军人身份为耻，努力学习文化，想钻营到士族队伍里去。

南朝士族还继承了魏晋士族的旧病，鄙视一切实用的军事、民政管理工作，他们觉得这是下等人干的"俗务"。军事将领们的后代也受其感染,所以南朝一直没能出现一个稳定的、有管理能力的统治阶层,最常见的循环就是军事将领集团兴起、腐化,再被新兴的军事将领集团取代掉。

在同期的北中国,先是北魏统一北方,近百年后是魏孝文帝的全面汉化改革,然后是北魏瓦解,军人势力形成了东西两个割据政权,地处西部的西魏—北周政权里,形成了新的"关陇贵族集团",十几个家族占据核心地位。这个集团的特征,一是鲜卑和汉人的血统、文化交融,二是具有军人身份。和东方的东魏—北齐、南方的南朝不同,关陇集团不承认汉人士族的文化优势,所以没有受到士族们鄙视军政"俗务"的影响,关陇人物管理军事和民政的能力都很出色。另外,和魏晋那些垄断政权的汉人士族门阀不同,关陇集团有军人的秩序,他们可以接受改朝换代,但不接受架空皇权、贵族共和的游戏规则。建立北周的宇文家族、建隋的杨坚家族、建唐的李渊家族,都属于关陇贵族集团,所以先是周灭齐统一北方,杨氏通过宫廷政变代替周朝,然后灭陈统一中国。建隋的文帝杨坚是关陇集团第二代,隋炀帝杨广和唐高祖李渊是第三代,唐太宗李世民则是第四代。可以说,是关陇集团重塑了中古中国。

进入唐代以后,关陇集团逐渐后继无人,通过科举制出身的文臣开始成为政坛主流,他们虽不像魏晋士族的门第世袭子弟,但科举考试侧重的文学内容还是具有南朝士族开创的文化形态,所以科举考试出身的士大夫官员,军事、民政能力都比较低,中国的官僚机器伴随着科举制进入了长期的封闭、停滞状态；民间社会的商业化程度则继续发展，和官僚机器、士大夫文化逐渐脱节，这个过程中，又有北方民族——契丹、金、蒙古、满人等相继兴起，带来一些周期性的改变。

在这个大背景下观察刘裕，就能看到他的创举和局限。他能锻造出一支有战斗力的、令行禁止的军队，终结士族门阀的共和政治，但他没能建立起一个像关陇集团那样更全能、更自信的统治集团，所以他开创的南朝没能成为5、6世纪的中国历史主流，最终被汇入了关陇集团开启的历史大潮之中。

中国史上开创王朝的草莽英雄很多，他们乘天下大乱揭竿而起，靠武力征伐统一天下，如刘邦、刘秀、石勒、李世民、朱元璋等，但他们面对的局面都要比刘裕轻松，因为各地军阀混战，没有统一的压制力量，即使一两次战败、血本无归，他们也有机会召集旧部、卷土重来，刘、石、朱等人都遇到过这种情况。只有刘裕不一样，他没有生逢乱世浑水摸鱼的机遇，身处王朝权臣和士族阶级的夹缝之间，他只要一次战败，就意味着彻底毁灭，不会有重整旗鼓的机会。他的对手有宗教叛乱者、士族篡位者、北方民族政权、昔日盟友，每一次战争都是大胆弄险，但每一次都最后获得胜利。也许天分与机遇二者对他缺一不可。

刘裕的个性、经历和时代背景，和比他早四百余年的古罗马统帅尤利乌斯·恺撒有诸多相似之处。刘裕和恺撒都身处贵族社会末期，对立面分别是东晋门阀士族和罗马共和国元老院贵族。两人都试图以军事统帅的身份结束已经萎靡、腐朽的贵族共和政治，而且刘裕比恺撒更成功。

两人都不是这一趋势的肇端者。罗马共和国时期，军事统帅干预政治开始于苏拉独裁；在平定斯巴达克斯起义后，成为"三头"掌控罗马的克拉苏、庞贝和恺撒组合，也有点像北府旧将刘牢之与其旧部刘裕、刘毅、何无忌等人的关系，在刘牢之身后，这三人也成了控制东晋的"三头"。

刘裕和恺撒都是靠对北方"蛮族"的战争获取政治资本，然后在"三头"内部的火并中到达权力巅峰。恺撒的"蛮族"对手主要是高卢人和日耳曼人，刘裕北伐的敌人则是在中原建立了王朝的鲜卑人和羌人。恺撒"三头"中，克拉苏先兵败身死，留下庞贝与恺撒反目决裂；刘裕"三头"中，何无忌与天师道作战身死，只剩刘裕和刘毅争夺最高权力。

作为天才的军事统帅，刘裕与恺撒都拥有先发制人、抢占先机的特殊感觉。他们树敌太多，永远有各种形形色色的对手，经常陷入对不同敌人的两线作战。敌人也了解他们这种先发制人的习惯，都努力抢在他们之前下手——但最终还是在这方面略逊一筹。长期战争中，他们都造就了一支忠于自己的老兵队伍。这些老兵（文武将官）用生命拥护他们，也继承了他们果敢勇猛、不计生死的风格，在他们身后仍然决定着政局。恺撒死后，他的老兵们围绕在屋大维、安东尼周围，形成了控制罗马的"后三头"政治，并最终推动罗马走向帝国，罗马帝国里，军人势力一直是政坛主导，这和南朝也颇为相似。只有在罗马帝国全面皈依基督教之后，军人势力才有了制衡因素——但帝国的扩张性也降低了。从社会作用上看，这和中国的科举文官在政治上得势也有可类比之处。

恺撒本人不仅戎马倥偬，也勤于著述，有《高卢战记》《内战记》自述其战史。如果刘裕有此能力与兴致，也能写出天师道战记、慕容燕战记、羌秦战记、长江内战记等一系列精彩自传。可惜历史不能假设，本书就试图对刘裕平生战事做一番分析与再现，兼及当时的历史背景、南北局势。千载后人依托正史写作，自然少了很多历史细节与战役过程，这是史料缺乏所致，笔者亦不敢凭空杜撰，只能自嘲：侥幸承乏，庶竭驽钝矣。

第一章 东晋大司马桓温北伐前燕

- 舰队北征
- 陆地行舟
- 对峙黄河
- 燕军反击
- 名将叛逃
- 决战太行

时光退回四十一年。

公元 369 年初夏,农历四月一日,京口城下的江岸上泊满了战舰。洁白的风帆如云海,遮蔽了滔滔江水。站在探入长江的北固山上,举目西望,上游的天水之间,舰队还在连绵驶来,极望不见尽头。

山下码头,绿柳荫中,口令声喧哗起伏,整装的军人们正在列队登船。有军马不肯走上踏板,焦急地踏动四蹄,仰头长嘶。士兵们拼命拉扯缰绳,鞭打、呵斥着逼它就范。

一批士兵登船完毕,踏板撤下,帆索拉起,在东南风的吹拂下鼓帆渡江,开始他们的北伐之旅。桨声欸乃中,又一批战舰靠岸,士兵继续登船。有人乘军官不注意,向远处目送的亲人挥手告别。

京口,一座伴随南北割据而生的兵城,已经历过无数次这样的出征场面。

但这次,紧张、压抑的气氛弥漫在京口城上,感染着登船的将士、岸上的亲人。

这里的居民,大都是五十多年前徐、兖二州的百姓,为躲避匈奴和羯胡的战乱南迁而来,使小镇迅速变成了一座号称"北府"①的兵城。多年来,他们习惯了由同乡——兖州高平的郗氏家族为刺史,充当他们的保护人。这种南迁的移民

---

① 西晋徐、兖二州,大致为今山东省及江苏省的长江以北地区。南迁之后的徐州治所长期设在京口,徐州刺史惯例带"平北将军""镇北将军"等军号,简称北府,京口驻军也习称北府兵。在 383 年的淝水战役中,北府兵立下了破前秦首功,又在东晋后期的内、外战争中表现突出。但由于史料缺乏,关于这支部队的建制、规模等都难以深入讨论,只知道它的主体是北来侨民,祖籍徐、兖、青等州。

被称为"侨人",伴随他们南迁的那些地名,就是"侨州郡"。

但最近,来自长江上游、雄踞荆州多年的桓温大司马,排挤走了徐州刺史郗愔,控制了京口。准确地说,他已经控制了偏安江南的整个东晋王朝。这次北伐的统帅就是桓温。

舰队北征

一艘大型楼船从中流驶来,缓缓落帆靠近码头,三重楼顶的平台之上,一位统帅凭栏而立。他全身甲胄戎装,身高中等,体形胖大,连鬓的络腮胡须已经花白,身后站着几名素衣长衫的幕僚文士。这位统帅就是东晋大司马桓温,来视察京口军队调动情况。他将倾举国之力,进攻慕容鲜卑建立的前燕。

遥对楼船,岸上送行的人满怀疑虑,窃窃议论:京口子弟的鲜血和性命,会不会成为桓温实现更大野心的垫脚石?

人群中拥挤着一名七岁少年,他身穿白色丧服,怀里抱着一个哭闹的婴孩。这个少年就是刘裕,他出生时母亲死于难产,父亲又刚刚病逝。

刘裕祖先是徐州彭城人,曾祖一代为了躲避北方战乱,渡江到京口定居。刘裕出生时,他父亲刘翘正担任本郡功曹。这个由侨人组成的彭城郡就设在京口城内,功曹由郡太守自行任命,不是朝廷正式官员,在东晋时代往往是一种抬高先祖的虚荣身份，刘翘可能只是个普通吏员。刘裕出生在父亲的郡府吏舍里，他的母亲也死在那里，在刘裕穷困的少年时代里，这是他最聊以自豪的出身。

刘翘家境拮据，一人难以抚养幼子，曾想把他抛入长江中。刘裕的姨母不忍心，把他抱来与自己的孩子一起喂奶，他才得以存活下来，也因此获得了小名：寄奴——寄养在亲戚家的孩子。刘翘后来续娶夫人萧氏，在萧氏又生了两个儿子后，刘翘病死，刘家境况非常贫困，只靠孀妇萧氏一人辛苦耕作养活三个儿子，少年刘裕也要帮继母照看两个幼弟。

看到人群中的白衣少年，桓温眉头微微耸动一下。大军出征，这不是好兆头。他稍一抬手，卫士将命令高声传递给船尾的舵工。楼船扬帆掉头，汇入了浩荡船队，向江北的广陵驶去。

桓温船队绵延百余里，自广陵北上，经过运河开进淮河，船队小心躲避着水下暗藏的沙洲，在淮河急流中北渡，进入泗水，向西北溯流而上，目标是——黄河。

无数个暗夜里，占星家们留心着银河南段的"天江"星（西方星座序列中之蛇夫座36）。在魏晋的占星学中，天江星代表着通往黄河的水路。如果月亮或者五大行星靠近、侵犯天江，则表示通向黄河的水路断绝。幸好，近十年来，这种天象未曾出现。这预示着北伐航道将畅通无阻。

渡过淮河就是进入了北方。南北连年交战，这里是反复拉锯争夺的战场。平原旷远，居民稀少，城邑荒凉，郊野萧

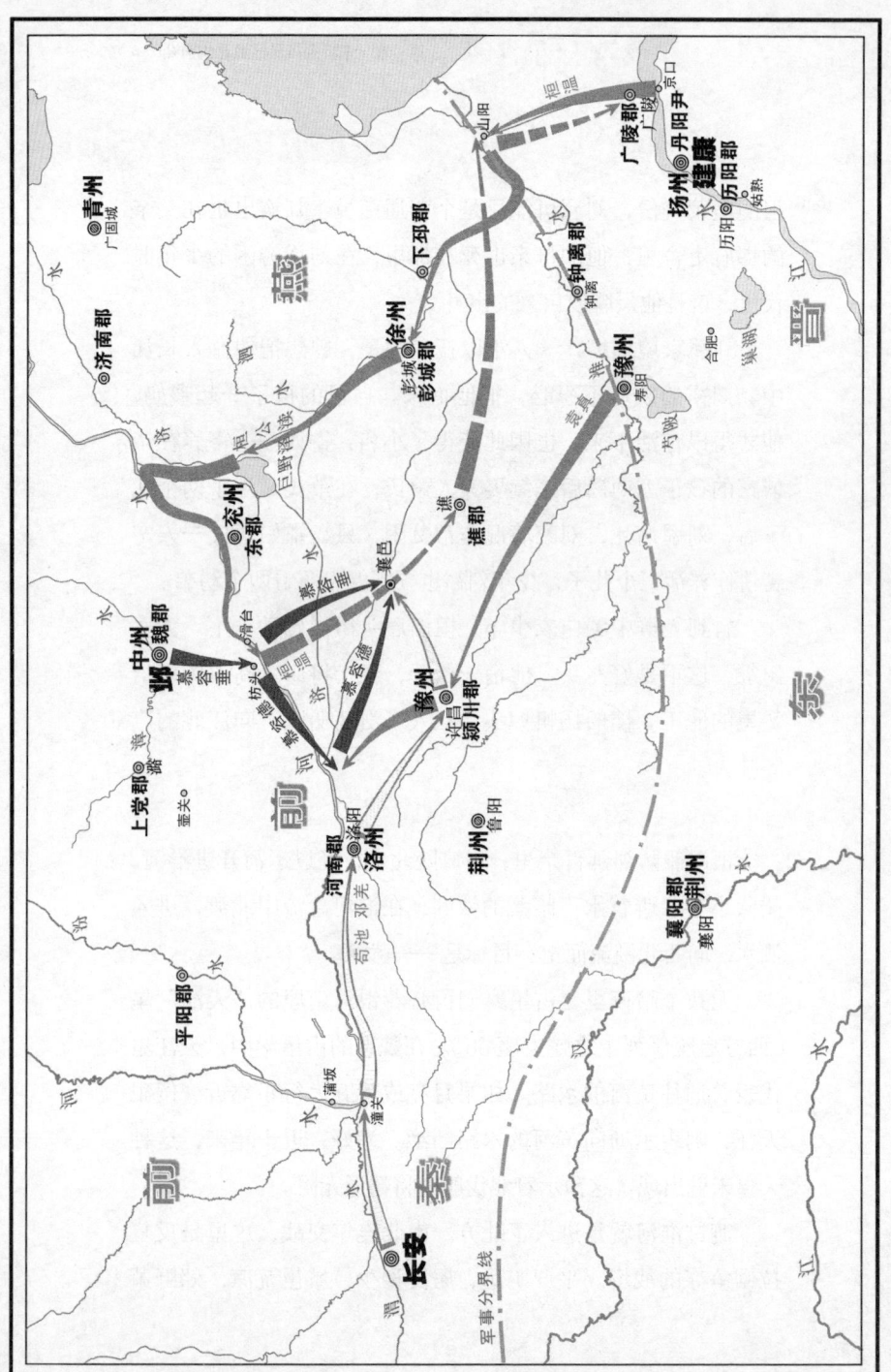

[图1：桓温北伐前燕示意图]

条。只有远方偶然飘散的一缕轻烟,显示野林中藏有几户农居——也许是鲜卑军队发送的警报。

河滨杂树灌木丛生,不时有野禽走兽惊起,微风似乎也蕴藏了胡马毡帐的腥膻气息。对习惯了江南花娇鸟媚、吴侬软语的人们而言,这无异进入一个新奇的蛮族世界。半个世纪后,著名文士谢灵运从建康舟行至此,记录下了他看到的满目荒蛮凄凉:

> 城坡陋兮淮惊波,平原远兮路交过。面芄野兮悲桥梓,溯急流兮苦碛沙。夐千里而无山,缅百谷而有居。被宿莽以迷径,睹生烟而知墟。

北上日远,泗水两岸的景象更加荒残。

但这里不是蛮乡,不是西班牙殖民者探寻的亚马孙丛林。河边时而能看到废弃的城镇遗址,还有低矮的夯土墙垣和壕沟。那是当年胡马南来时,乡人为聚众自保而修筑的垒寨。它提醒舟舰上的来客:这里曾经是人烟阜盛的田园沃野,是南渡衣冠们梦魂萦绕的中原,是侨人们的故乡所在、祖茔所居。

晋军压境,淮北、河南震动。鲜卑人委任的地方势力纷纷倒向晋军。由于饱受流寇乱兵骚扰,这些地区的残存民众都结成村寨而居,服从任何能控制本地的强大势力,接受他们的封号、交纳贡赋,又随着南北实力对比的变化及时转变立场。

楼船上，桓温和僚属们极目远眺。西天尽头，云树苍茫。中原沦陷、晋朝偏安已经五十余年，这一切本不该发生。当年西晋王朝灭吴以后，天下一统，皇室和士族都沉浸在安逸享乐中。士族门阀占据高官显位，终日谈玄论文，故作潇洒，不问政事；宗室诸王争权夺利，内战不断，中原涂炭。匈奴人、羯人乘机起兵，北中国沦为异域。

北方沦陷时，桓温随父亲桓彝南渡避难，那时他尚不满十岁，如同京口那名丧服少年。他身边的幕僚们则大都是在江南长大的一代。北方对于他们，除了"郡望"的一点关系外，几乎已经没有意义。

桓温慨然长叹："神州沦陷，社稷丘墟，当年的王衍一干人罪责难逃！"

王衍，西晋末年重臣，出自名门琅琊王氏，他当政时终日谈玄论道，醉生梦死，不问政事，最后带领禁军主力全军覆没，他被羯胡军阀石勒俘获处死。东晋偏安之初，掌握朝政的王导、王敦兄弟也出自这个家族。

僚属袁宏表示异议："国运兴废，自有天道，未必是当政大臣的过失！"

桓温被下属顶撞，很有些不高兴。但他不是鲁莽的武夫，他的不快也要用符合士族品味的委婉方式表达："三国时候，荆州刺史刘表养了一头大牛，重上千斤，比其他牛多吃十倍草料，但驾车出力还不如一头瘦牛犊。曹操占领荆州后，把这头牛杀了给士兵吃！"

当年王衍兵败被俘，临死前叹息说："我辈才德虽然不如古人，如果当初不是整天清谈游乐，也不至于到今天的地步！"这个悔悟与桓温的感叹并无二致。

袁宏以无中生有的理由抵触桓温，并非两人私交不谐。桓温的慨叹，也不全是为西晋亡国的历史责任而发。西晋衰亡，清谈误国的名士固然有责任，但更重要的原因，是控制兵权的诸王内战。倒是南渡以后，士族门阀控制朝政，皇帝被架空，宗室衰弱，甚至一度有"王与马（琅琊王氏与司马皇室），共天下"的说法。

袁宏出身高门陈郡袁氏，三国时的袁术、袁绍也出自这个家族。如今士族们最不愿看到的，就是桓温在一次次战争中扩大实力。他们需要各家利益均沾的无为偏安，而非进取有为的强人政治。桓氏一门独大，打破了各家士族的平衡。桓温此次北伐，处处能感觉到士族们的怀疑、掣肘和怠工。

朝廷中，以丞相司马昱为首的名士诸臣，对桓温奏报的事项经常拖延，有些甚至终年得不到批复。桓温曾向司马昱抱怨，希望朝廷能提高效率。司马昱的回答是："朝廷事务千头万绪，哪里快得起来？"①

某次北征归来，桓温与一位擅长清谈的名士相遇，对士族们的苟且偷安、终日沉溺玄谈表示不屑。这位名士回答："晋朝自有天佑，哪里是凡人的功劳？"

另一种说法是，他看桓温衣甲严整，故意挑衅提问："老贼这身打扮，准备干什么？"桓温答："我不这样，卿辈哪里

---

① 《世说新语·政事第三》。

能安心坐谈？"①

桓温也是士族的一员，无法和他们决裂。他父亲是南渡一代的名士，担任地方长官时与叛军作战身死。所以桓氏家族得到了士族们的承认，地位又升了一等。桓温少年时娶皇室公主，成为驸马，他夫人南康公主，其母出自著名的颍川庾氏。这个家族和琅琊王氏一起，掌控东晋前期政权。

桓温的幕府中集合了当时几乎所有的名门人士，如琅琊王氏、太原王氏、陈郡谢氏、高平郗氏。和袁宏一样，他们也常在适当的机会和场合，给雄心勃发的桓温一点小小的难堪，提醒他不要忘本——士族群体的利益和尊严不容侵犯。

袁宏职务是桓温的记室，掌管幕府的文书事务。桓温很欣赏袁宏的文采，他也需要表现士族的文雅和潇洒。北征一路上，袁宏都在写作骈文《北征赋》，并随时读给桓温听。桓温也常提出修改意见。

河道穿越莽林荒野。楼船载着一群雍容舒缓的衣冠名士，飘摇驶向北方。

陆地行舟

船队经过下邳，到达萧条的彭城。这是楚霸王项羽建都

---

① 《世说新语·排调第二十五》。

之地。向北不远是汉高祖刘邦的家乡沛县。向西不及百里是桓温的故乡，谯郡龙亢县。

此次北伐，桓温统帅着东晋最精锐的武装——来自荆、江、扬、徐四州的四万将士。西方的豫州刺史袁真也由他指挥，正带万余兵力从寿阳北上，向洛阳方向进发。按计划，肃清了河南的鲜卑军队后，东西两路晋军将会师黄河，向邺城开进。

这个计划，是桓温和他的得力助手、年方二十七岁的郗超[①]，总结前两次北伐的经验教训，深思熟虑而来。

南渡五十年来，移民们都已经习惯了江南水乡的舟楫生活。南方缺少马匹，不仅骑兵不足，拖曳车辆的畜力也难保证。北伐的后勤保障，只能依靠江南航船。

彭城向北方，本有两条水道可通黄河。

一条是向正北，继续溯泗水而上。在三国时，曹魏为了向南方战场运输物资，曾在泗水上游开挖运河，使它和黄河沟通。

另一条，是向西偏北，溯汴水而上进入黄河。汴水是黄河向南的一条支流，河口名"石门"。但由于多年战乱，无人修整，石门水口已经被泥沙淤积，所以汴河已经断流。

桓温的计划，是自己带主力为东路军，溯泗水北上，进入黄河。袁真部为西路，从陆路北上，占领黄河岸边的虎牢

[①] 《晋书·郗超传》仅载其"年四十二，先（其父）愔卒"，不知何年。郗愔卒于太元九年（384），据《世说新语》，太元八年底淝水之战时，郗超尚在世，可推测其应亦卒于太元九年。如此，369年桓温北伐前燕时，郗超二十七岁。

城，掘开石门水口，恢复汴水流量，使黄河、泗水、汴水成为一个连贯沟通的大三角形，后续部队便可以从彭城舟行至虎牢，光复旧都洛阳。袁真部也可以得到水军支援，北渡黄河，和主力一起进攻河北。

淮河以北降雨稀少，河流水量有限。所以桓温要在四月开始北伐，到六、七月间北方降水最集中、河流水量最充沛时，进抵泗水上游，才能保证水深足以通行舟船，顺利驶入黄河。

从彭城溯泗水北上三百里，是前燕军队控制的湖陆城。这里是彭城和黄河的中间点。扼守此城，就能截断晋军北上道路，但鲜卑人对河南腹地的防务不太重视，驻军很少。六月，晋军没费太大力气就攻克了湖陆城，俘虏守将慕容忠。到这里，泗水不再具有利用价值，需借助旧运河到达巨野泽。巨野泽是个大湖泊，循着从它流出的清水，可以进入黄河。

占领湖陆城后桓温发现，天气对他十分不利：北方持续亢旱无雨，旧运河已经干涸，巨野泽的水面也大大缩减——星相有时并不可靠。

桓温还有一个预案：命令士兵们将东北方的汶水改道，将其导入巨野泽、清水。汶水本来是泗水的支流，这项工程要把它的下游向北移动；同时还要深挖旧运河，以便从巨野泽引水通航。

数万士兵和就近征发的民伕一起从事这项工程。他们一边警惕着鲜卑人可能发动的攻势，一边全力挖掘沟渠。六月骄阳似火，大地灼热蒸腾，士兵们只能在夜间借着月光加紧施工。

袁宏在他的文章里惜墨如金地提及了这个艰巨工程："于是背梁山，截汶波，汛清济，傍祀阿……"①

晋军忙于开通水道，燕军自然不会坐视。下邳王慕容厉率领二万步骑混合部队从虎牢方向赶来。桓温急忙调主力西进迎击。两军迎面相遇，晋军悬军深入，身处敌境，置之死地而后生，把燕军打得大败，慕容厉单马逃走——当然，晋军方面也可能夸大了敌军的规模，同时也是夸大自己的战绩，这种做法历来颇为流行。

前燕又派名将傅颜②从河北增援河南。这支燕军刚刚渡过黄河，就被晋军前锋击溃。③

三个月后，汶水改道终于成功，旧运河也完成深挖。宝贵的、浑浊的河水一寸寸涨了起来。和淮河、泗水比，这点水仍旧少得可怜。桓温命令抛下吃水深的大船，将辎重都转移到小船上，全军循新开河道进入巨野泽，再由清水（济水）

---

① 《初学记》卷六。

② 傅颜是燕人史书中的名字，晋人史书都称他为傅末波。"末波"是鲜卑人常见名字，西晋末年段部鲜卑亦有名末波者。

③ 《晋书·桓温传》《晋书·慕容暐载记》都曾记载傅颜（末波）战败处为"林渚"，但具体方位不详。《资治通鉴》胡三省注认为当在新郑附近，恐非。盖应在黄河南岸靠近巨野泽之地。另，《资治通鉴》此年先记桓温开巨野泽、入黄河，后又载攻湖陆、战黄墟、败傅颜三战。此应是时间顺序错误。桓温此三战，应发生在开通入黄河的水道之前。

辗转进入黄河——这条在旧运河基础上新开的河道,后人称之为"桓公渎"。

晋军舟船首尾相接,连绵数十里陆续开入黄河,终于可以尽情畅游。黄河南岸,接受鲜卑官职的汉人聚落纷纷倒戈投诚。桓温舰队循河西进,占据了黄河北岸重镇:枋头。

枋头是黄河上的重要渡口,北距燕都邺城仅二百余里。邺城已经感受到战争的威胁,燕帝慕容暐一边准备逃回辽西(慕容氏故地),一边向关中的前秦皇帝苻坚求援。

对峙黄河

舟师顺利入河,邺城近在咫尺,只需一场决战,桓温的北伐大业即将完成。在这个紧要关头,桓温却迟疑了,他驻军枋头,不进不退、不战不和,长达近两个月。

士兵们不懂统帅的计划,幕僚诸名士却明白府主的用心。桓温掌控东晋政局,依靠的是从荆州带出来的精锐部队。他现在实力太强,已经打破了各家士族的力量均衡。而且他野心太大,如果伐燕成功,下一步必然是取司马皇室而代之。这几乎已是士族们心照不宣的共识。他们不想看到这种局面,但又无可奈何。

桓温的忧虑也在此。他不敢失败。万一决战失利,军队溃败,他就丧失了拥兵自重的资本。那时,对他久已不满的各家士族会立刻把他排挤出局。没有万全的把握，桓温不敢把自己的宝贵兵力投入决战。

桓温的怯战，还有他的经历原因。

少年时，父亲桓彝被害，他立志复仇。他十八岁时，仇人之一江播病死，留下三个儿子，其中长子江彪刚成年。桓温化装成吊唁的来客，在江家客厅当场刺死江彪。江彪两个年幼的弟弟试图逃走，也被桓温杀死。

在当时士族看来，桓温是个有英雄气概的少年。但此后桓温娶公主、任驸马都尉，历任郡太守、州刺史，却没有真正上过战场。他第一次指挥实战，是三十五岁（永和二年，346）担任荆州刺史时，讨伐割据蜀地的赉人李势政权。当时他年轻气盛，不顾朝廷担心，带荆州兵一路西进，沿途三战三捷，打到成都城下。两军在成都近郊笮桥展开决战。蜀军已被逼到绝境，拼死作战，晋军难以支持，逐渐溃退。

桓温看胜利无望，命令传令兵鸣金（锣）退兵。传令兵过于紧张，误敲进攻的战鼓。拥挤的军阵中，多数士兵们只能看到身边的战友，无法了解全面战局，他们听到鼓声，以为胜利在望，纷纷回身作战，居然一举击败蜀军。李势面缚归降，桓温由此平蜀。这是他毕生唯一切实的功业，也是他踏过门阀势力均衡线、在荆州坐大的起点。

四十三岁那年（永和十年，354），桓温率领荆州兵北伐关中，那里是氐人苻健（苻坚伯父）刚刚建立的前秦王朝。由于有秦岭山脉阻挡，舟船无法通过，晋军只能半途弃船步行，向长安进军。

晋军一路受到前秦军队阻击，互有胜负。进抵长安城下时，桓温犹疑不敢决战了——他刚刚领教了北族骑兵的威力：峣柳、愁思堌一战，氐人皇子苻生仅带数十骑冲入晋军阵中，纵横往返十余次，杀伤晋军上千人，桓温部下两名骁将也被杀死。如今在关中平原上，他更不敢对阵氐人骑兵。

另外，成都笮桥一战，对桓温平生的信心有重大影响：居然是传令兵的错误造成了他的胜利——他也许根本就缺乏决战克敌的才能？

熟悉桓温的人说，他赌博时，如无必胜可能，则从不敢下注。

进军关中之初，桓温考虑到后勤难以维系，将入关时间预定在五月。这是小麦的收获期，正好在敌占区就地征收军粮。从去年秋天到这年五月，都是风调雨顺，小麦长势极好。秦军坚壁清野，和晋军开始了抢收小麦的竞赛。

但比赛马上终止了。双方都发现，虽然麦秆密实粗壮，但所有的麦穗都是空的，没有麦粒——这年，从江南到关中，小麦全部绝收。民间传说，是小麦在长苗的时候，水、热、肥条件太好，结果小麦只顾生长秸秆，没能灌浆结穗。[1]最后，桓温粮食耗尽，只得在氐人追杀下仓皇撤退。他的首次北伐

---

[1] 《宋书》卷三十四《五行志·五》："晋穆帝永和十年，三麦不登，至关西亦然。自去秋至是夏，无水旱，无麦者，如刘向说也。又俗云，'多苗而不实为伤'，又其义也。"

以惨败告终。

吸取伐秦教训,桓温这次伐燕非常谨慎。为确保后勤供应,他要打通东、西两条水路。现在东路已通,西路的石门却未打开:因为袁真怯懦畏战,不敢北上。

郗超看桓温进退两难,向他建议:如今石门未开,后勤全赖东线,但东线航道流量有限,加之秋水将退,补给将很难维持。当今上策,是全军弃船直扑邺城。这样有三种可能:一、与鲜卑人决战于城下,胜负立判;二、鲜卑人慑于晋军威势,不战而逃回辽西老巢;三、鲜卑据守邺城顽抗。但已经来不及进行大规模城防建设,晋军可以一边围城,一边分军征讨河北郡县,建立有效统治,邺城终将是瓮中之鳖。

郗超已预料到桓温不敢进兵——害怕出现第一种可能。所以他的下策是:在黄河南岸、靠近清水入河口处修筑城垒,多储备粮食军械,准备就地过冬,等明年决战。因为入冬后航道封冻,将无法利用。晋军这次北伐穿的都是夏装,如果战事陷入僵持,必须早做准备。

桓温仍在徘徊犹豫。

燕军反击

看到桓温大军北上,年轻的燕帝慕容暐束手无策,掌握朝政的太傅慕容评同样为难。

燕帝叔父、四十四岁的吴王慕容垂主动请战,他有勇有谋,威望很高。从十余年前慕容鲜卑自辽西南下、占领中原立国,到近年在河南与晋军作战,慕容垂都屡建战功,也因此深受两代燕帝猜忌。

如今大敌当前,鲜卑朝廷没有其他选择。慕容垂被任命为南讨大都督,率领五万紧急征调的燕军南下。慕容垂军中不仅有鲜卑宗室名门,还临时抽调了燕廷中汉人高官的子弟。他要让这些人明白:现在他们与鲜卑人生死与共,别无选择。

慕容垂没急于进攻桓温主力。他先让弟弟、三十四岁的慕容德带领一万五千骑兵,渡河驻守石门,防止晋军打通西线河运;又派人收集在河南的鲜卑残余武装,骚扰桓温后方。慕容垂自己则等待主力集结,向枋头慢慢推进。河北地区已经出现了一些响应桓温的地方武装,开始攻击城镇。慕容垂在南下中逐一扑灭这些武装。

桓温坐守枋头两月,局势日渐危急。唯一的补给线桓公渎——清水水道受到鲜卑人攻击,后勤补给被切断。冬天即将来临,慕容垂骑兵前锋已经逼近枋头,击败了一支迎战的晋军。面对燕军的铁甲骑兵,晋军步兵没有任何优势。

就在晋军粮尽之际,前秦援助燕国的军队也插入晋军后方,占领颍川。

桓温面临被三面夹击的处境。他下令渡河撤退。晋军丢下堆积如山的军械、辎重,焚烧了所有船只,一路向南奔逃。

由于担心井水被燕人投毒，他们每天只能凿井取水。

面对徒步逃走的晋军，慕容垂有从容部署的时间。河南中部地势平坦，没有山河天险，正是鲜卑骑兵施展身手的大好战场。他派侦察骑兵一路尾随晋军，自己带八千骑兵随后缓缓而行。慕容德受命带四千骑兵迂回至晋军前方，寻找合适的设伏地点。

晋军南奔四百余里，到达襄邑县境后，全军已疲惫不堪，还受到缺粮和酷寒的折磨。这时，燕军完成合围，发起了冲击。两路骑兵前后夹击，晋军三万余人战死在长矛和马蹄下。

漫漫风雪中，侥幸逃生的晋军继续南逃。他们希望和袁真部接应的援军汇合，看到的却是从西方赶来的前秦骑兵。在谯郡——桓温的故里，又有上万南国子弟血洒冻土。①

桓温无颜面对江东父老。他先驻扎淮河南岸的山阳城，收集零散逃来的残兵败将。要在东晋立足，他不能没有武装。拼凑起一支粗具规模的军队后，桓温南下驻扎广陵城。

长江对岸，寒风和瘟疫肆虐下的京口，②全城缟素，哀声动天。帆船载来了满船伤者。更多的人抛尸北国荒野，再也不能归来。亲人们登上屋顶，迎着北风呼唤征人的姓名，挥

---

① 《晋书·桓温传》云："温焚舟步退，自东燕出仓垣，经陈留，凿井而饮，行七百余里。垂以八千骑追之，战于襄邑……"《资治通鉴》同。按，自枋头至襄邑，仅三四百里，远不及七百里。大概"七百里"是桓温二败于谯郡、最终脱离战场的逃奔里程，被误系于襄邑之战前。

② 《宋书》卷三四《五行志·五》："晋海西太和四年冬，大疫。"

舞着他们生前穿过的衣裳,召唤那些游荡在中原上空的魂灵回到家乡,附着在衣服上入殓下葬。

中原板荡、家园沦陷以来,太多的人殁于异乡、尸骨难寻。于是,这种貌似荒诞的招魂葬仪盛行民间。朝廷曾数次明令禁止,但都流于空文——除此之外,还有什么能给这些孤儿寡妇、斑白老人一点点哪怕是虚幻的安慰?

生者苟活于异乡,死者长眠在异乡。江南淮北,水国中原,到底何处是家乡?

名将叛逃

鲜卑人原本是生活在东北林海中的民族,用原木搭建房屋,在河谷有一点农业,饲养牛马猪羊等牲畜,还在山林中狩猎,射猎大雁、狍鹿和野猪,在江河湿地里捕鱼。他们的经济生活复杂多元,族系也分为慕容、拓跋、宇文等很多部落分支。他们习惯剃去一大半头发,而将脑后的头发编成长辫子。

东汉时期,控制蒙古大草原的匈奴人衰微,鲜卑人开始从大兴安岭中迁出,散布到更广泛的地域上。由于山林里的"混合经济"形态,他们的适应性很强,迁居到大草原上的,就迅速接受了游牧生活,变成了纯粹的游牧族,定居在代北(今山西北部到内蒙古南部)的拓跋鲜卑就是如此;而迁居到汉地边缘的鲜卑人,就迅速适应了农业生活,比如在辽西的慕容鲜卑、在河西走廊的秃发鲜卑,他们学习中原文化和管理体系的速度比游牧族更快,所以西晋王朝崩溃时,慕容鲜卑在辽西建立起了自己的小型割据政权。

建立前秦的氐人,也是和鲜卑人类似的山林民族,他们的家乡在渭河和嘉陵江上游、今陕西和甘肃交界处的群山之中,过着农、牧、渔猎兼备的生活。和其他民族相比,氐人生活中母系社会的残余更多,女性在家族中地位高,男女关系也相对松散。另外,和鲜卑不一样,"氐人"本来没有自己统一的部族名称,这个称呼来自中原汉人。

当西晋王朝崩溃后,羯胡石勒、石虎的后赵王朝一度统一北方,深山里的氐人被征服,有些部落被迁徙到河北地区,为后赵王朝充当骑兵。他们在那里学到了一些中原语言和文化。十余年后,后赵解体,氐人结队西归,但他们已经不愿返回当初栖居的山林,见识过中原的辽阔之后,故乡就显得太狭隘贫瘠了。所以氐人苻氏在关中平原上建立了自己的前秦王朝;同时,慕容鲜卑从辽西南下,占据北中国的东半部,建立起前燕。

桓温惨败而归,北中国的前秦、前燕两个王朝即将发生大战。

慕容垂击败桓温,保全了燕王朝。但功高震主,凯旋回邺城后,他受到的猜忌和怀疑更重。燕朝皇室慕容氏与可足浑氏素有联姻传统,慕容垂夫人也来自可足浑部,但他与可足浑夫人关系疏远,更喜欢另一位出自鲜卑段部的夫人,以致与显赫的可足浑家族交恶。

　　太傅慕容评也深深忌惮慕容垂的功业，他与太后密谋，准备找机会诛杀慕容垂。无奈之下，慕容垂只得带着段氏和数个儿子、侄子逃亡。

　　他本来想逃回慕容故地辽西，割据一方。但少子慕容麟因为历来不受父亲喜爱，中途逃回邺城告密。慕容垂看已经没有希望割据辽西，只好向西逃往关中，投奔前秦苻坚。途中，又一个儿子不想投秦，被慕容垂杀死。十一月，慕容垂一行到达长安。这时距离他击败桓温仅仅两个月。

　　三十二岁的秦帝苻坚闻讯大喜，亲自到长安城外迎接慕容垂，封他为冠军将军、宾徒侯，同行的子侄也各有官职。

　　慕容垂西奔，使燕、秦关系陷入紧张。本来，燕国面临桓温威胁、向秦国求援时，曾许诺事成后将虎牢关以西包括洛阳在内的河南土地割让给秦国。现在燕帝以苻坚接纳慕容垂为由，拒绝兑现承诺。和兄长一起立功的慕容德，也被解职禁锢。

　　燕人内部动荡，自毁长城，苻坚自然不甘放过机会。现在，慕容暐拒绝割地，正给了苻坚以口实。援燕拒晋的秦军还驻扎在河南，苻坚又派得力大臣王猛出关增援，合兵攻取洛阳。粮运车队也驶出函谷关，向河南前线开去。

　　慕容垂家族逃亡入前秦时，一位燕臣刚刚完成出使任务，离开长安。一路上，他看到源源东下的秦军和辎重，知道河南之战已迫在眉睫。回到邺城，他立刻向朝廷报告秦军动向。

但燕国高层没有重视，他们还沉浸在击败桓温的胜利中。如今天下三分鼎立，秦在西，燕在东，晋在南，燕国国势最为强大：东晋所处的长江流域尚欠开发，民户稀少；前秦所在的关中，从汉末三国以来战乱不断，大量汉人流亡南迁，新迁来的西方羌氐各族语言、习俗不同，内部纠纷很多；只有前燕的核心区河北承平日久，户口丰饶，加之慕容氏入主中原以前，在辽西已经有了数十年基业，现在是三分势力中最强的一方。仅从政府掌握的户籍人口看，前燕有人口九百九十万，而前秦、东晋都不足五百万，两者相加仍不如燕国。慕容氏君臣不相信秦军能威胁燕国。

十二月的严寒中，王猛率三万秦军出关，迅速进至洛阳城下，包围金墉城。洛阳是东汉、魏、西晋三朝旧都，城池面积巨大，中原动乱以来，河南民户稀少，驻军数量有限，已经无法固守全城，只能驻扎在洛阳城北面的金墉小城。

燕帝慕容暐这才醒悟，增派军队南下救援。燕军在石门附近渡过黄河，击败了在此固守的秦军一部。但金墉被王猛围困，城内还不知道援军赶来的消息。王猛写信给守将慕容筑，声称燕军都被阻挡在黄河以北，秦军主力已从北线攻向邺城，燕都马上就要陷落。

慕容筑信以为真，370年初，他在绝望中举城投降。

王猛最擅长虚张声势的诡计，在围城之时，他还不忘做另一件事：他对苻坚优待慕容垂家族非常不满，认为容留这些鲜卑人无异于以身暖毒蛇,来日必遭反噬。但苻坚一心怀柔远人,不听王猛劝谏。所以王猛这次挂帅时向苻坚请示,借慕容垂的嫡子慕容令为随军向导;大军出征前,王猛又特意到慕容垂家饮酒话别,情谊谆谆,临行向慕容垂索要一件物品留念。慕容垂将自己随身佩刀送给了王猛。王猛收藏着此刀,秘不示人。如今和燕军战事正酣,他秘密贿赂了军中的一名慕容家亲信,让他以佩刀为信,悄悄告诉慕容令说,慕容垂后悔投奔秦国,已经在逃回燕国途中,要慕容令也寻机脱身。慕容令闻讯后疑惑不已,但又无法核实,踌躇了一天后,终于偷偷离开军营,投奔了前来解洛阳之围的燕军。

王猛进占洛阳后,立即派精锐迎击燕援军,两军战于荥阳,燕军大败。王猛留秦军一部驻守洛阳,自己班师回长安。在给苻坚的胜利战报中,王猛附带报告,说慕容令已经在军前投敌。

慕容垂得到消息,感到大难临头,试图向东南出蓝田关、逃往东晋,但被秦骑兵追获。苻坚让人把慕容垂带来,当面宽慰他:"卿家国失和,举家来投奔我,令子如今又急于回家,也是人各有志,卿不必自责。只怕燕朝气数将尽,令子此去未必能有善终。父子兄弟罪不相连,卿不必多虑!"他依旧用慕容垂为高官。

逃亡回燕的慕容令,下场果然不出苻坚所料。燕朝怀疑他为秦充当间谍,将他安置在最北方的边塞上。慕容令刚到那里就起兵造反,旋即兵败身死。不过慕容令毕竟是燕帝宗亲,那名杀死他的军人随之又被处死。鲜卑朝廷以此提醒臣民：慕容家族高贵不可侵犯。

决战太行

轻而易举拿下洛阳，使秦人信心大增——看来燕国远没表面上那么强大。苻坚开始和王猛筹备一场彻底灭燕、统一北方的战争。慕容垂为表示忠诚，也提供了燕国各种军政信息，并联络在燕国的亲信旧部，策动他们响应秦军。

六月，王猛带领六万秦军再次东征。苻坚出长安城送行，直到白鹿原上绿柳依依的灞桥边。这里有西汉文帝的陵墓，灞陵。十六年前桓温征秦，正屯兵此处，那年苻坚十七岁，他的堂兄、故太子苻苌，就是在这里中箭身死。

从西汉到隋唐，这里一直是"年年柳色，灞陵伤别"之处。氐、羌人也在用他们的语言歌唱别情：

> 上马不捉鞭，反拗杨柳枝。下马吹长笛，愁杀行客儿。
> 遥看孟津河，杨柳郁婆娑。我是虏家儿，不解汉儿歌。[①]

孟津河，是洛阳一带黄河的别称。王猛此行便是朝孟津河方向而去。

[①] 来自《乐府诗集》卷二十五《折杨柳歌辞》。

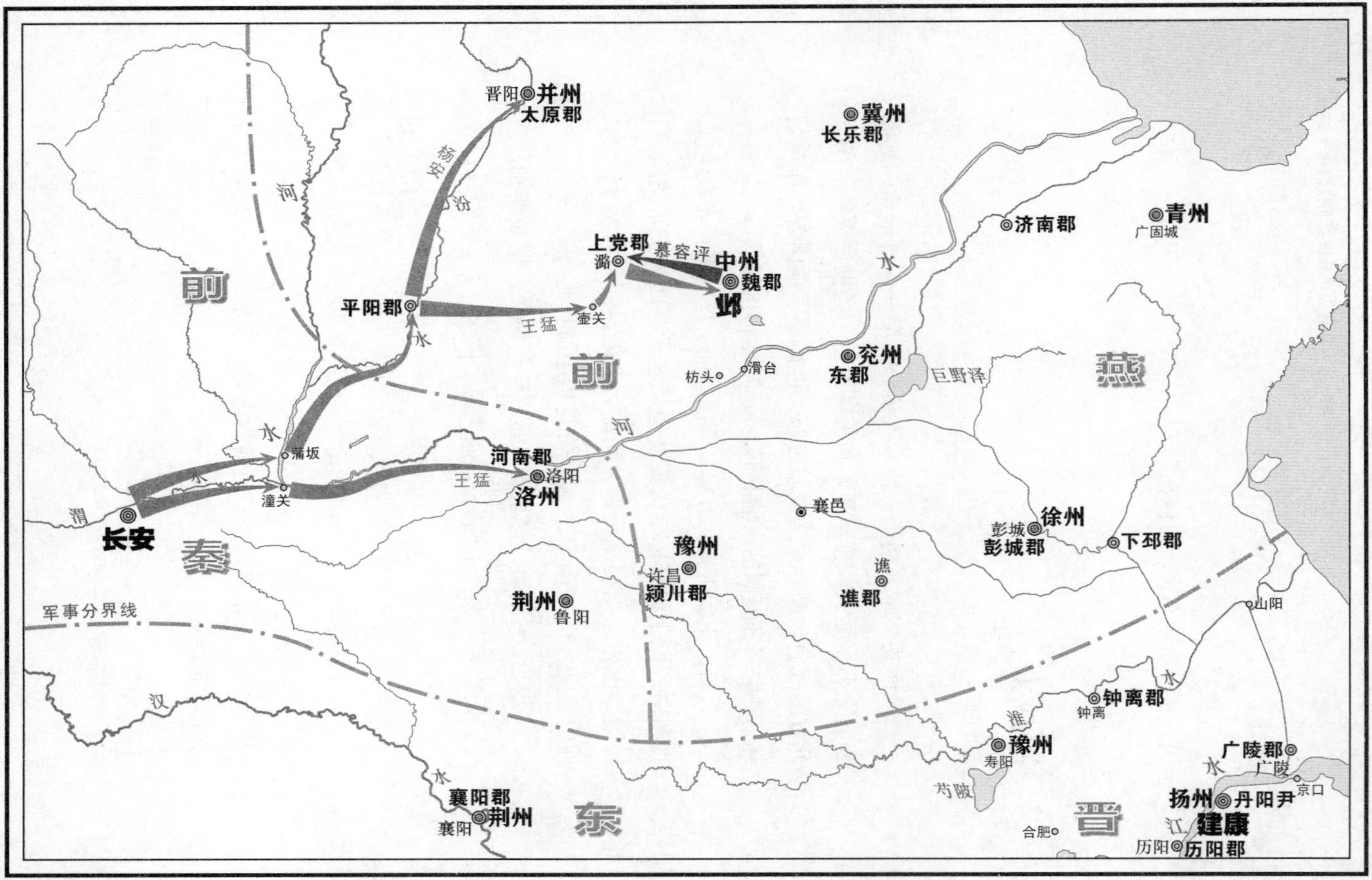
晋阳
并州
太原郡
冀州
长乐郡
济南郡
青州
广固城
杨安
汾
河
前
上党郡
潞
慕容评
中州
魏郡
邺
平阳郡
壶关
王猛
水
前
燕
滑台
枋头
兖州
东郡
巨野泽
蒲坂
潼关
河南郡
洛阳
洛州
王猛
渭
长安
秦
襄邑
徐州
彭城
彭城郡
下邳郡
豫州
许昌
颍川郡
谯
谯郡
荆州
鲁阳
军事分界线
山阳
汉
钟离郡
钟离
淮
豫州
寿阳
芍陂
广陵郡
广陵
京口
扬州
丹阳尹
建康
江
历阳
历阳郡
合肥
襄阳郡
荆州
襄阳
东
晋

【图 2：前秦攻前燕示意图】

灞桥下，苻坚和诸将举行最后一次会议。至此，苻坚才向众将宣布了他和王猛的密谋：秦军将不走洛阳方向，而是改从蒲关东渡黄河，在河东（今山西）循汾河北上，占领壶关（今山西长治市）后，向东越过太行山脉，出现在邺城西郊。因为根据慕容垂提供的情报，燕人判断秦军会取道河南平原，从洛阳东进枋头，北渡黄河攻邺城，故将主力放在枋头迎敌。秦军走壶关路线，正可以绕过燕军主力，直取邺城。

秦军精锐此次尽数东征，成败关系秦国存亡。苻坚嘱托王猛：只管放心照计划作战，朝廷将全力保障前线粮运；待秦军穿过太行山通道，苻坚也将亲征邺城。

王猛心中已经胜券在握，他请苻坚不必亲征，只需坐镇长安，准备安置慕容家族的俘虏就可以了。一派乐观豪气之中，东征军踏上征途。

渡过黄河后，秦军攻克壶关城，俘获燕守将，太行山以西的燕郡县纷纷降附。

七月一日发生了日食。这象征地上有君主失德，将遭受天谴。燕国陷入恐慌，各地都在紧急征调军队、民伕，向邺城集结。

但王猛的进军并不顺利。他分兵北上攻晋阳城（今太原市），月余不能攻克。晋阳不下，秦军后方随时会受到威胁，不敢放心东进邺城。王猛只得留部分军队守壶关，自己带主力北上，合攻晋阳。秦军悄悄挖掘了通向城内的地道，数百精兵潜入城中打开了城门。九月，秦军占领晋阳，俘获燕并州刺史慕容庄。

此时，燕国已经完成了全面战争动员。慕容评带着四十余万[①]燕军从邺城西进。从壶关到邺城，只有这一条山谷可通行，两侧山岭高峻，谷底是东流的漳水。

还未到壶关时，慕容评胆怯不敢前进，在山谷中驻扎下来。他封锁了漳河水和山林，士兵们打柴、取水都要付费，绢一匹（四丈）才能换到两担水。[②]慕容评得到的钱帛堆积如山。

安置完晋阳防务，王猛带秦军主力南下壶关，一直开到了燕军大营附近，两军在山谷中对峙。一支秦军乘夜翻山到燕军后方，放火烧毁了燕军辎重。在百余里外的邺城，这天夜里都看到了西天边的红色火光。

燕帝派人批评慕容评怯懦畏战，命令他把搜刮来的钱财分还士兵，尽快决战。慕容评羞惭无计，派人向王猛求战。两军相约：十月二十三日晨，在一块地势稍平坦的地带会战。

面对七倍于己的燕军，秦军焚烧了携带的所有粮食、辎重，志在必胜。战斗从清晨持续到中午，燕军彻底溃散，被斩、俘五万余人。秦军沿河谷一路追击，又斩、俘十余万，长驱进抵邺城，开始围城攻坚。

随着燕军前线失利，邺城一带已陷入混乱，败兵到处抢劫敲诈。王猛军令严整，他带秦军开到以后，邺郊秩序顿时安然。

---

① 拒秦之燕军人数，《资治通鉴》载为三十万，《晋书》苻坚、慕容暐载记均为四十余万。此处从《晋书》。

② 《水经注》卷十"浊漳水"条。

十一月，苻坚获悉前线胜利，留下太子守长安，带着慕容垂和号称十万军队赶赴邺城。此时河南的燕国守军已纷纷逃散，苻坚从渭河乘船驶入黄河，顺流仅七天就到达枋头。二十年前的石虎朝时，苻坚曾随祖父、父亲在这里驻扎，现在苻坚归来，命人召集当年故老宴会，犹如刘邦当年回沛县故乡。

王猛闻讯大惊。因为苻坚生平还没有亲自指挥过战阵，总想找机会尝试，王猛对苻坚非常熟悉，深知这位年轻皇帝的个性：长于运筹帷幄制定方略，但机诈应变不足，临阵对敌难免失算。加之慕容垂诸子都在长安，一旦后方有变，局面不堪设想。王猛留下围邺城的秦军，只带少量卫士秘密赶赴枋头。

苻坚深感意外："当年周亚夫驻军细柳，闭门不迎汉文帝。现在将军为什么临敌弃军而来？"

王猛埋怨苻坚轻率："周亚夫只为求名，不值得一提。现在慕容残部困守邺城，已经是釜中之鱼，不用担心。但陛下贸然出征，后方太子年幼，一旦有变故，恐怕后悔也来不及！陛下难道忘了我临别的嘱咐？"

苻坚既然来了，肯定不想立刻返回。他带兵到邺城下，从围城秦军中挑出一支善战的部队，命他们去进攻燕军据守的一个城市——信都，自己则坐观围城之战。

邺城中逐渐陷入绝望。做质子的辽东夫余、高句丽贵族子弟，以及家人被秦军俘虏的鲜卑人，乘黑夜打开了邺城北门。秦军顺利占领邺城。连夜逃跑的燕帝慕容暐及慕容评等诸王都被追兵擒获，绑送苻坚行营。

苻坚问慕容暐：为何不降而逃？

慕容暐回答：只是想逃回辽西，归葬在先人墓地。

苻坚心生哀怜，命人给慕容暐松绑，让他回宫中召集文武百官，向秦军举行一个正式的投降仪式：慕容暐身穿丧服、口衔下葬用的玉璧，脖子上套着绳索；百官在他身后抬着一具棺木，列队走出邺宫。这叫"面缚舆榇"，象征已成囚虏，甘心就死。苻坚则上前为慕容暐解下绳索，命人烧毁棺木，宣布给予宽大赦免。通过这个仪式，苻坚希望慕容鲜卑接受被征服的命运。

至此，慕容燕国宣告灭亡。秦军继续在城内外搜索躲藏起来的慕容宗室，燕宫的珍宝、宫女，都被分赐给秦军将士。

慕容垂再次站到了燕国王侯公卿和旧日僚属面前。想起一年前受到的猜忌陷害，他不禁怒从心起。一名大臣悄悄劝诫他：不宜和宗族亲党再续前怨，现在慕容氏都已成异族臣虏，正应该和衷共济，这未免不是您的成功基业！

慕容垂恍然大悟，他开始悄悄结好诸慕容宗室。既然苻坚都可以大度地对待敌人，他慕容垂为什么不能跟自己的亲人和解？

十二月，苻坚带秦军返回长安，昔日的鲜卑皇帝、燕国的众后妃、王公、百官都被押解同行。鲜卑慕容部族四万余户被迁徙到关中，安置到军马牧场。他们不再是中原的贵族征服者，而是苻秦王朝的囚虏。王猛则坐镇邺城，指挥秦军在河南河北推进，占领全部旧燕疆域。

此时的苻坚已统一北中国大部，疆域超过三十年前的后赵王朝。南方的东晋正在内战，反叛者袁真家族占据寿阳，遭到桓温军队围攻，遣使向秦军求援。如能占领寿阳，秦军就控制了淮水中游的重要据点，对东晋形成重大威胁。苻坚于是派秦军前往寿阳增援。

第二章
萎靡江东

- 荆扬对峙
- 废立之谋
- 士族
- 觊觎与消磨

荆扬对峙

　　枋头失利、惨败而归后,桓温将失败的愤怒转移到袁真身上,他认为,如果没有袁真的畏懦不前,晋军损失不会如此之大。

　　袁真不这样看,他觉得同是败军之将,桓温没资格审判自己。加之晋军新败,实力大减,袁真不再惧怕桓温。他经营寿阳多年,还可以联结北方的燕、秦军,做殊死一搏。

　　袁、桓二人,是士族中典型的小人之交。伐燕前,袁真把自己的三名妓女(善歌舞的女子)阿薛、阿郭、阿马送给桓温。就在北伐刚开始时,阿马为桓温生下了幼子桓玄。①

　　如今,暴怒的桓温发兵包围寿阳,在北方燕、秦军压力下围攻一年多,其间燕国覆灭,袁真病死,他的儿子们继续坚守寿阳。

　　371 年正月,二万秦军进抵淮水北岸,遭到桓温部迎击,败退北归。桓温终于攻克寿阳,他命令将袁真诸子押赴建康处决,又活埋了数百名袁氏亲兵泄愤。

　　北伐失败,桓温名望顿减。此时,他弟弟桓豁为荆州刺史、桓冲为江州刺史,仍盘踞长江上游,控制着东晋半壁江山。桓温不甘心就此退回上游,但又不知下一步如何举动。

---

① 据《晋书·桓玄传》,玄生于 369 年。据《太平御览》卷一引《续晋阳春秋》,玄母阿马始孕时为夏季,故桓玄生时当在 369 年春夏之交。

攻克寿阳似乎为他挽回了一点声誉。他问郗超："此次大胜，是不是雪了我枋头兵败之耻？"

郗超回答："那些有见识的朝臣，恐怕还没有完全心服。"

桓温陷入迷茫。一夜，他踱步到郗超的宿舍，两人对榻而卧。根据士族上层流传的"掌故"，两人对话如下：

郗超早就知道桓温的心事，试探问："明公是不是有什么忧虑？"

桓温当即反问："你有什么见解？"

"明公现在身当天下之重任，也容易受到天下人的求全责备。事今至此，只有行朝廷废立大事……"

郗超的建议，是要桓温废黜今帝司马奕，改立司马奕的从祖父、为相执政已二十余年的司马昱。

二十余年来，桓温控制荆州，司马昱控制扬州，两人既有协作，又有争竞。要看清两人处境及关系，需要从晋朝的州、军制度说起。

自汉末以来，地方行政为州、郡、县三级制。当时地方军、政合一，各州都有自己的军队；州刺史既是行政长官，也是军事首长，兼带三品或四品将军名号。州兵大都是贱民身份的世袭兵户，只服从本州刺史调遣。州下属的各郡也是如此，但郡军规模远小于州军。

州郡有兵，为何能听从朝廷调遣？因朝廷有中央禁军，规模最大，装备最精，战斗力远胜各州军，所以中央集权能够维持。但在西晋末年，石勒、刘渊叛乱，中原混战饥荒，权臣司马越、太尉王衍擅自带禁军主力出洛阳觅食，结果在谯郡被石勒武装包围,全军覆没。

从此之后,东晋朝廷再无能力组建一支称职的禁军,中央集权因此一直难以确立。战乱使各州纷纷扩充军队,加之州府向百姓征收粮赋,可以优先供养本州军队,有富余才上缴朝廷,便出现东晋一朝各州相对独立的局面。当时的州刺史又都出身士族门阀,他们维系贵族门阀政治的基础,正是这种州军体制。

东晋州权坐大,直接后果是荆、扬二州对立。

东晋偏安淮河以南,最重要的经济区域是长江流域。当时岭南闽广地区还欠开发,民户稀少,贡赋有限。长江流域,最初只分为荆、扬二州,后逐渐分割出江、徐、豫等州(或侨州),但这些新州实力有限,政治中心仍是荆、扬二州。荆州居中上游,治所在江陵。扬州处下游,治所在建康,建康也是东晋都城。

东晋诸帝多幼年登基,或者寿命短促,皇权不振,朝政由门阀权臣掌握。执掌朝政的关键是控制尚书省,"录尚书事"(主持政务院日常工作)。所谓"朝廷",能切实掌控的地区只有扬州周边,因其近在畿下,录尚书事的宰相可以亲自兼任扬州刺史。

荆州地处长江上游,一旦刺史在任稍久,权威确立,就很容易形成独立态势。荆州除了地域广阔、资源丰富,还有就是北境襄阳,和北方政权相邻,战争频繁;荆州的长江、汉水之间是山林蛮族聚居地,州府和他们也常发生战斗,这两方原因为荆州也锻造了一支富有战斗力的荆州军。后来襄阳建立了侨立的雍州，主要由关中逃难来的流民组成，雍州在军、政两方面都受制于荆州，经常是荆州的附庸势力。

南方王朝在长江下游的建康立国，很大程度是考虑上游缴纳的财粮能顺流而下，运输便利。东晋南朝长江行船，从来都是粮食自上游运往下游，极少有逆流上行，这已成为船运惯例。

长江顺流而下，交通便捷。东晋有位名士担任荆州刺史，乘风顺流而下，曾朝发寻阳（今九江市），暮至建康，一日千里。正如李白诗中所言"朝辞白帝彩云间，千里江陵一日还"。但如果荆州刺史与朝廷关系恶化，荆州军也很容易顺长江而下，进逼建康。东晋刚建立时就发生过一次这种情况：当时的荆州刺史王敦一举击败禁军，占领建康，大肆诛杀异己。

如今桓温坐大荆州，进而控制扬州，与当年王敦所为如出一辙。

扬州是户口繁盛的富庶之地，但州军战斗力素来较弱，主要倚靠南迁的徐、豫两个侨州。中原沦陷后，淮河以北的汉人大量南迁，进入扬州境内。但他们仍旧保留着北方的宗族组织和户籍，因此扬州的东北角被割给了南迁的徐州，治所通常在京口；西北角割给豫州，治所寿阳。这两州都是北方流民，又与敌境接壤，战争频繁，州军战斗力强，是拱卫朝廷和扬州的屏障。

东晋防范北方的战线，东线即为徐州，中线为豫州，西线为荆州或雍州。随着战局的变化、战线的推移，徐、豫两州辖境及治所也有变动，但大体范围基本稳定。

徐、豫二州辖境小，又处在四战之地，财粮收入有限，需要扬州的经济支持，刺史在政治态度上，也大都服从朝廷（扬州）。朝廷北抗戎虏、西防荆州，主要是靠这两州兵力。当然，徐、豫两州刺史也未必全甘心服从扬州朝廷，他们偶尔也会起兵南下建康，为荆扬之争增加了变数。

废立之谋

桓温此次北伐前已经兼任扬州牧（州牧职权类似刺史，但更荣耀），调走郗超父亲郗愔，控制了徐州，败归后灭袁真占据豫州，两个弟弟又控制着江、荆二州，举国已尽属桓氏。

但整个门阀阶层，除了郗超一个人，现在都站在桓温对立面。桓温年已六旬，经常病重，万一撒手西去，那时他的弟弟和儿子们未必能控制局面，难免会被排挤出局。

高处不胜寒，桓温无计可施之时，郗超建议他废黜现帝、改立司马昱正是一个侧面突破的途径。

桓温、司马昱当初是政治同党。他们年轻时，控制晋朝大局的是庾氏家族三兄弟（亮、冰、翼），司马昱和桓温都曾受庾氏提携。二十五年前的345年，庾氏三兄弟相继病死，司马昱开始录尚书事、掌控朝政。庾翼病逝时曾留下遗嘱，希望自己儿子继任荆州刺史。司马昱和其他士族不甘继续生活在庾氏阴影下，于是调桓温赴任荆州，两人在驱逐庾氏势力上达成默契。

桓温制服庾翼诸子、掌控荆州之后，尤其是平蜀后，声望和势力膨胀，荆、扬两州隐隐又成对峙之势。司马昱招徕了多位士族名士担任扬州、豫州、徐州等刺史，支持他们在东线和中线北伐，希望以此建功来制衡桓温。但士族怯懦猥琐的个性被这些名士们发挥得淋漓尽致，一次次北伐都以惨败告终。最后的结果，就是桓温打着北伐前燕的旗号顺江东下——因为伐燕必须从东线进军——轻而易举控制扬、徐诸州，执掌权柄。

二十余年来，司马昱和桓温从协作到对峙，从未爆发正面冲突。对他来说，在桓温拥立下称帝也不是最坏的选择，因为作为大臣，他已经没有抗衡桓温的筹码，如一旦身居帝位，倒有可能在朝中名士的支持下，以不变应万变。毕竟桓温已经六十岁了，司马昱才五十一岁。而且帝位的诱惑太大，即使有风险，也值得一赌。所以温、昱二人各怀鬼胎，一拍即合。

370年底，桓温从广陵来到建康，废黜司马奕，拥立司马昱即位，是为东晋简文帝。司马奕被押到一所王府终老。温、昱两人当年排斥过庾氏后人，此时三庾中的庾冰诸子都已长大成人，最受桓温忌惮，除了一名与桓氏家族有姻亲而幸免，其余六人或自杀或被处死，他们的子孙也都未能幸免。

桓温在江东已是举目无敌。但冥冥中似乎仍有什么与他作对。

民间传说，被桓温灭门的袁真诸子中有一子袁双，他在建康被处死后，尸体忽然失踪。此后他屡次在京师显灵，要人们为自己立庙祭祀。开始人们还觉得荒谬,但建康城所在的丹阳县境内开始老虎成灾,连续有人被虎咬死。死者的家人都会梦到袁双催促建庙。于是丹阳县百姓私自为袁双建立庙宇,每年二月的最后一天聚会祭祀,祈求平安。①

桓温不愿久住建康,他命人在建康上游百余里处的姑孰修筑了一座新城,带着部属、军队搬去居住。这里上接他的根据地江、荆二州,下可号令建康、遥控朝廷。

但虎的诅咒依然追随到姑孰,挥之不去。桓温军中不断有人被虎捕食,以致入夜后人们都躲进军营不敢外出。幕府中有名何姓参军②,晚上不敢出门,在板壁上开了个洞方便。一个夜间,他走到板壁旁小解,一只虎突入咬烂了他的下体,参军当场身死。③

在桓温的阴影中,司马昱小心翼翼生活了一年半,然后一病不起。虽然他已有两个儿子,但一直没敢指定太子,没有桓温的意见,他不敢安排后事。

他希望当面见到桓温,听到桓温的保证。或者,即使桓温想在他身后篡晋即位,他也想当面嘱托桓温,希望能保全自己的孩子。

司马昱口授了给桓温的诏书:"吾病已重,足下立刻动身前来,望能最后相见一面。速来,速来!"对桓温,他甚至

---

① 《太平广记》卷二九四《袁双》。
② 参军:两晋时期将军府中的中级职务,有各种职能分工。
③ 《太平御览》卷八百九十二引《幽明录》。

不敢自称"朕"。

一日一夜之间,四道催促桓温入都的诏书发至姑孰。桓温却犹豫不敢动身。他不是怕建康有什么阴谋,以他现在的实力,无人敢动意加害于他。他是怕单独面对司马昱,怕碍不住脸面、许下自己不想遵守的承诺。

桓温的不臣之心已是四海皆知。士族间流传的说法,桓温曾卧榻叹息:"如此寂寞无为,将被司马师、昭兄弟耻笑!"旋即又坐起道:"既然不能流芳后世,难道不能遗臭万年?"

司马师、司马昭是司马懿的儿子,曹魏末年的权臣。在时人看来,桓温离废晋称帝只有一层窗纸的距离了。

但桓温每次面见司马昱时,总有种莫名的紧张愧疚。前年废黜司马奕、推戴司马昱时,他已经拟定好了腹稿,陈述自己此举的正义与伟大。但司马昱在朝堂登基时伤心落泪,竟让桓温心愧口吃,一句话都没说完整。①

病重的司马昱等不到桓温,便立十岁的儿子司马昌明为太子,他留遗诏给桓温说:如果这个孩子值得造就,就请辅佐他;不然,便请阁下取而代之。

出自太原王氏的侍中王坦之负责传达诏书,他看后深为不满,拿到司马昱病榻前撕得粉碎,说:"当今天下,是晋朝列祖列宗所传,陛下怎能私自送人!"司马昱又让王坦之改为:"朝廷大事都要禀报大司马桓温,如同诸葛亮、王导为丞

---

① 《世说新语·尤悔第三十三》:"桓宣武对简文帝,不甚得语。废海西后,宜自申叙,乃豫撰数百语,陈废立之意。既见简文,简文便泣下数十行。宣武矜愧,不得一言。"

相辅佐幼主先例。"当天，司马昱驾崩，诸臣奉太子司马昌明即位，为晋孝武帝。

得到遗诏，桓温大失所望。他本指望司马昱能将帝位禅让给自己，他在写给弟弟桓冲的信中抱怨："遗诏不过是让我遵循诸葛亮、王导的先例！"

孝武帝年幼，朝中主持政务的主要是谢安、王坦之、王彪之三人。王彪之是老名士，出自琅琊王氏，他和谢安共同控制尚书省；王坦之主持中书省。谢安、王坦之都曾在桓温幕府效力，如今，他们是整个东晋士族阶层抗衡桓温的希望。

士族

中国从秦代到汉代，都是皇权独尊。皇帝是王朝唯一的主人，天下的一切都属于皇帝。在皇权之下，又建立起一整套完备的中央、地方行政制度和官僚制度。全国划分为一百多个郡、一千多个县。郡以上，又逐渐增加了州一级，全国划分为十多个州。

到东汉，进入官员序列最重要的途径，是先在地方郡、县担任小吏，他们由地方官选拔，对地方官负责，所以称为属吏。属吏逐级升迁，得到郡太守认可之后，会以"孝廉"或者"秀才"的名义推荐给中央，成为备选的正式官员。没有担任过属吏但有文化的人士，也可以被地方官直接推荐给朝廷。不管通过哪种途径，都要参加中央的统一考试，合格者才能成为正式官员。

各地都会有一些非常富裕的大家族，汉代人称他们为"豪强"。他们的子弟有条件接受文化教育，能很方便地进入地方政府担任属吏，然后等待进入正式官员队伍的机会。但皇帝对这些家族一直保持警惕。中央设置的考试制度，就是防范家境优越但才能欠缺者混进官僚队伍。汉代地方官的一项重要任务，就是抑制、打击那些势力过大的豪强家族。这种打击有时十分血腥：一个大家族的数百名成员被全部逮捕，成年男人被处死，女子和儿童成为苦役犯，家产被充公。在汉代，勇于"搏击豪强"是地方官的重要政绩。

东汉末年，黄巾起事天下大乱，宫廷又因为文官和宦官的互相杀戮而陷入内乱，并州刺史董卓乘机劫持朝廷。各地官员联合起兵反对董卓，之后又互相混战。这些动乱是地方豪强扩大影响的好机会。他们有大量宗族成员和家丁奴婢，宅墙高大坚固，粮储丰富，可以组织起小规模的武装，在乱兵中自保。门户单薄的百姓，自愿或被迫向豪强献出自己的土地和人身权，换取他们的保护。州郡的地方官们（正在形成中的军阀）也需要这些人支持，建立地方武装。活动在中原的曹操、袁绍、刘备，南方的孙策、刘表、刘璋等军阀，都要争取地方豪强的支持。

曹操在混战中统一北方后，努力将这些支持过自己的豪强大族和官僚机构结合起来，承认他们的一些特权，同时也希望他们服从自己的权威。大族成员相继进入了中央政权，成为高级官员。

　　随后几十年内，先有曹丕废汉朝、建立魏朝。继之是司马懿和他的两个儿子掌握曹魏政权，最后是司马懿的孙子司马炎终结魏朝、建立晋朝。这两次改朝换代，都是权臣篡位，采用和平"禅让"的形式：早已被架空的皇帝被迫宣布，自己的王朝天命已去，应该仿效尧、舜、禹相继让贤的方式，交给众望所归的贤人建立新朝。新王朝为了犒赏群臣的配合和拥戴，就再给他们更多的特权。这些人已经足够富裕，他们最需要的不是财产，而是子孙后代能够继续做高官的保障。

　　于是有了"九品中正制"：所有士人——所有正在做官和有可能做官的人，被划分成九个品级。对于还未做官的人，这个等级将决定他起步官职的高低。第一品最高，理论上属于完人和圣人，所以永远空缺；第二品是事实上的最高一级。再以下的各品之间，是量的区别；它们和二品则是质的区别。

　　这个制度是曹丕创制的。随着高级官员们的努力争取和皇帝对他们的笼络收买，这种制度的核心变成了区分家族等级：每一个官员家族的"品"被都固定下来，他们的子孙后代也永远属于这一品，"士族"阶层由此产生。所以士族的本意是凭借品第可以世代做官的家族，真正的士族都是二品家族。在司马氏的晋朝，一个原本低于二品的士人想进入这一等级，需要获得皇帝的赏识，或者士族官僚队伍的一致认可，成功者近乎凤毛麟角。

　　即便想通过伪造档案和贿赂提高等级也很难成功。当过高官、享有盛誉的头等士族负责执行这一制度，他们被任命为"中正官",负责自己家乡州郡士人的品第评定——其实品第已经世袭,不需要评定,他们要做的,就是给那些新成年的士族成员建档,写下已成俗套的评语,然后抄送副本,交由朝廷保存。

评定二品家族的参照标准,是在这项制度固化时所有的当朝高官制定;其次是按照地域原则,每个郡有数个二品名额,分配给最有势力的家族。数百个家族由此垄断了从朝廷到地方的整个官僚队伍。因为家族品第和地域的联系,他们很重视自己的籍贯,习惯将家乡郡名放在自己姓氏之前,这就是"郡望"。即使已经在京城定居数代,他们依旧认为自己是博陵郡人、陇西郡人或者陈郡人。

这种垄断政权的士族,当时用另一个词"门阀"指称。阀的本意也是门,街道两侧都有半掩的院门,门内是家庭,家庭的职能是繁衍子孙后代。世代相承的家族便是当时的门阀。至于士族子弟进入官僚队伍后的升迁速度,则由家族势力、运气、能力等因素的合力决定,因为官职本身不能世袭,能世袭的是进入各级官僚队伍的资格。

对于晋朝的开国皇帝司马炎来说,他不得不靠这种制度收买整个士族阶层,换取他们对自己无耻篡位的支持。但他会警惕再产生和自己一样的权臣,因此不能把国家的权力都交给士族。司马炎的对策是重用自己的儿子和宗族成员。司马宗室诸王被授予"都督"(全称是"都督某地诸军事")职衔,分派到全国的重要地区驻扎,掌握兵权。这不再是秦汉时皇帝一人独掌万机、指挥整个官僚机器，而是皇帝家族——第一家族——共同控制国家。这也算是士族政治的一种逻辑延伸。

西晋朝数十年间，特别是 280 年灭吴统一全国以后，皇室、宗王和士族官僚在奢靡腐败中堕落，没人关心行政效率和社会是否公平，他们集体投入到瓜分天下财富的狂欢和争夺之中。司马炎选择的太子、后来的晋惠帝是个傻子；掌握兵权的其他宗室诸王，智力也大都不高。所以惠帝即位后，宫廷首先被密谋倾轧和杀戮搅得一团乱。各地的诸王也相继卷进来，一次次带兵进入洛阳厮杀、混战，战火随之蔓延到整个中原大地。这就是所谓"八王之乱"。

八王之乱中，匈奴人刘渊、羯人石勒乘机起兵。司马宗室在战乱中大都被杀死。仅石勒在 311 年的一次战役中，就俘获杀死了三十六位宗王。两位司马氏皇帝相继被匈奴人俘虏、杀死。北方落入匈奴、羯、鲜卑等族的统治下。北方士族纷纷南下避难，他们拥戴驻扎建康的琅琊王司马睿称帝，建立起偏安江南的东晋。经过这一番动荡，皇帝和宗王权力大大削弱，朝廷和各州政权都落入了士族高门之手。

士族之间也有竞争，但他们不允许皇权独尊，江东政治就在士族高门的暗斗与妥协间保持着微妙平衡。

但这种平衡并不稳定。南渡后数年，控制荆州的王敦就有问鼎之心。他曾两度起兵进入建康，独掌朝政。这种一家独大威胁到了其他家族利益，所以第二次起兵时，王敦受到了各家族的联合对抗，身死兵败。而到现在，桓温隐然已成了第二个王敦。士族还能不能保住他们共和共治的江山？

觊觎与消磨

司马昱死去半年以后，桓温率部来到建康。他声称此行是来朝见新即位的皇帝，十一岁的司马昌明。谢安、王坦之带领朝廷百官到建康城南的新亭码头迎接。此时建康已是人心惶惶，传言桓温要杀尽朝臣、代晋称帝。

谢安是当时名士领袖，他没有任何对抗桓温的实力。但谢安曾在桓温幕府任职，熟悉桓温的为人。他知道，如今应对桓温，必须要撑住朝廷身份，不然，满朝文武的畏惧伏拜，会滋长桓温的骄横，萌生觊觎神器之心；但又要有理有据应对，不给桓温任何翻脸的机会和借口。

桓温下舟之时，百官都在道侧迎拜。宴会上，荆州军队重重林立，朝臣都战栗失色。王坦之大汗沾湿衣服。唯独谢安谈笑风生，甚至临席赋诗，和桓温酬酢唱答，显得若无其事，一切照常——这也意味着，天地运行、人间君臣之礼仍然照常，不宜摇撼。

据说桓温已经和郗超拟好了一份准备诛杀的朝臣名单。他邀谢安、王坦之密谈，将名单丢给二人。谢安看毕无言，王坦之则丢还桓温案前，只说一字："多。"[1]

王、谢二人并非不惧桓温，他们只是强打精神，避免引发桓温野心。但对桓温的谋士郗超，他们则是全力讨好，以

---

[1]《世说新语·雅量第六》。

便保全自己与朝廷。两人曾一起拜访郗超，结果等到中午仍未获得接见。王坦之打算返回，谢安劝他："就不能为性命再忍片刻？"

桓温已经努力鼓足了篡位的勇气，然而面对王、谢强撑门面的姿态，却不知该如何撕破脸面。到建康不久，他就得病不起。流言说，这是在桓温拜祭简文帝陵时，那些被他诛杀的士族鬼魂进行了报复。在建康停留十四天后，桓温返回了姑孰，此后病势日加沉重。

他感到自己时间不多了，示意朝廷授予自己"九锡"。"九锡"是皇帝赐给功勋大臣的特殊待遇，包括官服、车辆、斧钺等。经过曹氏篡汉、司马氏篡魏，权臣"禅代"已经有了一套固定程序，加"九锡"几乎是篡位的固定前奏曲。

朝廷诸臣对桓温不敢有否定意见，只能拖延时日。王、谢让袁宏起草给桓温加"九锡"的诏书。袁宏此时在尚书省任职，很快完成草稿交给谢安。谢安每次都提出一点意见让袁宏修改，如此往返多次，历经数十日。袁宏不解，悄悄向王彪之询问。王彪之解释：传闻桓温病情加重，在世的日子不多，可以拖延观望。

返回姑孰四个月后，桓温病死，时年六十二岁。朝廷名士终于松了一口气。晋朝的天下——士族的天下保住了。

桓温本已立世子桓熙继承爵位，但桓熙与叔叔江州刺史桓冲不和，被桓冲废黜。五岁的幼子桓玄继承了桓温的南郡公爵位。

桓氏家族仍控制着东晋诸州：桓豁一直是荆州刺史，现在桓冲接替桓温的扬州、豫州刺史，江州则转给桓豁之子桓石虔。

但桓冲没有哥哥的野心，他深知，桓温在世时结怨太多，权势已非人臣所能堪，桓氏家族现在需要的是从高峰慢慢走下来，而不是猛然间摔得粉身碎骨。次年，他辞去扬州刺史，将此职让给谢安，自己赴任徐州刺史。

两年后，桓豁病死，荆州刺史空缺，桓冲由徐州调任荆州。至此，桓氏家族又回归了上游荆、江二州。

谢安侄子谢玄任兖州刺史，镇广陵，与谢安的扬州连为一气，长江下游尽入谢氏家族麾下。荆、扬两大势力，又回归到相对缓和的并立状态。

但北方的战云又在聚集，东晋即将迎来新一轮灭国灾难。

第三章
苻秦崩溃

- 庶民刘裕
- 圣人梦
- 云散淝水
- 脆弱的道德线
- 秦晋联军
- 叛乱蔓延
- 凤凰止阿房
- 血污超度者
- 宫阙依然
- 佛国之路

庶民刘裕

公元 383 年，桓温死后第十年，深秋十月。

长江之中，一片巨大沙洲上长满芦荻，遥对京口城垣。如今芦苇已枯黄，芦花绽放如雪。一叶小舟停泊在芦荡深处，两个年轻人正在埋头砍伐芦苇。年长的刘裕，今年二十一岁，另一少年是他异母的幼弟刘道规。

父亲刘翘死后，刘裕一家生活极度穷困，全靠萧氏一人躬耕劳作，将三个幼子抚养成人。萧氏希望振作门庭，努力供养中子刘道怜读书。刘裕和刘道规没有求学机会，仅粗识几个文字。

现在水稻收毕，小麦种下，他们抽空来割芦苇，除了搭盖自己家的草房屋顶，还要卖到建康城里作烧柴。

隐隐的喧闹声从南岸传来。刘裕兄弟在苇丛中直起身，向京口城下眺望。

那里，展开了风帆的船队正离开码头，向北横渡长江。据说前秦苻坚的军队正大举南侵，已经开到了淮河边。还有传闻说秦军已经渡过淮河，占领了寿阳城。徐、兖二州刺史谢玄正准备和秦军决战，满载士兵的船舶正驶向寿阳前线。

战争阴霾下，江东早已人心惶惶，流言四起。苻坚倾国南征，来势汹汹，据说兵力达百万之多。东晋沿江堪用兵力不过十万余人。很难相信谢玄能抵挡住秦军，富贵之家早已准备南逃。

刘裕兄弟还没想过从军。东晋制度，士兵都是世袭身份的军户，身份比平民低贱。平民只有犯罪免死才会补入兵籍。刘裕兄弟虽家境贫寒，还不至于如此。像他们这种先辈稍有一点身份，但又不通文墨的南渡侨民，可以被州、郡长官招纳，担任低级军官。但那需要官府中人引荐。对刘裕来说，北方的战争还是十分遥远的事情。毕竟，北方离乱以来，虽然偶有流寇的胡马临江，但都转瞬即逝，从未有过渡江危机。

穷人看不到改变命运的机会，只能向算命先生询问前程。刘裕也曾请人算命，结果是：他的生辰干支属于"禄命双亡"之运，就是寿命不长，也不会有任何官爵。政坛是士族禁脔，刘裕倒没什么非分之想。

另外，占书还预言，他今后将只有长子能安然成长，其余孩子将全部夭折。不过这也说明，他应该能活到看见儿子出世。所以他眼下要做的是多砍些芦苇，攒钱为自己娶一房妻子。

萧氏已为他定好了亲事，对方女子叫臧爱亲，长刘裕两岁，也是南来侨民之家，祖上据说也做过郡功曹小官，现在家境已经衰落，因为置办不起体面的嫁妆，所以迟迟未能嫁人。萧氏看好的是，臧氏兄长臧焘是个有学问的读书人，曾在建康的国子学当过助教，因为常年被拖欠薪俸，才不得已回家耕田奉养老母。靠臧焘的人情，如果两家结亲，中子刘道怜也许可以去国子学读书。这是萧氏对这桩婚姻最满意的地方。今年冬天——如果战火还没烧到江东的话，就该为刘裕办婚事了。

圣人梦

　　京口西北八百里外，淮河支流颍水之滨的项城，已是驻扎着千军万马的巨大军营。源源不断的各族步兵、骑兵，首尾相连的船队，正在向下游的寿阳城方向开去。人踩马踏、车轮碾轧起巨大的黄尘，牛马粪被踩踏成粉末混合在尘土中，形成遮天蔽日的云层向东南飘去，把北国的腥膻之气播向江南。

　　占星家将这烟尘称为"军胜之气"，善于望气者，可以从中看出各种形状，预测今后的战况：

> 凡军胜之气，如堤如坂，前后磨地。或如火光，将军勇，士卒猛。或如山堤，山上若林木，将士骁勇。或如埃尘粉沸，其色黄白；或如人持斧向敌；或如蛇举首向敌；或气如覆舟，云如牵牛；或有云如斗鸡，赤白相随在气中；或发黄气：皆将士精勇。[1]

　　阵云起处，是苻坚的行营所在。他已经在此驻扎近一个月。现在的苻秦王朝已经统治了东起辽东、西到敦煌、南兼巴蜀的万里之地。吕光远征军还正在向西域进军，即将带回那里的奇珍异宝和名僧玉佛。待江南平定、西域归附，苻秦帝国的疆域将超越秦皇汉武。

---

[1]　《晋书》卷一二《天文志中·杂气》。

如今，整个秦帝国已经全面动员。西线，巴蜀军队正浮长江而下；东线，从幽、冀调集的军队已经集结在彭城；苻坚坐镇的中线，已经跨过淮河占领寿阳。

更多的军队还在从后方源源不断开来。从凉州出发的军队此时刚到达长安。待全部军队部署到位，一声令下，大军将渡淮越江，横扫南国。以江南区区四百余万人口、十余万人的军队，大概到战争结束之日，很多秦军连敌人的面也不会碰到。

但苻坚还在等待。他心中有一线希望，就是东晋君臣能早识时务，举国归降。他已经派使臣向江东朝廷劝降，并发布了对东晋君臣的待遇条件：晋帝司马昌明将担任秦朝的尚书仆射；名士谢安任吏部尚书。长安城内已经为东晋君臣建好了宅邸，只等他们入住。

苻坚现在是皇帝，氐人身份的皇帝。但他想做的，不仅是一个一统天下的雄主，更是圣人，儒家标准的圣明天子。

苻坚生长的环境，不是祖先们居住的西部深山密林，而是石虎统治下的枋头、邺城，那里杂居着胡汉氐羌，各种语言、风习杂糅并存，形成了一种怪异的混合文化氛围，塑造了苻坚的早年记忆。

他八岁时曾向祖父请求拜师求学，戎马一生的老氐人大为吃惊："都说我们是戎狄异类，祖辈只知道喝酒，现在居然有要读书的孩子了！"

和长辈们在马背上、酒囊里成长的经历不同，苻坚自幼饱读汉文经书。北中国战乱以来，识字的家族凤毛麟角，但他们还保留着太平盛世里传抄下的各种古书，偶尔也能吸引到粗通汉语的北族显贵。

在这种萧索的文化氛围中,苻坚完成了他在汉字方面的启蒙,他唯一的梦想就是实现儒家修身、齐家、治国、平天下的理念。连年的纷扰战乱、民族征服与屠杀,更使他下定决心:所有的族群和人种,都应当和平、平等地生活在一个统一王朝之下;而只有圣贤的君王,才能实现这个乱世里的终极理想。

自即位以来,他已经按照儒家经典的描述,在长安修建了供天子四时居住和祭祀的明堂,还有祭祀天地神祇的方坛圆丘。他每年春天都要举行亲耕的籍田之礼,他的皇后也要举行祭祀桑蚕之神的典礼,为天下百姓祈求风调雨顺、年景丰饶。在儒家经书里,这都是一个圣明君主的职责。

他兴建了太学,要求氐族和其他各族高官的子弟必须入学,接受儒家经典教育。他下令各地州郡兴建学校、教导士民。他每月至少要驾临太学一次,观摩儒师授课,还会亲自考评学生学习经义的进展。他要按先圣的教导,建立一个天下为公、长幼有序的大同世界。

他甚至想让自己的将军们都学习文化,给每人都配备了博学的儒生做教师。这些出身夷狄、毕生戎马的蛮族将领都苦不堪言。

苻坚知道,自己的帝国里面有太多异族。除了人数最多的汉人,还有曾经称帝立国的匈奴人、羯人、鲜卑人,此外还有羌、蛮、獠、蜀和各色不知名字的杂胡人等。苻坚希望所有这些人都认识到,他的秦帝国是一个亘古未有的圣明王朝,所有民族在这个王朝里都有平等的机会。哪怕是被征服的慕容鲜卑,它所有的宗室、高官在前秦朝廷里都有一席之地。能征善战的慕容垂、慕容德兄弟,甚至曾经的燕帝慕容暐,都担当了南征前锋,正在领兵和晋军作战。

氐人的宗室近臣,包括苻坚的弟弟、阳平公苻融,都不相信苻坚的宽大仁慈,他们一次次警告他:不要轻信那些异族臣虏,他们肯定在留恋自己的王朝。一旦有风云变幻,他们会把新生的秦帝国送进深渊。

但苻坚相信,自己的善意能够感化他们,自己的权威也不容他们产生非分之想。

不仅对这些异族,就是对谋反失败的宗族成员,他也总是真诚追问:我真的有什么对不起你们的吗?当回答让他认识到,人的欲望是无限的,永远不能满足,他也不愿诛杀他们,而是把他们流放边地。他大概希望这些亲属有朝一日良心发现,然后在忏悔和赎罪中度过余生。

现在苻坚的最后心愿,就是征服江南的东晋王朝。晋王朝延续着自汉、魏以来的正统皇位世系,是汉人归心的正朔所在。他的南征就是为了夺取这个正统,让它在自己的王朝延续。

此外,江左风流、南渡衣冠也是他最羡慕的,那是中原礼教和士族文化的总集合。苻坚梦寐以求的,就是能和王、谢这些名士们共坐一堂,清谈玄理。他自信在这方面,他也可以让江左士人折服。

他毕生的追求,或者说他在众人眼里最不可思议之处,就是这种试图感化一切对手的狂热。也许只有基督那句"爱你的敌人"最符合他的心态。

但是,在追求至圣的理想光环之下,他还是一个普通人。很多其他帝王司空见惯的弊病,在他身上也挥之不去,和他的理想构成了巨大反差。

比如对女人,或者对性的态度。按照最起码的道德,他的配偶只能是他后宫的诸多嫔妃。但他喜欢慕容垂的夫人,就是慕容垂逃亡关中时带来的段夫人。他不仅经常召段夫人入后宫侍寝,甚至白天也同辇共坐,一起出现在众臣面前。这也许是氐人本来就松散的男女观念的产物,但放在苻坚身上就显得格外不可理喻——而且慕容鲜卑人非常在意这些。

十余年前灭燕时,俘虏中有燕帝慕容暐的一对弟妹:十二岁的中山王慕容冲和十四岁的清河公主,两人都形貌俊秀、姿色绝伦,苻坚一见便心生爱幸,以至姐弟二人一度专宠,其他妃嫔再难得见到君王。

慕容冲小名凤皇,长安民谣传唱:"一雌复一雄,双飞入紫宫",暗中讥讽慕容氏的后宫专宠。王猛为此多次劝谏,苻坚才送慕容冲出宫,让他到外地担任官职。

王猛机智多权谋,恰恰与苻坚的宽大仁义互补,他不幸早逝,使苻坚缺少了最能帮助他的人。如今苻坚决议南征,弟弟苻融反对,太子苻宏反对,幼子苻诜反对,他最宠爱的张夫人反对,甚至他最信赖的僧人释道安也不赞成。表示支持的,反是慕容垂和羌族将领姚苌。

云散淝水

苻坚在项城未等到东晋朝廷的答复,却收到了寿阳城中苻融送来的密报。

此时晋军东线的主力——谢玄的北府兵已经溯淮水而来,进至寿阳城东三十里处,他们害怕秦兵众多,未敢贸然前进。前锋向谢玄报告:"敌军众多,我部粮食将尽,恐怕在大军增援之前就会溃败。"但这名信使被秦军俘获。

苻融由此得知:一、晋军主力已进抵寿阳附近;二、晋军人心不稳,随时可能后撤。他火速将这个动向报告苻坚。

得到密报,苻坚豪气顿生:如果能在寿阳一战克捷,全歼晋军主力,建康将门户洞开。他要亲自指挥一场战争、一场决战的冲动再次迸发。

为了不打草惊蛇,苻坚悄悄离开正在项城集结的秦军主力,只带八千名骑兵加急赶赴寿阳。他恐吓身边的军人:"有敢泄露我到寿阳消息的,一律拔掉舌头!"

秦军成功隐瞒了这个消息。谢玄等不知道秦军已在寿阳准备决战,终于鼓起勇气进军。他们击败了一支拦阻的秦军,进抵淝水东岸,和西岸寿阳的秦军隔河相望。

寿阳城头,苻坚看着对岸晋军部队陆续到达,筑垒安营,炊烟在夕阳中升起。晋军向河这边整军耀武,呐喊示威,甚至将战死的秦军尸体投入河中炫耀。至此,苻坚方才感受到战场的真实、残酷和不可捉摸。一旦王猛不在身边,纵然他拥有地跨万里的巨大帝国，仍然是如此彷徨无依。

此后的战况已是尽人皆知。两军隔河列阵，苻坚贸然下令秦军整体后撤，放晋军渡河决战。八千北府兵乘机涉渡冰冷的河水，冲向正在退却的秦军。最先渡河的晋军谢石部，正对秦军最善战的将领张蚝部，一度被压回水滨。但继续强渡的谢玄、谢琰部仍义无反顾扑向秦军。秦军阵列开始混乱，命令无法传达。后排的士兵还不知道前面发生了什么，失利的谣言在队列里飞速传扬，士兵们开始朝后拥挤、溃退。

为挽回败局，苻融带领骑兵冲入晋军，希望迟滞晋军的攻势，激起秦军反攻的冲动。但他的战马失足倒地，旋即被晋军乱刀砍死。当苻融的头颅在晋军的欢呼声中被高高抛起时，秦军彻底陷入了溃败。

苻融生前曾作《企喻歌》：

> 男儿可怜虫，出门怀死忧。尸丧狭谷中，白骨无人收。头毛堕落魄，飞扬百草头。

看到苻融跌下马那一刻，苻坚试图打马冲上。羽箭在他耳边飞过，他也摔在了地上。然后，他似乎又被人扶上了马背，战马在涌动冲撞的人海里跳跃。骑兵卫队砍杀正混乱的步兵，为他劈开一条血路。他的马冲进了淮河。冰冷刺骨的河水让他恢复了一点神志，发现身上一直在妨碍他的东西，原来是支插入前胸的羽箭……

脆弱的道德线

淮南惨败的消息传开，正在集结的秦军主力也开始陷入混乱甚至溃逃。传闻苻坚已经战死，北方渐渐失控。

苻坚到项城后，发现这里从未发生战争，但自己的行营已经逃散，张夫人还留在这里等他。陆续追随而至的亲兵只有千余人。

慕容垂、慕容德等本来在西线的郧城（今湖北安陆市）作战，闻讯急忙率三万部众北撤。苻坚带着残余的朝廷行营投向慕容垂部。如今，这三万人马是秦朝前线唯一成建制的部队。慕容暐也弃军投奔而来。

慕容德和慕容垂的世子慕容宝，都劝慕容垂趁机杀死苻坚，占据前秦疆土。慕容垂不从："我当年受慕容评猜忌，走投无路才亡命到苻坚麾下，承蒙他信任，以国士待我。王猛千方百计陷害我，也多亏苻坚宽容明察。此恩如何能忘！如果氐人大运已去，我等当回东方兴复旧国。关西之地与我们慕容氏无缘。"

苻坚在慕容氏簇拥下一路北返，沿途收集逃散的军队，到达洛阳时，已有部众十余万，粗具规模。幸有铠甲防护，他的箭伤不算严重，现在急于返回长安。

队伍快要抵达潼关时，慕容垂提出：如今河北民心动荡，自己应回去收拾局面，那里是鲜卑故地，民众畏服慕容氏，另外也顺便拜祭邺城的慕容宗庙。苻坚当即应允，调拨三千军队给慕容垂指挥。

有人私下提醒苻坚：此时国家新败，四方多有叛离之心，应当征集名将拱卫京师根本。慕容垂胆略过人，本为避祸而来，譬如养鹰，饥则附人，遇风起便有凌霄之志，正应该绑紧一些，怎能轻易放虎归山？

苻坚也觉此言有理，但他不愿食言。此刻他只有相信天命，如果上天仍旧在佑护他的大秦，凡人的智数都是徒劳。

慕容垂带着慕容德等东去，慕容暐则跟随苻坚返回长安。慕容家族这一分别，从此天各一方。有苻坚部下秘密在黄河浮桥设伏，准备暗杀慕容垂。慕容垂偷偷从上游结筏渡河，于十二月到达邺城。

镇守邺城的是苻坚长子苻丕，他天资聪颖，兼通文武，苻坚对他十分信赖，命他长年驻防邺城，镇守燕国故地。此时人们都在怀疑慕容氏要乘乱而起。慕容垂初到邺城时，双方都有人劝他们乘会见之时拿下对方，但二人都没有听从，只是在互相戒备中安顿下来。

此时有消息说，河南有丁零人反叛。丁零人本生活在太行山里，苻坚平燕后，将其全部迁出山区，安置在河南。慕容垂向苻丕请命去河南平叛。苻丕心存顾虑，只调拨给慕容垂二千鲜卑弱兵，又派一千氐人骑兵同行监视。

慕容垂行至河南，声称兵力太少，擅自在洛阳驻营招募军队，很快招募到万余人。他秘密部署，乘夜晚突然起兵，杀死了同行的所有氐族骑兵，正式起兵反秦。他还派人通知邺城内的子侄亲属，要他们尽快出城逃生。

384年元旦，苻丕在邺城置酒大宴僚属，慕容氏成员全部缺席。苻丕急忙派人寻找。数日后才知道，他们已逃散到各地起兵。河南、河北，鲜卑人的叛乱像野火一样燃烧起来。

随后两年里，以河北和关中为中心，北中国再度东、西分裂——半个世纪里的第三次。叛乱者对苻氏家族展开了疯狂攻击，试图在前秦帝国的废墟上重建自己的割据王朝。

围绕着邺城的攻与守，苻氏和慕容氏在河北平原上展开了旷日持久的厮杀。

慕容垂在河南召集鲜卑族的慕容、可足浑和段氏旧部，又与丁零、乌桓等杂胡结盟，迅速扩充到二十万人，这些人并非都是战士，而是举家迁徙的流民。他觉得洛阳城四面受敌，还是应该回师占领旧都邺城。

庞大的鲜卑、杂胡军队从石门北渡黄河，浩浩荡荡向邺城开进。一路上零散的鲜卑族人汇集进来。在慕容垂身上，他们看到了重建燕朝的希望。河北各地的鲜卑人也纷纷起兵占领郡县。

苻丕派遣万余兵力拦阻慕容垂，被打得大败。亡国十三年的耻辱驱动鲜卑人决死奋战。慕容垂开至邺城城下，更多的鲜卑部众赶来会合。苻丕派使臣责骂慕容垂背信弃义，慕容垂则要求苻丕放弃邺城，率氐人返回关中，将河北归还给鲜卑人。他还分别写信给苻坚、苻丕陈述此意，写给苻坚的信仍用臣子对君主上表的体例。苻坚和苻丕同样愤怒地斥责了慕容垂。

鲜卑军队开始架飞梯、挖地道攻城，双方在邺城城下展开一次次血战。三国时，曹操曾长期坐镇邺城，修筑了坚固的城墙，在城内修筑了铜雀台等三座高台（邺城也因此被称为"三台"）。四十多年前，石虎的后赵王朝定都邺城，又进行过大规模扩建。然后是慕容氏的前燕王朝定都于此。所以邺城的城防非常坚固，慕容垂用各种器械攻城都不奏效，掘开漳河以水灌城也未能成功。

秦晋联军

此时，关中的鲜卑人、羌人也已经起兵围攻长安，北方彻底陷入混战。

这本是东晋北伐一举克复中原的大好时机。但主政的谢安担心自己变成桓温式的权臣，成为士族们的公敌，所以不愿真正进行北伐。他声称要亲自挂帅北征，但渡过长江后，就停留在广陵不肯前进，只派晋军占领淮河以北，因为那里已经陷入战乱后的无政府状态。

对于门阀士族来说，偏安无为的贵族共和，更符合他们的家族长远利益。但那些武人出身的军官们不这样想，北方动乱正是他们拓地立功的大好时机。高官职位被士族垄断了，军人们立功再多也不能拜相封侯，但打仗仍然是劫掠发财的好机会。谢玄麾下的北府军官刘牢之，在抗击苻坚的战斗中崭露头角，他率部沿着当年桓温北伐的路线，径直推进到黄河边，控制了下游的重要渡口，还在河北岸占据了几个据点。

得知晋军开进到河北，苻丕一度很惊恐。但城下的鲜卑人攻势凌厉，是更现实的威胁。邺城被围困日久，城中粮草耗尽，士兵们只能拆毁官殿，将松木梁柱削成木屑喂马。有汉人下属杨膺建议联络晋军，一起对付慕容垂，苻丕思考之后接受了这个建议，亲自写信给谢玄，希望得到晋军粮援，一起攻灭鲜卑，随后他将带部下返回长安，把邺城留给晋军——但是，如果去往关中的道路不通，他还将继续留驻邺城。

随后，苻丕派遣参军焦逵送信到彭城的谢玄军府。

焦逵和杨膺对苻丕的条件感到悲观，觉得晋军肯定不会接受：现在长安路绝，苻坚朝廷的存亡尚不可知，鲜卑人随时可能攻破邺城，苻丕哪里有资格和晋军讨价还价？

杨膺于是重写了苻丕的信，改为向东晋朝廷求援的上表，称一旦晋援军开到，邺城中的人将全部投降晋朝。杨膺希望晋军能够迅速赶来，届时，苻丕即使不同意此条件，杨膺也可以和晋军里应外合，迫使苻丕就范。

此时，慕容垂觉得近期难以攻克邺城，特地放开了西侧围城的军队，希望氐人弃城西逃。焦逵趁机出城，和黄河边的晋军取得联系，在他们护送下到达谢玄军营。

谢玄对苻丕的求援大感意外，毕竟在一年前，双方还是势不两立的死敌。焦逵发誓保证苻丕的诚意，并转达了杨膺的接应意图。谢玄终于答应：派刘牢之率二万晋军解救邺城。为解邺城的饥荒，他还命晋军运送二千斛粮食，这点粮食不多，只能供一千人吃一个月，何况邺城中的秦军远不止一千。

但对已经饥困到极点的秦军而言，能得到这些也是天助了。

385年初，刘牢之率北府兵主力抵达枋头，开始弃舟北上。此时邺城内有人告发了杨膺的密谋，苻丕将他逮捕处死。随后晋军与一支鲜卑军队发生遭遇战，慕容垂只得弃围邺城，南下阻击晋军。秦军乘机出城搜寻一切可吃的东西，同时对鲜卑人展开进攻。

四月，刘牢之北进到邺城城下，秦、晋合兵击败鲜卑军，慕容垂被迫北撤。刘牢之未通知苻丕就带领晋军北追，急行军二百里后遭到鲜卑伏击，晋军大败。幸而秦军赶来援助，刘牢之才保住了性命。

由于饥饿，苻丕的秦军这时已经极度虚弱，他和刘牢之商议决定，由晋军换防邺城，苻丕带秦军到枋头的晋水军基地就食，补充战斗力。此时的河北地区已经战乱经年，百姓逃散，几乎无粮可征，慕容垂的鲜卑军也在大批饿死。

刘牢之北进和联秦击燕的消息传到建康，引起东晋上层不满。谢安朝廷借口刘牢之兵败，将他调回了后方，另派檀玄代替。檀玄对枋头的苻丕秦军发起攻击，结果被打得大败。苻丕带秦军返回邺城。短暂的秦晋联合至此宣告破裂。

不久，苻丕又放弃了饥荒的邺城，翻过太行山进驻晋阳城。

慕容垂终于进占邺城。386年春，他即位称燕帝。至此他已经六十一岁。他建立的王朝史称后燕。

他的一生的前四十五年，是慕容氏饱受猜忌的皇子、皇弟、皇叔；中间十三年，是备受秦臣怀疑，但仍受苻坚信任的前秦之臣；之后是对苻坚的背叛决裂；最后，他享受了十年并不安稳的帝位，也算对数十年辛酸颠沛生涯的一点补偿了。

叛乱蔓延

苻坚最大的不幸，是没能像弟弟苻融一样战死在寿阳。

淝水一战秦兵大败，被苻秦征服的各北方民族纷纷举兵自立。庞大的苻秦帝国顿如金瓯落地，迸裂为大小碎屑无数。一场战役引起北中国如此剧烈的变局，东晋君臣也完全始料未及。正如后世欧陆枭雄的那个比喻：他朝门上踢了一脚，然后整幢房子轰然崩塌了。

回到长安后的两年里，苻坚眼睁睁看着自己的帝国分崩离析，曾经被他宽恕和信任的人一一背叛他。远方的亲人音信不通，目下的关中兵戈四起。他在暴怒和懊悔中做了最后的困兽之斗，直到在众叛亲离中战死，他的表现终于没有辱没前半生的功业。

383年底，苻坚带着慕容暐回到长安，叛乱的苗头还没有马上萌生。新年这天，苻坚抑制着丧弟的哀伤，打起精神举行了一场盛大的朝会。淮河流域的晋军往北推进了一点点，不过这并不重要，前秦帝国的根本还未动摇。惨败已成为过去，新的一年也许会有新的转机。

但在384年的春天，慕容垂起兵河南，围困邺城，东方从此与长安失去了联系，他再也不知道儿子苻丕的生死。

关中附近的慕容氏成员也开始起兵：慕容暐的两个弟弟，慕容冲和慕容泓，都在秦朝担任郡太守，此时都利用职权起兵反秦。

他们没有东下投奔慕容垂，而是合兵向长安杀来。因为这里有他们的父兄妻儿。慕容家族很多成员在外面做官，但他们的家人都在长安城中。被苻坚迁徙到关中的数万户慕容鲜卑，正在牧场里充当牧奴，慕容冲兄弟想召集这些族人，抢回他们的亲属，再返回故国。

苻坚对慕容氏的背叛痛心疾首。他现在已经不指望恢复关东，但关中故地必须死守。他派姚苌和皇子苻熙出征，堵截慕容冲兄弟。

姚苌出自一个西部羌人部族首领家庭。他的父辈和氐人一样，都被石虎迁到了河北从军。石赵帝国崩溃后，姚氏羌人也在战乱中辗转西归，结果被刚刚建国的氐人击败，姚氏家族投降后受到赦免，一直在前秦朝做官。苻坚南征时，姚苌负责都督巴蜀地区军事，准备从那里浮长江而下。但进攻未及开始，苻坚已经战败，姚苌急忙返回了长安，继续为苻坚效力。

慕容冲兄弟自知难敌秦军，准备掉头东归。但苻熙轻敌，贸然发动进攻，被逼到绝境的鲜卑军队击败秦军，杀死了苻熙。姚苌自知难以得到苻坚饶恕，弃军逃奔到渭北，召集做牧奴的羌人部众，也开始举兵反叛秦朝。

从此，苻坚要面对两股强悍的敌人：慕容鲜卑和姚姓羌人。

凤凰止阿房

慕容冲、慕容泓兄弟的部众迅速扩张到十余万人。他们遣使给苻坚送信，称：叔父慕容垂已经恢复关东，现在如果苻坚肯交出他们的兄长、燕朝故帝慕容暐，他们将东下投奔慕容垂，重新与秦国以虎牢为界，分治东西，秦燕两国依旧和好。

苻坚本来已经准备放弃关东，但丧子之痛使他丧失了理智。他派人召来担任尚书的慕容暐，将慕容泓书信掷给他看，大骂慕容家族都是人面兽心之徒。慕容暐大惧，跪地叩头，血流满面。他哭着向苻坚道歉，称对秦朝的忠心决不改变。

苻坚很久才平静下来，宽慰慕容暐："这都是慕容垂、慕容泓、慕容冲三个无耻之徒所为，不是卿的过错。"他承诺保留慕容暐的官职，依旧宽待城中的慕容氏成员，还让慕容暐给三人写信，呼吁他们罢兵归顺。

结果慕容暐写密信给慕容泓："我身为笼中之鸟，无法逃脱，且已是燕室之罪人，不足复立。弟等勉力创建大业，一旦得知我死讯，即刻登天子之位，重建大燕朝。"

收到书信，慕容泓、慕容冲立刻向长安开进。途中，慕容泓因驭下严酷被鲜卑军人杀死。慕容冲被推为主帅，称皇太弟。

此时，苻坚正在渭北与姚苌作战，获悉鲜卑人逼近，他担心后方不保，急忙退返长安，派五万秦军在长安东二百里外迎战慕容冲。秦军在野外挖壕修筑营垒，准备长期对峙。

一个黎明时分，鲜卑军发起强攻，士兵们跳过壕沟、垒墙，冲入秦营展开厮杀。东方的鲜卑大军还在浩浩荡荡开来，环绕着营地奔驰，马队踢踏起的烟尘笼罩了秦营，呐喊唿哨声震撼天地。秦军猝不及防，军心大乱，都放弃营垒四散奔逃。

尘埃落定，秦营外原来是一支牛马混杂的"军队"，牛马背上都是老人、妇女和儿童。原来，慕容冲部下有十余万鲜卑人，但都是举家迁徙，青壮年并不多。他们来自牧场，驱赶着众多牛马牲畜。为了强攻秦营，慕容冲让男子投入攻势，妇女老弱都骑上牛马，在阵后奔突扬尘，挥舞临时制作的旗帜，大声叫喊助威，居然一举消灭了秦军主力。

得知鲜卑人进至灞桥，苻坚派少子苻琳带三万人阻击，又被慕容冲打得大败，苻琳被杀。慕容冲进抵长安城下，在城西的阿房宫旧址安营。

阿房宫旧址长满了梧桐和竹林。当初，关中流行童谣"凤凰凤凰止阿房"，苻坚以为这是凤凰降临的祥瑞，就下令在阿房种植了大量桐、竹，因为传说凤凰只栖息在梧桐树上，吃竹子的果实（竹子数十年才会开花结实一次）。慕容冲小字凤皇，现在他驻军这里，据说正应了当年的童谣，当然还有那首"一雌复一雄，双飞入紫宫"。

鲜卑人围困了长安。城中粮尽无援，只能屠杀妇女、老弱为食。长安开始了人食人的蛮荒时代。

苻坚登上长安城楼，看到漫山遍野的鲜卑队伍，不禁叹息："如此之多的白虏从何而来，居然如此强盛？"鲜卑人皮肤白皙，经常被称为"白虏"。又因须发棕黄，被称为"黄发鲜卑儿"。

十四年前和苻坚初见时，慕容冲尚是十二岁少年，此时已是鲜卑部众的复仇统帅。他在城下向苻坚喊话，要他交出城中的兄弟姐妹，他兄长慕容暐和姐姐清河公主都在长安城内。

苻坚在城头大声叱责："尔等奴辈，只该放牧牛羊，何苦造反送死！"

慕容冲反唇相讥："奴身为奴，受尽辛苦，特来代你做天子！"

此时已是九月。苻坚看秋风里的慕容冲形容消瘦，衣衫单薄，念及前情，不禁恻然，解下身上的锦袍，命人下城送给慕容冲，并向他口传诏旨："古人交兵，也可有使者往来。卿事业草创，跋涉远来，想必受尽劳苦。今赠卿一袍，以明心怀。当年朕对卿的恩义如何，为什么忽然到了今天的地步？"

如今的慕容冲已不再是那个孤单无依的后宫少年。他命部下接过锦袍，并向使者转达大燕皇太弟的口谕："我如今心在天下，难道在意这一件锦袍的小恩惠？卿如果懂得天命，应早日束手归降，送我兄燕帝出城！我自当优待苻氏众人，重续前日之好。"

苻坚不甘接受这种城下之盟。他悔恨当初不用王猛、苻融之言，终使白虏儿翻覆天下！

长安城上空漫天乌鸦，沙哑的嘶叫如哭嚎，似嘲弄。它们拍打着黑色翅膀，在风中翩然飞舞，聚似奔流的黑色漩涡，散如漫天飘飞的败叶,俯瞰着人间的杀戮、仇恨与血战。①

鲜卑《隔谷歌》:

> 兄在城中弟在外,弓无弦,箭无括。食粮乏尽若为活?救我来!救我来!

《幽州马客吟》:

> 憎马常苦瘦,剿儿常苦贫。黄禾起赢马,有钱始作人。
> 郎著紫裤褶,女著彩夹裙。男女共燕游,黄花生后园。
> 黄花郁金色,绿蛇衔珠丹。辞谢床上女,还我十指环!

城内的一千多名慕容宗室,在惊恐中偷偷等待着城外传来的消息。

这年年底,慕容暐向苻坚报告:自己的儿子准备结婚,请苻坚去他家做客。他其实准备借机杀掉苻坚。结果阴谋败露,苻坚痛骂慕容暐后将其处死。氐人在仇恨和饥饿的驱使下,不分男女老幼杀死了城中所有鲜卑人。

获悉慕容暐死讯,慕容冲在阿房即燕帝之位。

---

① 《晋书·苻坚载记》:"时有群乌数万,翔鸣于长安城上,其声甚悲,占者以为斗羽,不终年有甲兵入城之象。"

血污超度者

已成人间地狱的长安城内,有一小群胡汉僧人,正聚在一起译佛经。

发起此事者,是年老的汉人高僧释道安。他之前在东晋的襄阳城立寺修行。数年前,秦军攻克襄阳,将他带到了关中。苻坚朝廷中,有一位秘书郎赵正。此人信仰佛法,不生胡须,有妻妾却无子女,时人以为"天阉",即先天无生殖能力。苻坚因此对他比较放心,经常让他陪在自己身边,可自由出入宫禁。通过赵正的推荐,苻坚接见了道安,为其学识风度所折服,感叹:"此次克襄阳,我得一人有半!"此一人即指道安,半人则是著名学者习凿齿。苻坚为道安在长安建寺,希望他能为自己提供来自西方智慧世界的咨询。

释道安是河北人,在石虎朝长大。当时胡僧佛图澄最受石虎信仰,是石赵一朝的国师。但佛图澄学养不高,只擅长呼风唤雨、未卜先知、长生不老之术,当时很多僧人其实是巫师术士。释道安因此一直遗憾中土佛典缺乏,未得佛学真传。

西域偶有来游汉地的胡僧,能唪诵梵经,却不懂汉语;长安此时有懂梵语也粗通汉语的胡僧佛图罗刹,但他手边没有梵经,也不会背诵。当时前秦帝国正如日中天,与西域交通通畅,释道安派人到西域发布消息,邀请有志于传经的高僧来长安。

381年，就是苻坚大举南征的前年，罽宾①僧伽跋澄抵达长安，与释道安、赵正相会。他能口诵大乘经典。于是由他口授梵经，一名胡僧耳听笔录，再由佛图罗刹读为汉文，一汉僧用汉文笔录。②

这种译经方式颇费周折，加之诸人首次合作，需要互相适应。用了两年时间，方译出《阿毗昙毗婆沙经》。此时已是383年八月，苻坚已开始了他对东晋的南征。

同在此年，罽宾的僧伽提婆抵达长安，他能背诵《阿毗昙八犍度论》，但他开始时没有加入释道安的译经团，而是与另外几名汉僧一起，将其译为汉文。

第二年初，就是苻坚已败逃回长安、慕容氏叛乱在东西方相继爆发时，跋澄看到释道安等真心求法，就拿出了他携来的梵文《僧伽罗刹所集经》《尊婆须蜜菩萨所集论》，与诸僧共译。提婆译组此时也加入了道安团体。

这年夏，又有来自兜佉勒的昙摩难提抵达长安，加入译经僧团。他能背诵《增一阿含经》《中阿含经》《阿毗昙心论》《三法度论》等大量经、论佛典。译经工作至此全面展开。

长安此时血战正酣。青壮年僧人也被编入城防部队，轮流上城巡守。他们更抓紧一切时间译经。恶战、屠杀、血污、

---

① 罽宾：西域古国，可能在今阿富汗一带。
② 《高僧传·僧伽跋澄》："……遂共名德法师释道安等集僧宣译（《阿毗昙毗婆沙经》）。跋澄口诵经本。外国沙门昙摩难提笔受为梵文。佛图罗刹宣译。秦沙门敏智笔受为晋本。以伪秦建元十九年（383）译出。自孟夏至仲秋方讫。"但据《增一阿含经·序》："有外国沙门昙摩难提者……以秦建元二十年（384）来诣长安。"如此，则僧伽跋澄与释道安等始译《阿毗昙毗婆沙经》时，昙摩难提尚未到长安。

死亡不会吓倒僧众。尸体不仅可以是食物,也可以是证道成佛的门径津梁。昙摩难提口诵的《增一阿含经》中,佛祖教导比丘(僧人),如何面对腐尸解脱自我、悟空入道:

> 比丘!观死尸——或死一宿,或二宿,或三宿、四宿,或五宿、六宿、七宿——身体膖胀,臭处不净。复自观身与彼无异:吾身不免此患。
>
> 若复,比丘,观死尸,乌鹊、鸱鸟所见啖食,或为虎狼、狗犬、虫兽之属所见啖食。复自观身与彼无异:吾身不离此患。是谓比丘观身而自娱乐。
>
> 复次,比丘,观死尸或啖半散落在地,臭处不净。复自观身与彼无异,吾身不离此法。复次,观死尸肉已尽,唯有骨在,血所涂染。复以此身观彼身亦无有异,如是比丘观此身。
>
> 复次,比丘,观死尸筋缠束薪,复自观身与彼无异。如是,比丘观此身。
>
> 复次,比丘,观死尸骨节分散,散在异处,或手骨、脚骨各在一处,或髀骨,或腰骨,或尻骨,或臂骨,或肩骨,或胁骨,或脊骨,或顶骨,或髑髅。复以此身与彼无异,吾不免此法,吾身亦当坏败。如是,比丘观身而自娱乐。
>
> 复次,比丘。观死尸白色、白珂色。复自观身与彼无异,吾不离此法。是谓比丘自观身。
>
> 复次,比丘。若见死尸、骨青、瘀想,无可贪者。

或与灰土同色不可分别。如是,比丘,自观身除去恶念,无有愁忧。此身无常,为分散法。

如是,比丘内自观身、外观身、内外观身,解无所有。

译《中阿含经》至第六十卷时,僧众们惊奇地发现,苻坚和他的理想、欲望、仇敌、情侣、臣房们的恩怨纠缠,其症结和解脱,正在此中:

有婆罗门丧子悲痛,衣食不宁,终日在儿睡卧处、坟墓前痛哭。婆罗门为求解脱,向世尊(佛祖)求助。世尊告曰:"若爱生时,便生愁戚、啼哭、忧苦、烦惋、懊恼。"

此论既出,众人疑惑不解。国主命大臣那利鸯伽前往问询——

世尊告曰:

那利鸯伽,我今问汝,随所解答。那利鸯伽,于意云何?若使有人,母命终者,彼人发狂,心大错乱,脱衣裸形,随路遍走,作如是说:"诸贤,见我母耶?诸贤,见我母耶?"

那利鸯伽!以此事故可知:若爱生时,便生愁戚、啼哭、忧苦、烦惋、懊恼……

那利鸯伽!昔有一人,妇暂归家,彼诸亲族欲夺更嫁。彼女闻之,即便速疾还至夫家,语其夫曰:"君,今当知我亲族强欲夺君妇嫁与他人,欲作何计?"于是彼人即执妇臂,将入屋中,作如是语:"俱至后世、俱至后世!"便以利刀斫杀其妇,并自害己。

那利鸯伽!以此事故可知:若爱生时,便生愁戚、啼哭、忧苦、烦惋、懊恼。

"若爱生时,便生愁戚、啼哭、忧苦、烦惋、懊恼……"

译经僧众由此生活在一个奇异世界,在这个世界中,只有世尊释迦牟尼和他的弟子们。僧众追随着他们在舍卫国、鞞舍离、王舍城游历……

这里有富庶坚固的王边城,城中广有酥油、蜂蜜、甘蔗、糖、鱼、盐、脯肉,四食丰饶,一切具足……

这里有巨大的战象在阵前搏杀,前脚、后脚、尾、髂、脊、胁、项、额、耳、牙、鼻,一切尽用,惊心动魄,宛如目下的秦燕两军之战……

这里有奇异的世界,二日并照,草木枯萎;三日皆出,江河断流;五日同出,海水减至不没脚踝;七日出世,一切俱皆燃炽,大地烧坏,如燃酥油……

这里有三十三重天,生长着奇异的昼度树,一天之内,树叶生长,枯黄、飘落;复又发芽,重生,蓓蕾初生如鸟喙,花朵绽放如钵盂。满树奇花尽放时,光所照、色所映、香所熏、辉耀千里,周天殆遍……

384年七月十三日,慕容冲军已经围困长安,《尊婆须蜜菩萨所集论》译出。

384年十一月三十日,慕容暐在长安城内谋反前夜,译

《僧伽罗刹所集经》告成。

385年的新年，长安众将按照惯例朝见苻坚，然后共进一餐。此时长安城中已经没有任何粮食。诸将回家后，都努力吐出了嘴里、腹中的食物，给家人充饥保命。

此后，苻坚不甘坐死穷城，数度出城与鲜卑交战。二月六日，秦军大破燕军于仇班渠。次日，又破燕军于雀桑。十六日，两军战于白渠，秦兵大败，苻坚在乱兵中逃出性命，奔回长安。

二十四日，一千八百名[①]燕军趁黑夜爬上了长安城墙，攻入南城。秦军急忙迎击，双方在微弱的月光下肉搏砍杀。天亮时，入城的鲜卑人全部战死，尸体被秦军各部计数均分，以充食粮。

就在这个春天，释道安、昙摩难提等译《增一阿含经》毕。

如此岁月中，长安译经僧众以何为食，史书和佛籍都没有记载。他们译经序跋中，也从不提及当时的战况和处境——这种磨难，或许经历过的人都不愿提及。只是在译完《增一阿含经》后，淡淡记下一笔："此年有阿（旁）城之役，伐鼓近郊，而正专在斯业之中。"

二月八日，释道安忽告众僧："吾当去矣！"遂无疾而逝。

他死后，译经僧众终于星散。昙摩难提要返回西域故国，此时关西已陷入战乱，他此一去后再无音信；跋澄一直留在

---

① 此战燕军损失人数，《资治通鉴》为八百，《晋书·苻坚载记》为千八百。当是《资治通鉴》脱"千"字。

长安，姚氏后秦时期，他还在这里译经；提婆东下游历，先到洛阳，又应东晋高僧慧远之邀，赴庐山讲经，后到建康译经讲学。

宫阙依然

现实世界里的恶战还在持续。到五月，秦军已没有出城作战的实力。鲜卑人开始攻城。

苻坚住在城墙上督战，羽箭缀满了他的铠甲，鲜血渗透了甲胄和衣服，成群的苍蝇聚集在他身上挥之不去。他所到之处留下斑斑猩红的脚印。

关中百姓流散，千里无人烟，幸存的居民结成了三十多个土堡自保。他们试图将粮食送进长安，但大多被燕军杀死。苻坚对幸运的来者说：以后不必冒险前来了，天运兴衰，凡人已经不能挽回。

他平生不相信预言谶书，但这时忽然从中发现了"帝出五将久长得"一句。长安城西恰好有座五将山，苻坚相信去那里会给自己带来好运，于是留太子苻宏守城，自己带张夫人、两个女儿和数百骑兵前往五将山。

苻宏也难坚守长安，最后带城内的数千士兵和氐人宗室出城西逃。很多人沿途投奔了姚苌。苻宏辗转一番，到南方东晋，投奔在桓氏家族麾下，他将在江南见证另一番帝业轮回。

慕容冲带鲜卑人开进了长安。为报复慕容暐等被杀，鲜卑人在城内大肆屠杀掠夺。慕容冲得知慕容垂已经在邺城称帝，不敢返回东方，于是带部属在长安郊外修建房屋、播种小麦，准备长期居留在此。但鲜卑人回乡心切，386年春天，他们杀死了慕容冲，推举一名宗室慕容永为主，离开长安东归。

在慕容冲和苻坚厮杀的时间里，羌人姚苌在渭河北岸扩展势力，占领了很多城池。他的士兵在五将山掳掠，恰好俘虏了苻坚一行，将他带到姚苌的大营新平（今陕西彬县）。姚苌想向苻坚索要传国玉玺，被苻坚痛斥一番。

苻坚至此已无生意，他终日痛骂姚苌以求死。姚苌拿苻坚实在无可奈何，偷偷派人缢死了他。跟随苻坚的张夫人等人自杀。对苻坚之死，姚苌手下的羌人都失声痛哭。姚苌不愿再提到苻坚的名字，给他起谥号为壮烈天王。

鲜卑人离开长安后，羌人开进了城。姚苌在这里称帝，他把自己的朝廷也命名为秦。史称后秦，以和苻姓氏人建立的秦（前秦）区别。

从此，前秦王朝庞大的尸体上，生长出了后燕与后秦两个食腐王朝。

姚苌性格洒脱不羁，颇似汉高祖刘邦。他如今登基宴会之所，正是当年向苻坚称臣的宫殿。酒酣之际，姚苌忽然问群臣："当年卿等和我，都在这里侍奉秦朝。今天忽然尊我为帝，难道不觉得羞耻？"

群臣面面相觑，一时哑然。有人反应及时："如今天尚且不耻以陛下为子，臣等又有何耻？"哄笑声中，后秦君臣终于消解了一些尴尬和羞辱。

姚苌称帝的次年,东方的慕容垂略地河南,俘虏了曾和他一起在秦廷共事、后投向东晋的仆射光祚。当初在长安时,苻坚曾与慕容垂握手长谈,光祚看出慕容垂神色不自然,找机会对苻坚说:"陛下是不是觉得慕容垂有点可疑?此人绝不是久居人下之辈!"苻坚没有采纳这个除掉慕容垂的建议,反而将此言告诉了他。

如今,年已六十三岁的慕容垂见到光祚,不由泪下沾襟。他对光祚说:"秦主待我恩深,我也为他力尽臣节。只是受王猛、苻融二公猜忌,我怕身遭死罪,才背弃秦主。如今每念及此事,夜不能寐!"二人相对抱头痛哭——其实在慕容垂决心反叛时,王猛和苻融两人都已经死了,他自己也难说清楚这段心路。

慕容垂心理素质远不如姚苌。邺城是他前半生屈辱和背叛的象征,他无法在这里安居,将都城迁到了北方数百里的中山(今河北定州市),将邺城留给弟弟慕容德镇守。

苻坚太理想化,太想做圣人,他对对手的谅解和宽大,终于导致苻秦帝国轰然瓦解。但那些靠背叛他建立帝业的人,却从不敢嘲笑和蔑视苻坚。这些人毕生都将活在他的阴影之中。

佛国之路

苻坚已死,但苻秦王朝没有终结。先是逃亡到晋阳的苻丕称帝，不久被从长安迁徙而来的慕容势力攻灭。苻坚侄子苻登又在长安以西的陇山中起兵，率领氐人继续与姚苌作战。他在苻坚死后称帝，延续前秦朝的世系。

秦军部众矢志为苻坚报仇。他们出征作战时，都用马车装载着苻坚灵位同行，三百名军人在车旁护卫。战前他们向灵位祈福，战后向灵位禀报战果。士兵们都在铠甲上镌刻"死休"二字，以示复仇之战至死方休。他们不筹集军粮，只以敌军尸体为食。

姚苌本以为苻坚死后，关中已经全归己有，却未料到苻登率部西来，连连击败羌人军队。姚苌恼羞成怒，将苻坚尸体挖掘出来鞭挞，又剥光了衣服与荆棘同埋。苻登率万余人包围姚苌军营，全军痛哭举哀。姚苌让营内的羌人也大哭回应。后来苻登夺得苻坚尸体，又以天子之礼下葬。

看到苻登势不可遏，姚苌觉得苻坚的神明在帮他们对抗自己。他也在军营中竖立了苻坚神像，献祭祈祷，祈求宽恕。苻登在营外的楼车上眺望，看到了姚苌营内这场闹剧，他遥向姚苌喊话："你为臣而弑君，又想立像求福，有何益处？不如出营来与我决斗！"

姚苌不敢答应苻登的挑战。此后两军战争，姚苌军也没有获得什么优势，军营中反而数次夜惊，士兵们在暗夜中惊恐叫嚷奔走、互相砍杀，天明后却找不到任何异常。姚苌怀疑是苻坚阴魂作祟，又斩了苻坚神像之首，派人送到苻登军营。

苻秦和姚羌间的战斗又持续了七年。苻登部众得不到补充，日渐消耗。

393年底,姚苌患重病,生殖器肿胀如生大瘤。医生为他刺肿放脓,创口却出血不止。姚苌说,他近日曾做一梦,梦到苻坚带数百名天使和鬼兵冲入大营,姚苌惊恐地向后宫逃命,卫士用长矛迎面刺鬼,却误中姚苌阴部,矛拔出后血流不止。梦醒后,便觉阴部肿痛发病。

病重的姚苌神志不清,不停自称"臣""苌",以及"杀陛下的是臣兄姚襄,非臣之罪,愿陛下明鉴"等胡言乱语,最后终于死去。

姚苌死后,太子姚兴即位。他终于扑灭苻登,终结了前秦王朝。和他父亲一样,姚兴也被苻坚的亡魂折磨纠缠,他开始向佛教寻求救赎。

苻坚末年在长安译经的僧众,此时尚在人世的,都受到姚兴的丰厚供养,陆续还有鸠摩罗什等西域高僧来到关中,主持翻译佛经。姚兴广建禅寺、立神像,百姓纷纷剃度出家。历经十年战火、掠夺、屠杀、饥荒的关中,此时俨然已成佛国。

毕竟,除了空无寂灭的佛理,再没有什么能安慰这片渗满鲜血的多灾多难的土地,救赎那些曾经在欲望、道义与恐怖罪恶中苦苦挣扎的灵魂了。

第四章 江东新士族

- 桓氏又起
- 北方变局
- 天师道
- 驰援京口

桓氏又起

北方尚在血污中挣扎，南方已是歌舞升平。

淝水之战后不久，桓冲、谢安相继去世，东晋内外矛盾消解，又回归萎靡安乐。孝武帝司马昌明已逐渐长大，他趁桓氏家族人才相继凋零，控制了上游荆州的人事权，又任命哥哥司马道子为丞相，逐渐树立起一点朝廷权威。

桓温的幼子南郡公桓玄，正是在这一轮短暂的承平环境中长大。桓温死时他仅五岁，淝水之战时十五岁。他自幼肥胖，比同龄人重一倍多。但在臃肿的身躯下面，他有着超人的才智和极度骄傲、敏感的心灵。

叔叔桓冲死后，桓氏声威大减，桓玄只能回归一名普通士族子弟的生活。二十三岁时，他被任命为太子东宫属官，几年后升任义兴郡（今江苏宜兴）太守。对于一名士族子弟，这样的仕途不算坎坷。但桓玄不满，认为朝廷待他太薄。相比父亲桓温当年威震江南的气势，他如今的境遇显得落差太大。义兴山水秀丽，但桓玄无心游赏。他曾遥望震泽（今太湖）长叹："父为九州霸，儿为五湖长！"

桓玄更不满的是，今上司马昌明本来是靠父亲废黜司马奕、拥立司马昱才得继位的，这样算来，桓氏家族是当今朝廷的大恩人。而如今从朝廷到士族，都认为桓温篡晋未遂，对桓氏后人甚为不齿。一次桓玄入建康晋见丞相司马道子，当时道子已醉，斜睨着堂下的桓玄说："桓温晚年想做贼，怎么说？"桓玄顿时惊恐伏地，战栗流汗不止。

焦虑不满中，桓玄辞官回到自己的封国——南郡。这种情况当时很少。有勋劳的大臣，朝廷会给予封爵，但封地是象征性的，受封者不能直接统治，只接受其中部分民户交纳的赋税，一般受封者也不会住在封地。但桓玄比较特殊，因为南郡在荆州，荆州是当年桓温大本营，桓氏在这里广有人脉和威信，所以桓温把家安在了南郡。桓玄向朝廷上书，要求表彰先父的功勋，给自己应得的待遇。朝廷没有回音。

397年，晋孝武帝被自己宠爱的妃子用被子闷死。太子司马德宗即位，是为晋安帝。司马德宗智力低下到不会说话，冷热饥饱都不知道，全靠弟弟司马德文照顾生活。朝廷大权都落入皇叔司马道子手中。

此时的荆州刺史，是先朝孝武帝提拔的殷仲堪；徐州刺史是当时帝舅王恭。他们对司马道子当权都很不满。桓玄乘机鼓动殷仲堪，要他和王恭联手对付司马道子，同时他还向司马道子索要广州刺史的职位。司马道子为了分化对手，答应了桓玄的要求。

但桓玄不想去广州，他只是想要刺史的名分。398年，殷仲堪、王恭相约起兵，同时向建康进军，准备除掉司马道子。用人之际，殷仲堪想借重桓玄家族在荆州的影响，拨给他五千名士兵为前锋，顺流直抵建康城下，击败了前来阻拦的朝廷军队。

王恭的军队也从京口开向建康。他倚仗的是北府名将刘牢之，但他又以士族自居，一贯看不起刘牢之，使军人们深为不满。司马道子乘机策反刘牢之,活捉处死了王恭,反正的北府军抵达建康城外,与荆州军交战。殷仲堪、桓玄知道自己不是北府兵的对手,急忙掉头逃回了上游。

司马道子为分化对手,诏命桓玄任江州刺史。殷、桓二人果然开始互相猜忌。399年,桓玄趁荆州水灾之机偷袭殷仲堪。殷仲堪笃信天师道,终日祈祷鬼神,疏于军政,被桓玄轻易击败。至此,桓玄完全控制了上游荆、江二州。当年桓温用了二十年才完成的事业,桓玄在两年间就实现了,此时他年仅三十一岁。

桓玄崛起于荆州时,北方也在发生重大变化:拓跋北魏驱逐了慕容氏后燕,占领北中国东部。

北方变局

自苻坚败后,慕容垂重新立国东方,拓地河南,恢复前燕版图。但他的王朝并不太平。因为另一支更为野蛮的鲜卑——拓跋部——正崛起于代北(今山西北部及内蒙古南部)。

在苻坚时代,拓跋鲜卑也被前秦征服,其首领之孙、尚在幼年的拓跋珪被带到长安,苻坚命人将拓跋珪送到新征服的蜀地,让他在那里学习汉语,待长大后为秦帝国管理拓跋部。苻秦帝国崩溃后,少年拓跋珪潜回故土,在其母系贺兰部的支持下开始扩张。不到十年间,他统一了代北的鲜卑诸部。

拓跋珪初起时，曾向慕容垂的后燕称臣，得到一些援助，双方还互有通婚。但拓跋势力扩张太快，终于引起双方兵戎相见。395年冬，燕军远征拓跋部，惨败于参合陂（在今内蒙古凉城），五万余精锐部队被俘、被处死。年老的慕容垂又亲征代北，但拓跋部已经举族迁徙，逃避到了草原深处。慕容垂路过参合陂，看到被杀的燕军尸骸累累，伤心发病而死，太子慕容宝继位。

拓跋珪随后称帝，建立北魏王朝，向后燕发起全面进攻。魏军先南下攻克晋阳，占领山西地区，随后越过太行山东进，占领常山（今石家庄一带），在河北平原上与燕军展开厮杀。

燕军据守邺、中山二城，与魏军进行了长期战争。和当年灭前燕的前秦不同，拓跋人还太野蛮，不会攻城，也不适应中原的统治方式，无法在短时间内有效占领各地、进行管理。魏军数次围攻邺城，旋即因为粮食短缺罢兵，又分散到各地抢掠。

经过一年苦战，慕容宝看却敌无望，带领宗室逃回辽西，回归到慕容氏进占中原以前的故地。河北被放弃了。

驻守邺城的慕容德此时已年过六旬，也弃城率部下的鲜卑人南逃，渡过了黄河。北魏从此占领华北大部。拓跋人需要学习汉地的一整套行政管理体制，慢慢强化对中原的统治——这个过程长达近百年，所以他们无暇剿灭慕容氏逃奔南北的两个小政权。

慕容德在魏军追击下向东逃避，进入青州（山东半岛）。这里本来是后燕统治区，战乱中进入了半独立状态，刺史段龛接受了东晋的官爵。慕容德击败段龛,建都广固城,据有青州之地,自立为燕帝,史称南燕。此时是公元 399 年。

慕容德历经前燕、前秦、后燕,终于在六十之年割据一隅,称帝建号。一次,他与群臣饮酒作乐,酒醉时问众人:"以朕的作为,可与以往哪位帝王相比?"

一名叫鞠众的大臣恭维说:"陛下是中兴圣主,堪比夏朝的少康、汉代的刘秀!"

慕容德大喜,下令赐鞠众丝帛千匹。

鞠众急忙惊慌推辞,说赏赐太多,实在不敢当。慕容德笑说:"卿可以取笑朕,朕就不能愚弄你一次吗?"

慕容德老年称帝青州,却没有子嗣立为太子。因为苻坚统一北方时,慕容德全家都迁往关中居住,后来他随慕容垂起兵东方,与关中家人失去了联系。称帝后,他派密使去关中寻访家人,才获悉母亲及诸子孙已在长安围城时被全部处死。慕容德闻讯后恸哭吐血,几乎生命垂危。

所幸后续归来的密使,为他带来了一个未曾谋面的侄子——慕容超。

原来,慕容德有位兄长慕容纳,苻坚朝时定居河西张掖。慕容德随同苻坚南征前,给慕容纳留下一把金刀。到前秦陷入战乱,河西地区对慕容氏成员进行搜捕,慕容纳一家被诛杀,只有其母公孙氏因年老、其妻段氏因怀孕得以缓决。一名狱吏是慕容氏旧部,他带着婆媳二人逃入山中,段氏生下了儿子慕容超。

慕容超十岁时,祖母公孙氏临死前,将金刀交给他,让他伺机到东方寻找叔父慕容德。慕容超母子辗转流离于关西战乱,又被后秦征发入长安。

逐渐成长的慕容超高大英俊,相貌非凡。他得知叔叔慕容垂、慕容德相继在东方立国,担心自己会遭到报复,于是装作疯癫,终日在长安街头乞讨为生。有人向秦帝姚兴建议:授予慕容超官爵,羁縻控制住他,并以此要挟慕容德。姚兴召见慕容超后,看到是个傻子,没有什么提防,长安城中人对这个肮脏愚钝的慕容氏年轻人也没有警觉。

慕容德派出的密使辗转找到了慕容超。他未敢告诉家人,随密使潜回青州,见到慕容德后,呈上金刀,并复述了祖母临终前的话。慕容德抱着侄子痛哭流涕,封他为北海王,在南燕朝廷担任高官,并在自己宫殿旁为侄子营建了宅邸,整天让他陪在自己身边。这个侄子是他眼下唯一的亲人了。

慕容超也善于揣摩叔叔的旨意,将慕容德照顾得很开心。他对南燕臣僚恭敬有礼,倾身下士,在小朝廷中声誉很高。随着慕容德年事渐老,慕容超即将继承这个鲜卑小政权。

天师道

桓玄在上游坐大、慕容德在青州立国时,东晋朝廷都已无暇顾及,因为扬州近畿发生了孙恩的天师道叛乱。

东晋末年,天师道信仰流行。这种宗教以长生不老、成仙为号召，在士族高官和普通百姓间都很盛行，他们在长江下游的扬州，特别是会稽郡（今浙江）一带势力最大。

丞相司马道子感觉到威胁后，对其进行镇压，诛杀了教主孙泰。孙泰的侄子孙恩逃入海中，在舟山群岛积聚力量。看到东晋高层陷入内战，孙恩部众起兵，乘海船开进钱塘江口，进占会稽（今浙江绍兴）。各地信众纷纷起兵响应，攻占郡县，杀死地方官吏，席卷江浙。信徒们一心成仙，他们焚烧掉了家乡的房屋，带着家人向会稽进发。有些妇女带着孩子行动不便，就将孩子投入水中，祷告说："祝你早登仙堂，我们随后跟你会合！"

扬州是朝廷根本，司马道子非常紧张，急忙调集北府兵力前去讨伐。此时执掌北府的是参加过淝水之战的士族、徐州刺史谢琰，名将刘牢之率部紧急进军，因为会稽近在京畿，军情紧急；另一方面，他从王恭手下倒戈反正之后，只被朝廷授予了北府军队指挥权，徐州刺史职务却另委于谢琰，部队的军饷难以筹措，现在会稽有乱，正是大肆抢掠的好机会。

三十五岁的刘裕此时正在刘牢之军中。

在这之前，他只是一个不太安分的京口农民，妻子臧爱亲已经给他生下一个女儿。耕田之余，刘裕会贩卖草鞋杂物，然后把钱消耗在酒肉朋友和街头赌场中。然后，他终于等来了"当官"的机会：刘牢之的部下、一名京口军官孙无终聘用了刘裕。对于没什么文化的北来侨民，这是出人头地的唯一机会，刘裕终于等来了属于他的战争，虽然有点姗姗来迟——他已经错过了作为军人建功立业的黄金年龄。

十二月，刘牢之军进抵吴郡（今江苏苏州市）。这里已经是天师道的占领区，到处都是渴望升仙的信众建立的据点。刘裕受命带数十名士兵到前方侦察路况。他们在摸索行进中，与数千名天师道信徒猝然相遇。刘裕看来不及撤退，就带部下主动迎击。由于敌军人多，他们被逼到一条沟边，士兵们大都战死，刘裕落入沟中。敌人试图冲到沟底俘虏这名军官。刘裕用长刀仰面猛砍，杀死数人，乘机爬上沟沿，大叫着向敌人冲去。天师道信众没受过战争训练，又老幼妇孺混杂，一时被刘裕的气势所震慑，纷纷四散逃命。

刘牢之之子刘敬宣也随父出征，是军中的骑兵统领。他看到刘裕等人迟迟未归，就带几名骑兵出营寻找，结果看到刘裕一人在上千人中厮杀、追赶。这时晋军增援的骑兵也赶到，展开合围，多数天师道信徒被晋军骑兵杀死。

刘牢之军击败零散的天师道徒众，一路南下渡过钱塘江。孙恩看形势不利，急忙携部众二十余万人东逃，上船撤回舟山群岛。刘牢之部众一路忙于抢掠，未能及时追击。

会稽平定，北府兵返回京口，其他各郡的天师道势力也被清除。朝廷命谢琰兼任会稽太守，留守此地。谢琰自恃在淝水曾击败苻坚，根本看不起天师道军，下属劝他招安孙恩部众，根绝后患，他也不肯采纳。

次年（400年）五月，孙恩大军又乘海潮登陆。谢琰仓促应战，兵败被杀，会稽等郡又被天师道占领。刘牢之的女婿高雅之受命进剿，也被击败。年底，刘牢之再度南征，孙恩此时已乘船到南方的临海郡（今浙江临海市）抢掠，刘牢之军轻易占领会稽。

根据以往经验,天师道军虽惯于乘船流动作战,但都在靠近海岸线行驶,一路抢掠沿海地带。而且钱塘江口南侧城邑富庶,水深便于航行,孙恩两度东进会稽,都是循此路而来。刘牢之判断孙恩还会从此路来攻,亲自带兵驻扎上虞(今浙江上虞市),刘裕则受命带数百人镇守江口南侧的句章城(今浙江宁波市),等待即将到来的敌军。

孙恩获悉会稽失守,果然大举北上。句章城小墙低,刘裕带着数百士兵一次次迎击天师道军的进攻。

南方军队骑兵很少,陆战主要是步兵作战。两军相对时,士兵们排列成一行行紧密的队列,在军官口令下向敌阵齐步前进。前排士兵都持盾,为自己和后排战友挡住敌人射来的羽箭,行进时必须保持肩并肩的严整队列。鲜卑《企喻歌》唱:"前行看后行,齐著铁裲裆。前头看后头,齐著铁兀鍪。""铁裲裆"是士兵穿的一种简单铠甲,分前后两片,用布条连接在一起。只保护前胸后背。它虽然保护范围有限,但结构简单,造价低廉,且不影响挥刀砍杀等动作。"兀鍪"即铁头盔。队列中的士兵向前后看,都是战友穿着铁铠的前胸后背;向左右看自己所在的横列,也只能看到影影绰绰晃动的一列铁盔。

两阵抵近时,前排士兵互相砍杀肉搏,伤亡倒下的士兵由后排战友递补,以保证队列完整。花哨的武功在这里没有用处,因为队列里没有空间供人闪展腾挪、前跳后跃。士气在这个阶段最重要,一旦队列被突破、分割,统帅的命令无

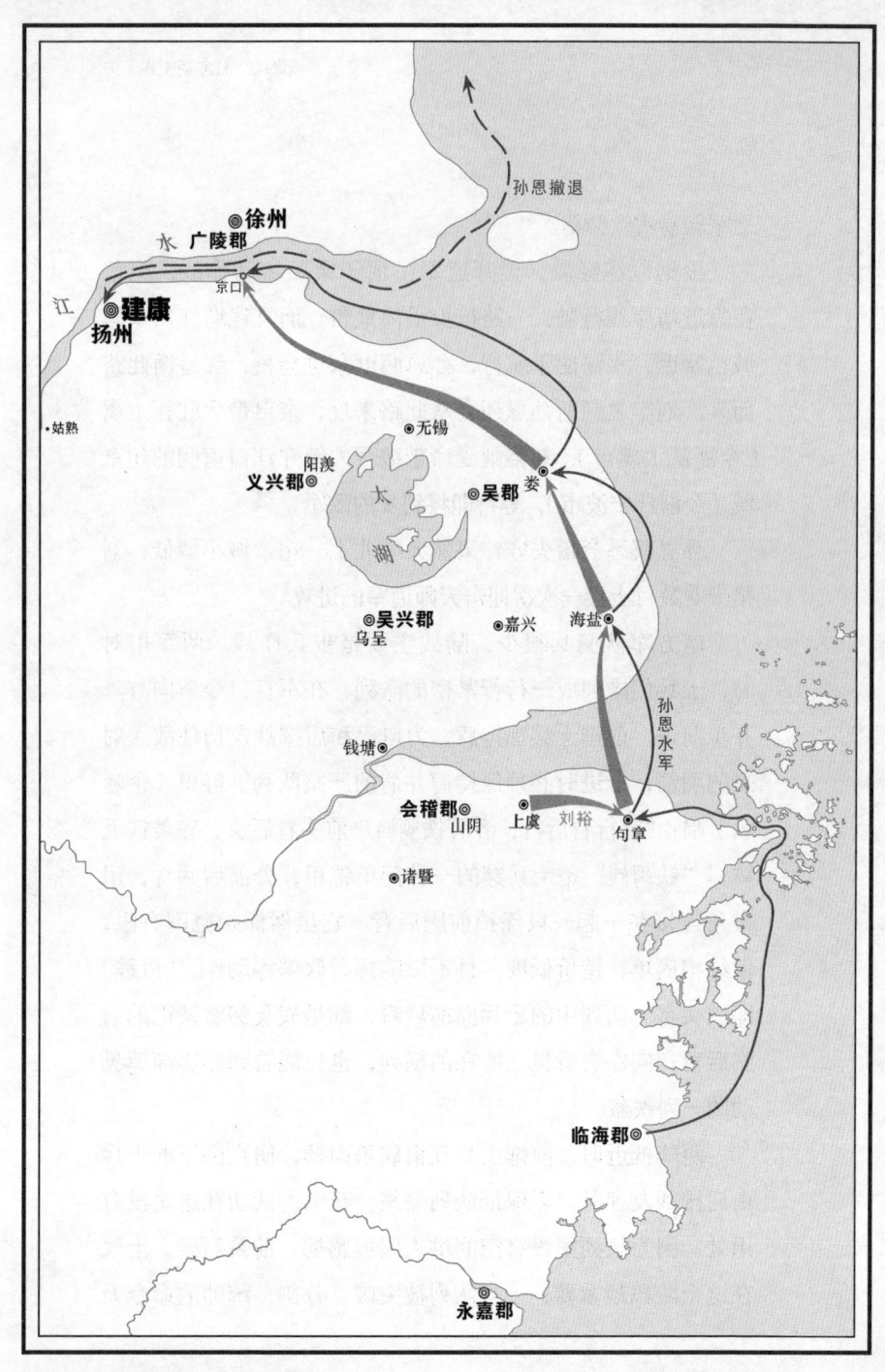

【图3：刘裕与孙恩天师道作战示意图】

法传达给各级军官，士兵也会与自己的军官失去联系，稍有惊慌、怯懦，都会使战阵在瞬间崩溃，士兵推挤开战友疯狂逃窜。

此时刘裕参与的，就是这种最原始的杀戮。他每一次都披甲持刀，走在队伍的最前列，带领士兵们砍杀进敌军的行列，直到敌人在惊恐中溃逃。

他曾多次受伤，甚至数次被刺穿胸腹——天师道军惯常使用一种便于在船舱内携带和作战的短矛。在没有消炎药品的时代，他能够逃脱感染活下来，大概一半靠强壮的体质，一半靠冥冥中的运气。按当时人的传说，则是他当年割芦苇曾砍伤过手，多年不能痊愈，后遇到一位沙门僧，送给他一黄布袋药末，才治好了手创，后来他多次重伤不死，全靠那些未曾用完的药末。

和刘牢之部下的军官们相比，刘裕的特点是不爱钱财。北府军南征会稽，从军官到士兵都将其当成发财良机，一遇机会就抢掠财物甚至人口。刘裕对部下要求严格，士兵们也都不敢违令。

400年底句章城下开始的战斗，一直断断续续打到401年的春天。孙恩见循南岸西进无望，就率舰队北渡钱塘江口，占领北岸的海盐县，希望从这里向内陆进攻。刘牢之获悉，急忙调刘裕北援海盐。

刘裕急忙征用一些船只，紧追孙恩渡海北上。天师道水军楼船巨大且数量众多，刘裕不敢与他们在海上作战，只能避开天师道军的巡逻船悄悄登陆。海盐是汉代旧县，三国以来经常受海水倒灌，一度废弃，城垣多年失修，早已坍塌殆尽。这里驻扎着县令之子鲍嗣之率领的一千名当地民兵，刘裕收编了这支军队，又征发居民挖土夯筑，伐木打桩，在盐碱滩上建起一座临时城垒。

孙恩本以为北渡后已摆脱了刘裕的阻拦，没想到他又出现在自己前方。双方对土墙展开连日争夺。刘裕兵力远低于孙恩，几天苦战之后，感到单纯守城难以久支，就谋求主动进攻。他挑选了数百名敢死军人，都不穿戴甲胄、只执短兵，趁一次孙恩军队来攻城时，忽然开门大叫着向敌军冲去。天师道军被气势震慑，急忙抛掉盔甲兵器逃走，刘裕军趁势追杀，斩获了一名天师道军大将姚盛。

与十倍于己的敌军对垒，刘裕把擅长弄险的赌徒性格发挥得淋漓尽致。一个夜间，他命令所有士兵都隐藏起来，城门大开，装作已经逃走的样子，只在城墙上留数名伤兵。早晨，敌军发现有变，大声向城头伤兵询问刘裕何在。听到"已经撤走"的回答后，敌军信以为真，不加防备进入城中，刘裕军趁机发起突袭，又一次击败天师道军。

孙恩看海盐城久攻不下，又萌生了一个大胆的计划：舰队不再向杭州湾内进军，而是掉头北上，进入长江口，从水路直取都城建康——现在晋军重兵全都集中在浙东，建康守备空虚，正可一战而克。天师道舰队开始弃岸登舟，乘着季风沿海岸线北上。

刘裕看到敌舰队掉头北上，忙拔营出发，带着不足两千人的队伍徒步追赶。

驰援京口

四月，孙恩舰队进抵沪渎入海口。沪渎是一条从太湖东流入海的河道，吴国内史（即吴郡太守）袁山松在此筑垒据守。孙恩去年占领会稽时，袁山松为防范其北上，曾诛杀了本郡数千名天师道信徒。现在孙恩立志为道众报仇，率众登陆攻击沪渎垒。

刘裕的军队进抵沪渎垒下，与天师道军遭遇。他们还不知道天师道军主力都在此，先设伏击退了一支来攻的敌军，但在追击时遭遇天师道军主力，晋军大败，鲍嗣之和他的海盐兵全部战死，刘裕旧部也大半阵亡。在天师道军追杀下，刘裕带残兵仓皇回撤。

逃到当初设伏作战的地点时，刘裕命令士兵们停下来，就地剥取死人的衣服。天师道追兵赶来，看到晋军正在搜掠死人的财物，以为是一支新赶来增援的部队，加之他们刚刚在这里遭受伏击，都心存忌惮，站在远处观望。刘裕趁机大呼士兵们集合，又向天师道军冲去。敌军认定这是新开到战场的生力军，急忙后撤。刘裕部这才有机会撤离战场，收集逃散的士兵，重新组建军队。

孙恩趁战胜之机，于五月攻克沪渎垒，袁山松及麾下四千余人全部战死。这时刘裕又招募了近千人的队伍，在娄县与一支天师道军交战。但孙恩已不注重陆地作战，他要从海上直入长江。

六月一日，孙恩集结了十余万士兵，乘千余艘战船驶入京口城下。此时刘牢之的北府兵主力还驻扎在山阴，京师守备空虚，顿时一片惊恐。京师内外戒严，百官都不得回家，身穿甲胄在朝廷官署待命。司马道子命外地军队火速入援京师。

得知孙恩主力驶向京口，刘裕带着不到千人的队伍一路狂奔，追赶而来。京口有他们的家人老小，一旦落入天师道手中，结局可想而知。此时京口守军已经丧失斗志，在他们看来，刘裕这区区千名疲兵，根本不能抵挡敌军。

孙恩没有直逼建康，他准备先攻陷京口城。

天师道舰队在京口城西江滨的蒜山下靠岸。孙恩带上万士兵登上蒜山，向城内高呼挑战。城中居民都包裹好了家中细软，抱着扁担站在大街上，向战场上遥望——这座兵城的居民不像其他地方百姓那么惊惶，风声一起就四下逃窜，他们更熟悉战争，看战事不利时才会撒腿逃命。

这时，一支千余人的队伍开出城外，向蒜山冲来。天师道军很惊奇，因为两方兵力对比过于悬殊，他们本以为晋军会坚守城池待援。但当前排的士兵发现冲来的是老对手刘裕时，开始慢慢向后退却。他们没想到刘裕会狂奔五六百里在京口出现。退却演变为一场争相上船逃命的大溃败，上千人被推挤落水，江流中漂满了淹死的尸体。

孙恩也被人潮挤进了长江，他幸运地抓到了一面盾牌，靠它游到了一艘战船上。这一战虽败，但对他的实力影响不大，他命令舰队放弃京口，继续朝建康进发。此时连日西风，孙恩的楼船形体高大，逆风逆水前进缓慢。

司马道子派禁军沿路阻击，都被孙恩军击败，惊慌无措之下，只有天天到钟山上的蒋侯祠烧香祈祷。

十几天后，孙恩舰队出现在建康江面，战舰靠近江岸行驶，朝岸上的居民区发射火箭，试图烧毁建康城。这时却下起大雨，火箭都被浇灭。阴雨持续数日，火攻战术未能奏效。此时刘牢之和豫州刺史司马尚之的援军相继赶到。孙恩感觉战机已失，舰队粮食又快耗尽，于是掉头攻陷了江北的广陵城，晋军三千余人战死。孙恩军抢掠一番后，入海驶向北方的郁洲岛。

郁洲是现在的连云港市，当时还是一个大海岛，尚未与陆地相连。这里是江浙与山东、辽东半岛的海道必经之地，又处在南、北割据政权之间，岛上居民大多从事走私贸易，转运南、北政权禁止交易的各种货物，和海匪势力一直有勾结，是天师道军的重要基地。朝廷派高雅之率军队登陆郁洲，结果兵败被俘。

孙恩撤走后，朝廷论功行赏，刘裕被授予四品建武将军、下邳郡太守。下邳是南迁侨郡，人口稀少，这个职位是象征性的。

不久，刘牢之派刘裕再次进攻郁洲。八月，刘裕率部乘船到达郁洲岛，击败天师道军，救出了高雅之。孙恩乘船南逃，刘裕舰队一路追赶——至此，他才有了自己的战船，不再靠两腿和风帆赛跑。在沪渎、海盐等去年和天师道军血战的旧地，刘裕又一次次击败孙恩。天师道军损失惨重，又逃回舟山群岛。

天师道危机刚刚解除，东晋又陷入新的一轮恐慌：盘踞上游的桓玄正在举兵东下，当年的桓温之难居然再次降临了。

第五章 桓楚代晋

- 荆扬再启衅
- 刘牢之再倒戈
- 清洗北府
- 桓楚帝业
- 北府密谋

荆扬再启衅

桓玄割据荆、江两年，坐观下游朝廷与天师道的鏖战。他不向建康朝廷交纳税赋，甚至不允许商人向下游贩运粮食、物资。朝廷财政极度匮乏，只能用糠麸、橡子做军粮。桓玄还屡次向朝廷报告，说荆、江二州频频出现各种祥瑞，暗示自己有龙飞之兆。

孙恩从建康城下撤走后，丞相司马道子派人把战报送给桓玄，称当今朝廷有栋梁之材，希望他的野心降低一些。但桓玄给司马道子回信，语气极为放肆："贼兵此次至京城，只是遇逆风不能进兵、下雨不能纵火，粮尽而去，并非被朝廷击败。如今朝廷的重臣，哪个有一点点才能声誉，而敢自称栋梁？简直令人无法置信！今日江东之祸，都是多年来执政者姑息殆政造成的，朝中君子惧祸，不敢明言，桓玄身在远州，才敢说两句实话而已！"

随着天师道势力逐渐远去，掌控朝廷的司马道子产生了错觉——严格说，是司马道子的儿子司马元显。元显此时年方十七岁，却有了取代父亲的趋势，朝臣私下都称他"小郎君"。司马道子终日酗酒，醉多醒少，朝政实际落入司马元显手中，元显觉得有北府兵可以依赖，想一举除掉割据上游的桓玄。

402年正月，小郎君司马元显通过傀儡皇帝堂兄发布诏书，历数桓玄罪行，宣布由自己领兵讨伐，以刘牢之为前锋都督。但元显和四年前的王恭一样，瞧不起军人出身的刘牢之，刘牢之也同样不信任这个骄狂的黄口小儿，他担心一旦除掉桓玄，自己难逃兔死狗烹的命运。这两人的经历、性格差异太大，完全没有共事的可能。

桓玄有堂兄在建康做官，他将司马元显的计划密信告知桓玄。桓玄没料到朝廷会这么快和自己决裂，顿时大惊，准备坚壁清野，固守江陵城。部下劝他：建康内部人心不稳，刘牢之未必甘心服从司马元显，所以不能坐等下游来攻，应该先动手直取建康。

桓玄听从这个建议，一边集结军队准备东下，一边发布檄文，宣扬司马道子、元显父子的罪状，声称要带舰队顺江而下，入京清君侧之恶。

看到桓玄起兵檄文，司马元显同样吓破了胆。他本以为桓玄得知朝廷宣战，会不战而屈，急忙投降，没想到却引来一场大祸。现在他只能学习乃父，靠酗酒逃避即将到来的战争。刘牢之几次找他商议军情，司马元显都在大醉昏睡之中。

二月，朝廷西征的舰队就要出发，白痴皇帝司马德宗在弟弟德文的陪伴下，亲自为司马元显饯行。送行宴结束，司马元显登船，紧张得说不出话来，竟不能下达启航的命令。出征像儿戏一般中止下来。建康百官在惊恐无措中等待着来自上游的命运。

刘牢之再倒戈

桓玄率荆州军自江陵启航后，一直瞻前顾后，精神紧张，数次想掉头西还。他的部下知道这是在对抗朝廷,也士气低下,怨声载道。但一路直到寻阳,都没有见到迎面驶来的朝廷舰队,荆州官兵士气开始振作起来——看来朝廷不敢迎战。

十八日,桓玄前锋终于遇到了一艘逆流而上的船。船上是朝廷派来的齐王司马柔,他手持象征皇帝急令的驺虞幡,向桓玄军人传达诏命,要荆、江二州将士罢兵返航,朝廷定将做出宽大处理。

桓玄军队顿时一片欢腾:这是司马元显彻底屈服了。士兵把司马柔按倒在船舷上,砍下了脑袋。

二十六日,桓玄舰队抵达豫州治所历阳城下。这里的刺史是倾向朝廷的宗室司马尚之。桓玄军焚烧了停泊在岸边的豫州舰队,登陆冲向历阳城。司马尚之出城迎击,但他的部下临阵逃散,司马尚之被俘,其弟司马休之逃亡后秦。

刘牢之正带北府兵驻扎在下游不远的溧洲,负责堵截桓玄。刘裕也在刘牢之麾下,他和刘牢之的儿子刘敬宣、外甥何无忌一起,请求援救司马尚之,但刘牢之犹豫不从。他觉得不值得为司马道子父子作战。

桓玄趁机派人游说刘牢之,劝他倒向自己。刘牢之颇为动心。刘敬宣、何无忌、刘裕等都强烈反对,认为桓玄一旦得势,将大不利于北府将士。刘牢之大怒道:"我难道不知道这个?只是除掉桓玄之后,我怎么能跟小郎君相处!"他在矛盾中权衡,觉得倒向桓玄对自己比较有利。

三月一日,刘牢之派儿子敬宣赴桓玄军营请降。桓玄大喜,设宴招待刘敬宣,取出自己收藏的书画名作共同观赏,还任命刘敬宣为自己幕府的僚属。席间作陪的荆州僚属、军官都已经看出，桓玄得势后肯定要除掉刘牢之，而刘敬宣尚浑然不觉。诸僚属都偷偷相视而笑。

刘牢之的北府兵被桓玄解除了武装。得知桓玄占据豫州、收降刘牢之，小郎君司马元显没有退路，再一次准备出征，又再一次气馁退缩。桓玄军此时开到建康，在城南的新亭码头登陆。

司马元显率军在建康南门外列阵迎战。军中忽然传开消息，说桓玄军队已经从侧翼包抄，占领了秦淮河浮桥。元显又不敢前进，准备退回建康官城固守。惊恐纷乱中，桓玄前锋军出现在视野里，他们拔刀大呼："放下兵器！"

朝廷全军顿时溃散，元显逃入司马道子的丞相府中，父子抱头大哭，直到被赶来的桓玄军人分开。

桓玄从新亭开进了建康，举行朝见皇帝司马德宗的仪式。三十年前，他父亲桓温也是从这里在朝廷百官的战栗簇拥下进入建康，朝见今上的父亲、孝武帝司马德明。三十载春秋轮回，恍如一梦。不同的是，当年的桓温已是风烛暮年，而今日的桓玄年方三十四岁。

就像傀儡从一只手换到了另一只手一样，皇帝诏书任命桓玄为丞相、扬州牧，其他诸州刺史也都由桓玄的堂兄弟们担任，其中任徐州刺史、掌控北府兵的是桓修。诏命将司马元显、司马尚之等弃市，在建康市场中砍头示众。司马道子随后也被害死。

桓玄还需要熟悉朝廷事务的人，他选择了高门出身的王谧。王谧是东晋开国丞相王导的孙子，桓玄刚刚举兵时，他曾作为皇帝特使到荆州，劝说桓玄不要兴兵，私下却对桓玄俯首称臣，桓玄因此很信赖他，任命他为中书令，这是为皇帝起草诏令的官职。至此，桓玄已完全控制东晋朝政，成了南国的新主人。

清洗北府

控制建康政局后，桓玄任命刘牢之担任会稽内史（太守），这是将他调离北府兵大本营京口。刘敬宣向桓玄请示，说要去军营劝导父亲，让他接受这个现实，桓玄同意。

刘牢之这才明白桓玄要对自己下手了，儿子劝他举兵突袭桓玄，刘牢之犹豫不决，叫来刘裕偷偷商议，说准备投奔在广陵的女婿高雅之，割据江北抗衡桓玄，问刘裕是否愿意同去。

刘裕说："将军当初有劲兵数万，却甘心望风投降。如今桓玄已经得志，朝野都没人敢作对，您到广陵又能有什么作为？我如今只想回京口当个百姓了。"他预料到刘牢之必将失败，收拾行装准备回家。

何无忌也来向刘裕咨询：主帅此举能否成功，自己应当何去何从？刘裕劝他：现在举事肯定不能成功，不如跟自己回京口静观时变，以图后举。于是两人离开军队，回到了家中。

刘牢之还不甘心，准备拼死一搏。他派敬宣秘密回京口迎接家眷，一边把所有部属僚佐召入帐内，讲了自己的计划，询问诸人意见。

追随他三十余年的老部下刘袭首先反对："最危险、大逆不道的就是反叛。将军您往年反王恭，近日反司马郎君，现在又要反桓公。一人三反，怎么能成功！"说完起身出帐，其他部属也纷纷起身离去。

刘牢之在士族的内战里左右摇摆，把握不住自己的命运，这导致部属们对他丧失了信任。他的犹疑失策，并不只是个人的性格弱点，也是历经百余年士族专政之后，军人阶层被彻底边缘化的结果。

刘牢之是士族专权时代成长起来的职业军人，文化不高，几乎不识字，对一切和"文字"有关的公文、朝廷运作都抱着敬畏的心态，从没有过染指政坛、取代士族的野心。毕竟，士族专权已经百余年，除了靠宗教凝聚信徒的天师道，还没有出现能和士族们抗衡的政治势力。刘牢之曾一度有这种实力，但他没有驾驭局势的能力和信心。在这个时代，从职业军人到政治家，中间的鸿沟实在太宽。

刘牢之感觉大势已去。到了约好的时间，刘敬宣还未带家眷赶来，他以为风声已经泄露、敬宣已被桓玄捕杀了，就带少量亲随渡江北逃，行至江中的新洲时，他在绝望中上吊自杀。刘敬宣随后带家人赶来，看到的只是刘牢之的尸体。他们急忙逃奔广陵，在那里与高雅之会合，西上投奔了后秦姚兴。

老部下殡殓了刘牢之的尸体,运棺木回到京口。桓玄下令剖棺斩首,陈列在京口示众,以此震慑全体北府将士。

解决掉刘牢之后,桓玄再无敌手。当年桓温废晋称帝的梦想,现在看来已是触手可及。桓玄要做的是让这个过程更顺畅一些。他仿效父亲当年故技,也离开建康坐镇姑孰,靠家人和亲信控制朝政。

趋于熄灭的天师道势力,此时又在抬头,开始袭扰海滨。据说孙恩在一次作战失利时落水淹死,信众推举他的妹夫卢循为首,他们相信孙恩没有死,而是化作了"水仙",继续保佑他们作战。桓玄希望招安卢循,但卢循频繁劫掠浙东沿海。

为扑灭天师道,桓玄想到了刘裕,任命他为徐州刺史桓修的中兵参军。当时刺史的军府中,指挥州府直属军队的军官为中兵参军,指挥郡县地方军队的为外兵参军。刘裕受命赴浙东与卢循作战。

但对于刘牢之的北府旧部,桓玄仍充满了警惕。特别是那些在淝水之战时就已上阵立功的老将,他没有信心驾驭这些武人,只能罗织罪名大肆诛杀。当初不肯随刘牢之起兵反桓玄的刘袭及其弟刘季武,已经逃奔后秦的高雅之之父高素等,都被桓玄逮捕处死。

刘袭兄长刘轨此时正驻军北境山阳,他愤然起兵反抗桓玄。北府旧将纷纷赶来投奔,已经逃到后秦的刘敬宣、高雅之、司马休之等人,也赶到山阳参与起兵。

桓玄急忙调兵进剿,他用的是已经投靠他的北府老将、刘裕的第一位上级孙无终。孙无终军队迅速攻克山阳。刘敬宣等只好投奔南燕慕容德。

但两个月后，孙无终也被处死，桓玄决心清除篡晋之路上的任何潜在敌人，北府旧将都将难逃厄运。这些人也和刘牢之一样，只会带兵打仗，没有政治眼光和判断力，最后的结局是自相残杀和被清洗。

桓楚帝业

作为士族中人，桓玄的文采颇高。当年他占据荆州时，冬雪始降，下属五府贺雪的简牍同时送至，桓玄坐在厅上，取笔在简牍后面依次作答，五篇答书各不相同，都不假思索而粲然成章。闻知同党王恭兵败身死时，他正在江陵城楼上观景，凭栏沉吟片刻后提笔濡墨，一篇华丽的诔文瞬时而成。

数年来，朝野对司马道子、元显父子的昏庸腐朽已怨声载道。桓玄入京后斥退了司马道子提拔的小人，另选了一些有声誉的门阀人士进入朝廷，颇有一番新气象，人们希望桓玄能有一番作为。

但桓玄利用堂兄弟们控制朝廷和诸州后，提出的都是一些毫无实际意义的政策，比如废止钱币、用谷物和丝织品交易，以及恢复肉刑等，而且朝令夕改，法度无常。这年扬州再次发生大饥荒，浙东一带尤其严重，许多百姓饿死，其余的只能投靠天师道，以到处抢掠为生。

桓玄的奢靡丝毫不亚于前任，而且还有符合士族口味的精致讲究。他喜爱珍宝、字画，听说谁有此类收藏，便要千方百计搞到手。不好意思直接索要时，就以赌博为借口强夺。他尤其喜欢幽雅的园林宅邸，不仅强占他人宅院，还派人四处寻找珍异的花卉、竹树，不远千里也要掘运到自己府中。

　　桓玄唯一对自己缺乏自信的方面，就是武功。他没打过仗，当初他以一介士人取代殷仲堪、夺取荆州，又下扬州控制朝政，都顺利得如同儿戏。这些成功只是因为他对手太低能，此时连王导、谢安甚至桓温那样的所谓人才都没有了。但桓玄不想在这方面示弱。他向朝廷上表，请求北伐姚兴的后秦，随后马上失去自信，不愿北征，又暗示朝廷下诏阻止——此时替他控制朝廷的，是他的堂兄桓谦。

　　为显示自己的出征决心，桓玄还命人修造轻舟，专门装载自己收藏的书画、宝物。有人不解，桓玄解释说："战事凶险，万一有意外，便于运输。"这些言行在朝野逐渐传为笑谈。

　　403年，卢循的天师道军两次侵入浙东沿海，都被刘裕击退。刘裕没有穷追，而是回师驻防山阴。他要提防桓玄，避免兔死狗烹的下场。

　　何无忌自从离开刘牢之后，一直在京口家中赋闲。他通过朝廷中人向桓玄传话，希望能获得一个荒远县令的职位，以此试探桓玄是否愿意放过自己。结果桓玄没给任何回音。何无忌感到性命难保，情急之下，偷偷前往山阴前线见刘裕，劝他趁兵权在手，起事反抗桓玄。

　　刘裕也一直在警惕着，他在担心天师道平定后的处境，请山阴当地的富豪孔靖来一起谋划。孔靖以前曾多次资助刘裕军队的军饷，两人关系极好。他给刘裕分析：山阴距离建康太远，贸然起兵恐怕难以成功；从桓玄的举动看，近期肯定会篡位称帝，所以应该等到他野心彻底暴露，再在京师周边起兵，最能得地利、人和。刘裕因此暂时中止了起兵的想法。

这年九月，桓玄操纵朝廷策命自己为楚王、相国，加九锡。桓温到死都没等来的九锡象征，现在他也轻易到手了。此时，刘裕受命留部队驻扎山阴、自己赶回京口复职，继续担任徐州刺史桓修部下的中兵参军。

到京口后，主持朝政的桓谦赶来见刘裕。此行名义上是表彰刘裕平定卢循的战功，但他负有桓玄嘱托的要事：试探刘裕对自己称帝的态度。

两人单独相处时，桓谦说："如今楚王（桓玄）功勋卓著，群臣之情，都觉得晋帝应当禅让大位。不知您以为如何？"

刘裕没有表示异议："楚王是功臣之子，又有安定天下的大功，晋朝微弱已久，民心已去，改朝换代有什么不对？"桓谦大喜："这是大事，但只要有你支持，就真可行了！"

这一年，江南的冬天格外寒冷。肃杀寒风中，桓玄代晋称帝的行动正在紧锣密鼓地进行。他让亲信拟好了禅位诏书，逼白痴司马德宗自己动笔抄写一遍，正式召集百官发布。但白痴皇帝对传国玉玺十分迷恋，把玉玺的绶带缠在自己手腕上，抱在怀里不愿交出。司徒王谧连哄带吓，给皇帝解下绶带，拿到了玉玺。他带着百官、捧着玉玺乘船到姑孰，向桓玄劝进。桓玄在姑孰举行祭天仪式，正式宣布称帝，建立楚王朝。

随后，他带百官到建康，正式入居宫城。他体重太大，第一次坐上朝堂的御床时，居然把床坐塌了。群臣都不禁失色，觉得这不是个好兆头。被桓玄杀死的殷仲堪的堂弟、此时已变节投靠的殷仲文①大声说："这恐怕因为是圣德深厚，大地不能承载吧？"桓玄和群臣这才释然。

随后，司马德宗一家被送往寻阳囚禁。司马氏的晋王朝至此成为历史。

404年正月，桓玄的楚王朝迎来了第一个新年。各地官员和宗室诸桓都赶到京师朝觐，刘裕也随府主桓修来到建康。桓玄留他们在京师住下，他还多次让刘裕参加自己和皇后召集的宴会。

有人劝桓玄：刘裕不是久为人下之辈，应当早做处理。但桓玄对这个中年军官总有种莫名敬畏。刘裕身上有桓玄最缺乏也最羡慕的经历——战功，那衣服掩盖不住的遍体伤疤，打量人时先留心脖颈的不经意习惯，都让桓玄感到隐隐的威慑。

桓玄想通过刘裕向北府将士释放宽容、和解的信息；另外，他和堂兄桓修关系不好，也需要有人牵制桓修。所以桓玄迟迟没有除掉刘裕，还发诏书表彰刘裕平天师道的战功，承诺要为伤亡将士记功颁奖。

---

① 殷仲文娶桓玄之姊，所以投靠桓玄受重用。

建康的天气似乎预示着桓楚王朝命运惨淡。正月里,建康连日大雪,常绿的竹林都被压垮。阴云中时而传来隆隆惊雷。二月二日夜间,海潮倒灌入长江,又冲入秦淮河口,这里停泊着上千艘各地贡使及商旅的船只,全部被惊涛打翻。破碎的船板杂物和尸骸布满水面,惨叫声响彻夜空。江南历史上还未有过如此惨烈的涛水之灾。①

夜空里的惨叫喧哗声传入皇宫,惊醒了桓玄,他还不知道是水灾,惊恐地说:"奴辈果真造反了!"

桓玄努力撑起身份,使自己一举一动像个合格的皇帝。但刘裕仍察觉到了桓玄的紧张和不安。就像猛兽嗅到了猎物惊恐的气息一样,这会刺激它杀戮的冲动。何无忌此时也在建康,在偷偷联络对桓玄不满的官员。刘裕觉得时机已到。桓修起身返回京口时,刘裕称自己旧伤发作,不能骑马,要单独乘船返回,他密约何无忌同船,两人一路上商定起兵计划。

北府密谋

刘裕举事,首先要夺取京口。同时,广陵与京口只有一

---

① 此次涛变,《资治通鉴》记载为二月己丑朔夜,《晋书·帝纪第十·安帝》及《宋书·五行志·四》载为庚寅(二日)夜。此处从后者。

江之隔,是桓修之弟、青州刺史桓弘的驻地,要和京口一起夺取。刘裕的幼弟刘道规正在桓弘手下,职务和刘裕一样,也是中兵参军。

青州主簿孟昶也是京口人,是刘裕旧友,颇有文采。桓玄曾准备提拔他做尚书郎,向孟昶的同乡刘迈询问:"此人声誉如何?"刘迈说:"只听说他们父子二人,整天写诗互相唱和。"桓玄一笑之下放弃了此念。孟昶见仕途无望,决心与刘裕、刘道规兄弟同谋。孟昶妻子周氏,此时正在家中哺育幼子,她家中富裕,看到丈夫整天忙于奔走联络,猜到有大举动,把钱财都交给孟昶支配,购买军资器械。

此外,刘迈的弟弟刘毅,以前也是刘牢之部下军官,曾担任刘道规的副职,此时正在京口的家中服丧。他轻侠好赌,与何无忌是旧交,但与刘裕不熟。何无忌找到刘毅,经过言语试探,把他也拉到了密谋团体中。刘毅受命秘密潜回广陵,准备和刘道规、孟昶一起举事。

刘迈在建康朝廷供职,在桓玄面前取笑孟昶的就是他,此时也随弟弟加入了密谋团体。他和王元德、王仲德兄弟密约,准备和刘裕等一同起兵占领京师。王氏兄弟本来是北方人,苻坚败乱后南迁投奔桓氏家族。王元德提出:桓玄最近经常出宫游猎,禁卫疏忽,可在都城街道设伏,一举除掉他。

此外,刘裕还争取到了琅琊人诸葛长民。侨立的琅琊郡在京口近郊,他们也是老相识。诸葛长民胆大有勇力,为恶乡里,名声很坏。他曾在豫州军府任参军,因贪污被免官,此时正在家居。和刘裕等密谋后,他悄悄潜回豫州治所历阳,准备杀掉刺史刁逵，起兵造反。刁逵也是京口人，且是当地豪强，父子两代追随桓氏，很有势力。

在广陵、建康、历阳起兵的安排之外，最重要的是在京口举事的部署。刁逵的弟弟刁弘正给桓修担任司马，掌握徐州兵权，是刘裕起事最大的障碍。

刘裕往年征讨天师道的战斗中，提拔了一些作战勇猛的农民、乡党。这些人现在都乐意随他起兵。二弟刘道怜也加入了密谋。

刘裕妻子臧氏的两个兄弟，哥哥臧焘一直读书教学，不愿参与战争；弟弟臧熹本来也读书治学，但自从天师道兵乱以来，他觉得书生在乱世里最无用，开始放弃读书练习战斗，有追随姐夫立功的志向。此时臧熹得到通知，也带着三个堂弟和侄子赶来。

北府军将檀凭之和刘裕素来交好，他可能是老将檀玄的后人，参与过平定天师道的战争，现在正在家中服丧，也带着五个侄子加入刘裕团体。

此时在京口追随刘裕的，还有吴兴沈氏家族的五兄弟。

沈氏兄弟和刘裕的结缘颇有戏剧性。这个家庭是吴兴大族，世代修炼天师道。五年前，孙恩的天师道军起兵时，五兄弟的祖父沈警、父亲沈穆夫都积极起兵响应，被孙恩任命了官职。年底时天师道军被刘牢之击败，沈穆夫也战败身死。沈警想带子孙们逃窜山林，被仇人告发，他和五个儿子都被俘处死，头颅送往建康示众，只有孙子辈的沈林子五兄弟逃出，躲入山林避难。

刘牢之等军队都以抢劫为务,当地人非常害怕,只有刘裕部军纪较好,受乡人欢迎。这时浙东地区陷入大饥荒,百姓多易子而食,仇人对沈家五兄弟也追捕甚急。十四岁的沈林子自思难逃一死,居然找到刘裕军营,垂泣坦承自己家世和遭遇,愿意归罪请命。这个主动投到军营里的少年让刘裕十分吃惊,他赞赏沈林子的勇气,决心为沈氏兄弟提供保护。沈氏家族世代奉道,刘裕不想让他们和昔日的教友作战,就送五兄弟到京口,安置在自己家旁边,以防仇人追杀。此时,刘裕准备起兵,已长大成人的沈氏兄弟也投身其中,沈林子这年十八岁。

刘裕与诸人约定,二月二十八日,建康、京口、广陵、历阳四城同时起兵。

夜间,何无忌躲在家中的屏风后面草拟檄文。何母是刘牢之的姐姐,看到武人儿子忽然动起笔墨,十分吃惊,她偷看何无忌的檄文后,不禁喜极而泣:刘牢之之仇终于可雪了。

第六章 虎变南国

京口举兵

血战钟山路

接管朝廷

桓玄末路

卢循占广州

京口举兵

二月二十七日,刘裕等人假称打猎,到城外秘密集结。参与京口起事的共百余人。

二十八日清晨,京口城门、府门相继打开。何无忌身穿传诏御史的衣服,乘车在前,诸人紧随在后。他们声称京师有诏书送到,一路奔跑入城,直到桓修军府门前,齐声大呼冲入。守门士兵看他们多是本地军官,没敢反抗。众人冲入府中搜索,桓修还不知道发生了什么事,就被臧熹侄子臧穆生砍下了头颅。京口顺利夺取。

桓修和桓玄关系不好,经常顶撞桓玄,他对待北府下属的态度还不错,但他毕竟是桓玄的亲人,刘裕等人不能不除掉他,按照下属对府主的礼节,他们为桓修做了殡殓。

得知州府动乱,刁弘急忙带着本州文武官员赶来。刘裕对众人喊话:"晋帝已经在寻阳反正即位,诏令天下,今日一同诛杀桓氏逆党。桓玄已经在建康被斩首!诸君难道不是晋朝臣民,还想做什么?"刁弘等猝不及防,一时相信,都四散回到了家中。

江北的广陵,也一切按计划进行。孟昶劝桓弘在这天出城打猎。天还未明时,就打开了府门、城门,放士兵先出去围拢猎物。刘毅、刘道规、孟昶等带着五六十人乘机冲入府中。桓弘正在吃早餐粥,在餐桌上被砍下了脑袋。

刘毅等起事成功,在广陵召集人众,渡江到京口与刘裕会合。刘裕命他带人占领刁家,斩了刁弘。

占领京口后,刘裕感到起事诸人多是武夫,识字的不多,急需一位能处理文书、后勤和民政事务的人才。何无忌向他推荐刘穆之,他也是京口人,在侨立琅琊郡任主簿,和刘裕也有一面之交。刘裕急忙派使者牵马去请。

刘穆之家在城外。这天清晨,他听到京口城里传来喧哗之声,感觉发生了事变,站在道路上眺望,与使者迎头相遇。听到说是刘裕起兵反桓玄,来请他共事,刘穆之沉思片刻,立即撕掉了自己长衫下缘,跳上马背,随使者进入京口军府。刘裕问他:自己正要举大事,谁适合担任主簿?刘穆之回答:怕没有比在下更合适的!当即在案前就座,执笔清点档册、缮写文书。

京口、广陵顺利克复,但建康和历阳的兵变没有成功。

诸葛长民到豫州后,未能纠集起部众,计划泄露,被刺史刁逵逮捕,用囚车送往建康。

负责在建康起事的刘迈是个无能之辈,参与计划以来,他一直生活在惊惶中,举动无常。起事前夜,桓玄写信问他:最近京口可有动静?刘迈紧张过度,以为计划已经泄露,于是急忙面见桓玄,承认了密谋。桓玄大惊,急忙派人捕杀准备在京师起兵的王元德,其他人闻讯逃散。桓玄封刘迈为侯,旋即又下令杀死了他。

刘裕等人在京口只停留了一天。京口这时已经没有什么军队,因为主力都被调到浙东防范天师道了,精锐则被桓玄调入京师,归桓谦统领。刘裕召集到了一千多名志愿来投的百姓和军人，把他们按军队编制组织起来。

当时军制最基本的单位是"队"，有一百多名士兵，长官叫队主。刘裕祖籍徐州彭城，在京口定居的彭城人投奔他的，都被编为一队，由他亲自率领。其余刘毅、何无忌等诸将，也各自指挥一队义军。

为便于和桓玄的部队区别，他们都穿上了红色战袍。这是孟昶让妻子和家人秘密缝制的。晋朝的军装本来就是红色，对应五行之中的火德。桓玄建楚称帝后，认为楚朝是水德，对应颜色为黑，将军装改成了黑色。

没有收到建康送来的信息，刘裕猜测京师诸人举事未成，于是留孟昶等少数人守京口，他和诸将于第二天（二十九日）向近二百里外的建康进发。

傍晚，义军行至竹里山，这里江流绕山，只有半山间的一条小路可以通行，地势险峻，俗有"翻车岘"之称，官府在这里设有一座巡逻站，也兼作客店。义军没有发现桓玄的军队赶来迎击，就在竹里客店宿营。此地山林茂密，多有猛虎出没，甚至会乘夜叼走店里的宿客。[1]

桓玄得知京口、广陵叛乱的消息，急忙在京城戒严，将官员都集中到朝廷居住。桓谦劝他主动出击，派水军从长江进攻京口。桓玄担心万一水军失利，军心动摇，将一败不能复振。他要固守建康东北的覆舟山，坚壁不战，希望刘裕行

---

[1] 《太平御览》卷八百九十二引《异苑》："彭城刘黄雄，以太元中为京佐，被使还都。路经竹里，停于逻宿。此逻多虎，刘极自防卫，系马于户前，手刀布于地上。宵中，士庶同睡，虎乘间跳入，独取刘而去。"

军至此时已疲惫,又求战不得,会绝望溃散。

桓谦多次要求主动迎击,桓玄才派部下两名猛将吴甫之、皇甫敷率部进剿,他还悄悄命人准备船只,准备战事不利时逃回上游。

二月三十日,刘裕义军在竹里驻扎了一整天。他们本来希望利用这里的地势迎击桓玄军队,但一直没有等到。这天,义军向京师传送了何无忌起草的檄文,声称此时诸葛长民已经占领豫州,晋帝司马德宗也已经在江州寻阳重登皇位。当时各地的情况都没传到,檄文中既有故意造势的惑敌之词,也有他们真正相信已成的事实。

由于未见到敌军,刘裕等于次日(三月一日)拔营,沿着山阴道向建康进军。他们的右边是浩荡奔腾的长江水,江滨绿柳如云;左边是绵延起伏的群山,山间杂花竞放,群鸟啼鸣,花瓣伴随着微风纷扬飘落。这支千余人的绛红色小队伍,匆匆行进在迟来的江南春色之中。

血战钟山路

义军出发不久,行至江乘县城外,迎面遇上吴甫之率领的先头部队。双方急忙列队备战。这时,与刘裕是徐州同乡的朱龄石、朱超石兄弟忽然声称:他们父辈曾受桓温、桓冲家族恩德,此时不愿与桓氏兵刃相向。刘裕赞许其义气,同

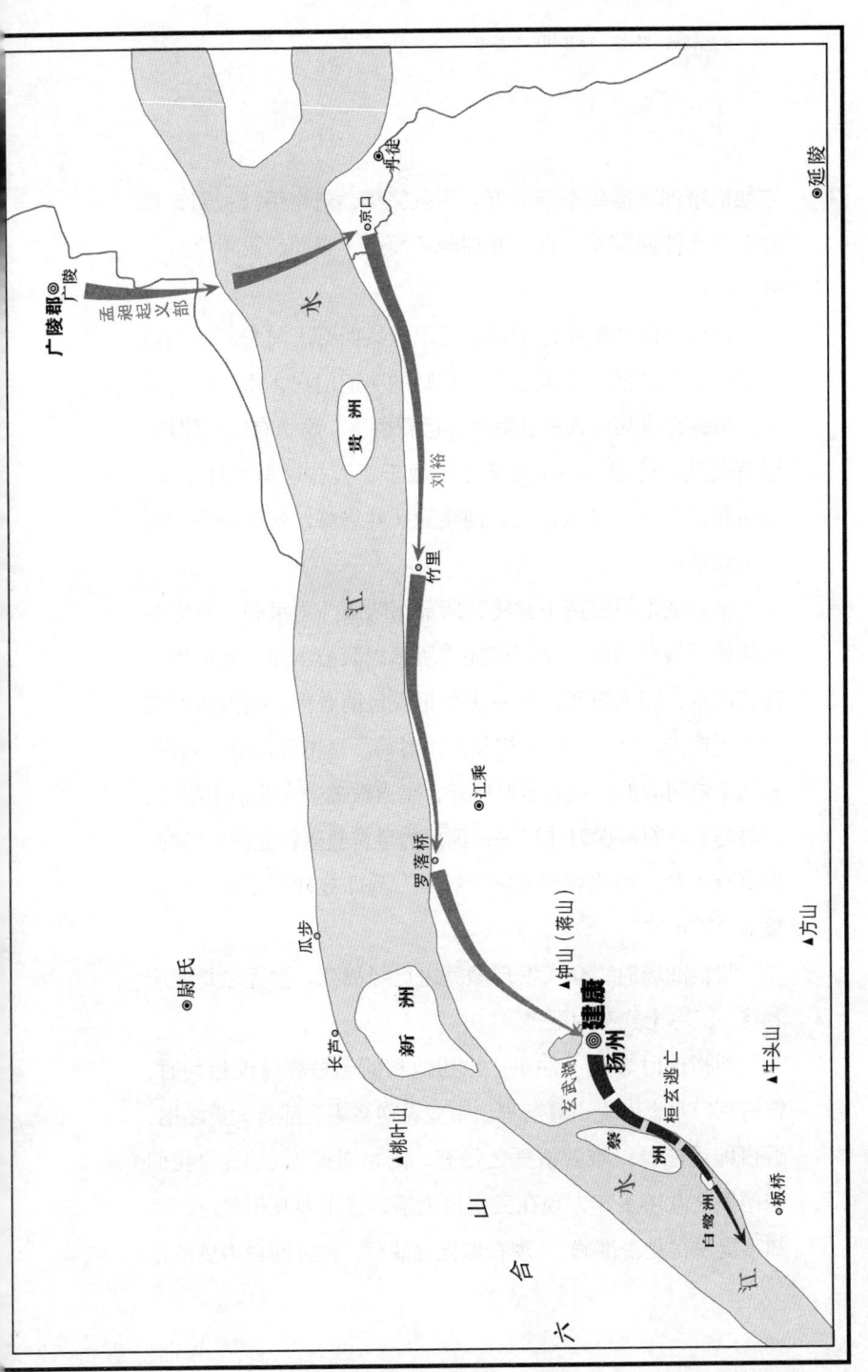

[图 4：京口至建康示意图]

意他们带部下撤到军阵后方。列队完毕，刘裕手持长刀，第一个大呼冲向敌军，众人蜂拥喊杀而上，当即斩吴甫之，全歼其部。

在死尸间匆匆吃过午饭，义军继续西行。前方不远是流入长江的罗落浦。这里是进入京师的头道门户，水边建有栅栏，桥头有戍兵检查过往商客。远看桥头，隐隐有旗帜飘扬，还有战鼓声传来——皇甫敷正率数千军人在这里列阵扼守。刘裕和诸将各自列队，立誓同生死、共患难，然后一齐冲向皇甫敷军。

皇甫敷是桓玄麾下骁将，所部军队战斗力很强，双方在罗落桥下展开肉搏。义军檀凭之所领战队被击溃。刘裕挥刀辗转冲杀，突入过深，被皇甫敷军人包围数重。他为防范背后受到攻击，靠着一棵大树和敌军对峙。皇甫敷认出了刘裕，驱马挺枪刺向他，被刘裕格挡开，皇甫敷被一支箭射中额头，摔落马下。刘裕提刀冲过去，倒地的皇甫敷望着他说："看来你真有天命，望代我照顾好子孙！"随即被砍下了头。皇甫敷部也被击败。

收拾战场时，众人发现檀凭之已经战死。檀凭之是北府老将，义军士气甚为沮丧。

刘裕这时想起一件事：当初他和何无忌等商议起兵时，曾请京口术士韦叟占算前程。韦叟看刘裕等人都有大贵之相，近日即可应验，唯独檀凭之没有。刘裕对何无忌说："我们与檀凭之共事多年，现在又同谋大事，肯定要互相照应，不知韦叟说得是否准确。"现在檀凭之战死，他才明白韦叟的预

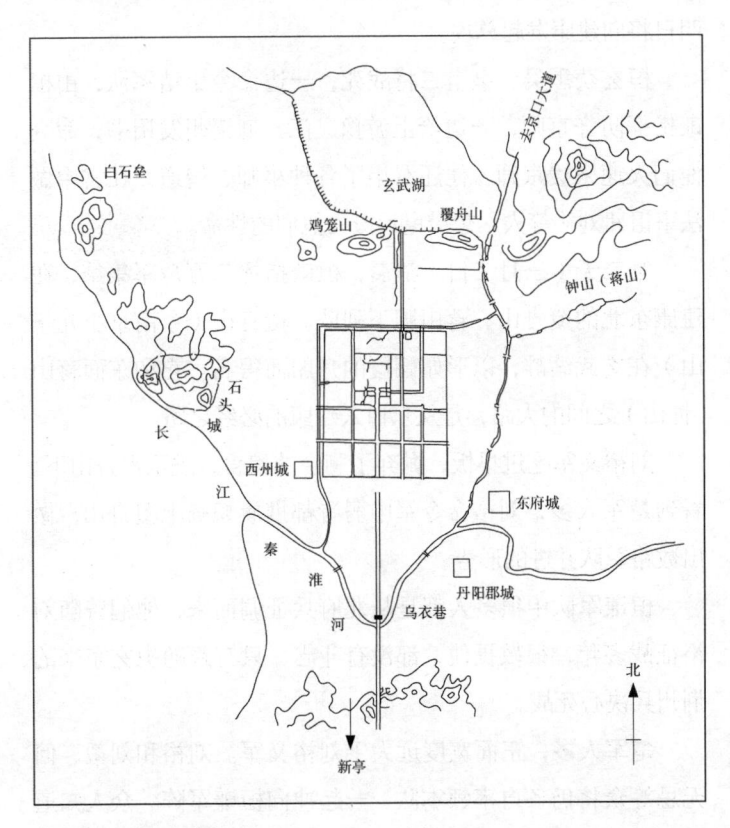

【图 5：建康覆舟山城防图】

言——这也说明此次举事肯定能成功。

檀凭之的侄子檀祗继续率领凭之旧部。部队扎营过夜，明日将向建康发起总攻。

桓玄获悉吴、皇甫二将战死，一边命令集结军队，由桓谦指挥防守京师，一边给上游豫、江、荆诸州发诏书，命令他们火速来援京师。他还召集了各种巫师、僧道，在宫中做法事诅咒刘裕等人，想借鬼兵摄去他们的性命。

第二天（三月二日）清晨，桓谦指挥二万楚军集结，在建康东北的覆舟山、蒋山脚下列队。覆舟山（今南京小九华山）在玄武湖畔，以形如翻覆的舟船而得名。它和东面蒋山（钟山）之间的大路，是从京口入建康的必经之路。

刘裕义军吃过早饭，抛弃了剩余的粮食，进至覆舟山下。看到楚军人多，刘裕命令军中弱者都携旗帜登上覆舟山，做出数路军队并进的形势。

桓谦军队中很多人都是从北府兵征调而来，他们曾随刘裕征战多年，很敬畏他，都没有斗志，只有跟随桓玄东来的荆州兵决心死战。

楚军人多，正面宽度远大于刘裕义军。刘裕和刘毅、何无忌等众将仍各自率领本队，一起冲向桓谦军阵。众人知道这是决死之战，都义无反顾、大呼而前。这时东北风急，刘裕等顺风纵火，烧毁桓谦军营。

鼓角声、喊杀声伴随着烟尘飘入建康城中。桓玄惊惶无措，声称要亲赴战场增援。他拖着肥胖的身躯勉强骑上马，带着五六岁的儿子桓升和卫队数千人冲出建康南门，想登船逃回荆州。军官胡藩拉住桓玄马缰进谏："如今还有羽林射手八百人，都是荆州子弟，世代受恩于陛下，只求决死一战！"桓玄无法回答，只能以马鞭指天，示意上天之命于己不利，打马而去，登船逃往上游。

桓谦看到大势已去，也弃军逃命。桓氏家族再度收缩回长江上游。

接管朝廷

刘裕乘胜进入建康。王仲德带着年幼的侄子来迎，讲述了王元德等谋泄被杀的经过，刘裕在马上抱过元德幼子，与王仲德对面痛哭。

义军控制了建康全城。刘裕派臧熹入宫收集档案图书，看守各种库存。来不及逃走的桓氏成员都被处死。义军烧毁了桓玄列祖列宗的灵位，重新为晋朝诸帝制作灵位，放入太庙。他还命部下找到皇甫敷的家人，安顿好他们的生活。

司徒王谧带领朝廷百官向刘裕谢罪。当初桓玄篡晋称帝，这些名士高官都不敢表示异议，甚至为其出谋划策。如今刘裕以一名军官的身份，没有任何武装和门第可以依赖，却振臂一呼，三四天内驱逐了桓玄，使这些人都惭愧不已。

朝臣推举刘裕任扬州刺史，刘裕坚决推辞，于是由王谧兼任扬州刺史、录尚书事。刘裕任徐州刺史，刘毅任青州刺史。其余起事的诸将，都授予郡太守职衔。

对逃奔上游的桓玄，刘裕等人丝毫不敢放松。他们迅速拼凑起数千军队和一些舟船，由刘毅、刘道规、何无忌率领，溯江向上游进军，刘毅负责都督全体西征军。

负责在豫州历阳举事但失败被捕的诸葛长民，此时正被押解往建康途中。桓玄败讯传来，他乘机威胁利诱押解他的士兵，促使他们倒戈。士兵们打开囚车放出了诸葛长民，跟随他回身向历阳进军。此时刘毅等水军也在逼近历阳，刺史刁逵弃城逃走，被活捉后押送建康，诸葛长民占领豫州。

刁逵被押解到建康后，在江滨斩首示众。刁氏家族多年为恶京口，垄断山林湖泊，积累了巨额家产，有田上万顷，家奴数千人。刘裕寒微时，刁逵主持本地年节社祭，曾向刘裕家摊派三万钱，刘家贫乏无法承担，被捉到刁逵家中，捆在马棚里。当时王谧恰好到刁家做客，看到马厩里绑着一人，十分吃惊。问知原委后，他答应代为偿还这笔钱，才使刘裕获得自由。

关于刘裕和刁逵结怨原因，还有一种说法，是刘裕与刁逵赌博，欠下巨额赌债，无法偿还。但这不如前种可信。因为刘裕是寒微农家，刁氏累世显宦，两人在一张桌上赌钱的可能性很小。无论哪种原因，都导致刘裕素来感激王谧而仇视刁逵，他下令除刁逵年幼的弟弟之外，其余刁氏成员尽数处斩。刁家所有的财产，由百姓随意分取。江南已经连年饥荒，此时又正是青黄不接季节，饥民蜂拥入刁家搬取，多天都未能搬完。

此时晋废帝司马德宗尚在桓玄手中，刘裕等急需一名皇室成员做朝廷象征。恰好，有一位晋宗室武陵王司马遵，本来要被桓玄押送外地，但二月二日的涛灾冲毁了船只，他滞留在京师，被义军找到。刘裕宣称司马德宗有密诏，命司马遵为大将军，代行朝廷事务。从此义军方面有了东晋正统的象征。

对刘裕这些军人当政，个别士族非常不满。任尚书左仆射的太原王愉，本与桓氏家族联姻，他与儿子王绥密谋发动叛乱，消息泄露，全家被抄斩。

政务方面，刘裕全面交刘穆之负责。东晋本来是士族高门的天下，他们习惯了广占田园、奴役平民、荒殆政务，桓玄一度试图校正，但未能成功。现在刘穆之斟酌时宜，限制士族的特权，严肃政令，特别是加强针对士族地产的税收。刘裕也以身作则，配合刘穆之的政策。朝臣光禄勋丁承之、左卫将军褚粲、游击将军司马秀等人擅自把百姓变成私家奴仆，被执法官纠察。司马秀是宗室章武王，褚粲家族曾出过皇后，他们态度十分强硬。刘裕宣布将三人免官，朝廷百官由此凛然奉职，数日之内，江东政风焕然一新。

流亡在南燕的刘敬宣、高雅之、司马休之等人，听说刘裕等起兵驱逐桓玄的消息，也密谋在南燕起兵，准备推翻鲜卑政权，归附东晋。但同来的刘轨被慕容德任命为司空，他想在南燕终老，不愿再冒风险。刘敬宣等看起事不成，就杀死刘轨南逃。鲜卑军队一路追击，高雅之战死。刘敬宣和司马休之抵达建康，受到刘裕欢迎。

若干年后，他们将以占领军的身份重回青州。

桓玄末路

桓玄登船逃命，才发现因为准备仓促，船上没有储备粮食。他们担心被追兵赶上，不敢靠岸，连续数日未能进食。部下在船舱里搜寻到一点糙米，煮熟奉给桓玄。桓玄平生未曾吃过此等粗食，呛噎在喉中无法下咽，幼子桓升为他抚拍胸口。桓玄抱着饭碗和桓升，不禁呜咽泪下。

到寻阳后，桓玄才算安全进入了自己的控制区。他得到了兵力和物资补充，布置了迎击追兵的军队，带上被囚禁在此的晋安帝一起西逃。

此时，桓玄心情开始放松起来。荆、扬两州对峙已经是常态，现在他丢了扬州，但保住桓氏的大本营荆州应该没问题。

帝王身边都有史官负责记录政令，写成"起居注"，供日后编纂国史之用。逃难的桓玄朝廷已无暇顾及此事，现在，桓玄顾不上和部下讨论军务，专心为自己补写逃难以来的起居注，记载讨伐刘裕的经过：自己如何步步料事如神，指挥得当，只是因为诸将不遵命令，才导致失败。他写成之后，命下属抄写多部，发到各地向百姓宣读。

四月，桓玄抵达他的根据地——荆州治所江陵。他的堂兄桓石康担任荆州刺史，急忙为他置办了朝廷所需的排场。桓玄重新任命了朝廷百官。他担心败逃以来声誉下降，人心不服，经常因小事杀人，臣下更加离心离德。

下属各州得知桓玄已到江陵，纷纷上表问安，桓玄命一律退回，重新写恭贺迁都的表章。

此时追兵先锋何无忌、刘道规已经开到寻阳附近，经过一场水战，大破桓玄守军，占领江州全境。刘毅督帅诸军继续西进。溯江而上的舟舰中，义军将士们目睹了平生所未见的奇观：荆、江二州竹子全部开花、枯死。时当盛夏，江流两岸尽是漫山黄叶，累累竹实丛生如稻穗。

桓玄此时已在荆州征集了两万多兵马，他挟持着晋安帝一家再次浮江东下，决心扫荡东方叛匪。五月，两军相遇于峥嵘洲（今武昌附近）。

刘毅部总兵力不到万人，觉得难以对抗桓玄水军，想退回寻阳固守待援。刘道规坚持不能撤退，不然士气低落，更难收拾，他带着自己的部属首先向桓玄舰队驶去，刘毅等诸将也决心迎战。

桓玄舰队的先锋，由苻坚的昔日太子苻宏指挥。苻宏二十年前南逃到东晋后，一直依附在桓氏门下。此时桓玄军占据上游优势，但东风大作，刘毅军乘顺风之机投掷燃烧物，桓玄舰队纷纷起火。桓玄的楼船边一直拴着一条轻舟，预备战事不利时逃命，导致他将士们都没有决死之心，纷纷转舵溃逃。桓玄觉得大势已去，挟持着晋安帝登上轻舟，朝江陵逃命。

混战之中，晋安帝的王皇后，以及年已六十六岁的前穆帝何皇后所乘船只被义军俘获，他们将两位皇后送往建康。在登上建康码头时，一个霹雳在头上炸响，一名皇后侍从当场被劈死。司马皇室的坏运气似乎还没有到头，何皇后回建康不久就死去了。

逃回江陵后，桓玄担心追兵赶到，出城准备逃往汉中，投奔梁州刺史桓希。但他旋即被人误导，以为益州（今四川）刺史毛璩可以接纳自己，转而溯江向益州进发。他的部属一路逃散，最后只剩数人跟随他单船独行。

其实毛璩一直对桓玄称帝不满，此时恰逢他弟弟在成都去世，毛璩派二百多士兵送丧回下游，这些人与桓玄的座船迎头相遇，密集的羽箭顿时向桓玄船舱射去。桓玄身体肥大，无法躲避，两名臣官扑在他身上遮蔽，被射中满身羽箭而死。幼子桓升躲在桓玄身边，桓玄每中一箭，桓升都哭着给他拔下来，桓玄瘫软着浑身颤抖，泣不成声。

一名益州军官持刀冲进船舱，桓玄拔下头上的玉簪给他，希望保住性命，嘴上还说："你是何人，敢杀天子？"军官挥刀砍下的同时回答："我来杀天子之贼！"

桓升被士兵们带出船舱，他还对众人说："我是豫章王（桓玄朝廷赐予的爵位），诸君不要杀我。"他随后被送到江陵，在市场斩首示众。

桓玄死后，他的族人在荆州继续顽抗，战事又持续了八个月才告结束。晋安帝司马德宗被送回建康，重登帝位。已经死去的晋王朝复活了——至少形式上如此。

卢循占广州

经过近一年的战争,桓氏被彻底平定。但战乱大大削弱了东晋王朝,广州和益州都落入割据者手中。

在刘毅等与桓玄残部作战时,益州刺史毛璩派遣军队东下助战。这些军人不愿远征,举兵反叛,他们推举一名官员谯纵为主,杀回成都,诛杀了毛璩全家。谯纵自称成都王,割据益州,被称为谯氏西蜀政权。

被赶到海岛中的天师道教主卢循,看到刘裕与桓玄的战争爆发,知道机会到来了。他这次不再窜扰江浙,而是乘船南下,从海路直抵广州城,开始聚众攻城。

长江流域战事正酣,无暇顾及广州。广州刺史吴隐之率众抵抗三个多月。广州城内挤满了四郊进城避难的民众,临时搭建了很多棚舍。十月的一个夜间,城内民居起火,迅速蔓延。吴隐之担心有暗藏的奸细作乱,命令士兵严加戒备,不得擅自救火。结果大火将广州城烧为白地,再无坚守能力,卢循军队轻而易举攻入城。事后从灰烬中捡出的骷髅有三万多具。人们在城外挖掘了一个大坑,掩埋这些焚烧过的骨骸。

卢循又派徐道覆循北江而上,占领始兴(今广东韶关市),控制了南岭通往北方的要道,掌控岭南全境。但卢循暂时没有称帝建国的野心。他出身世家大族范阳(今河北涿州市)卢氏。这个家族自东汉末年的卢植以来,一直以擅长经学,特别是礼学著名。北方沦陷后,卢氏家族成员南渡的很少,所以卢循这一支在南方势力单薄,政治上不得势,终于走上天师道叛乱之路。

卢循的文化程度很高,擅长草、隶书和围棋。看到晋安帝还都、东晋重建,他派使臣到建康进贡礼物。此时朝廷百废待兴,刘裕等顾不上遥远的广州,只好发诏书任命卢循为广州刺史,徐道覆为始兴相(太守)。刘裕要卢循交还被俘的吴隐之,卢循也照做了。

但卢循和刘裕之间很难有真正的信任。卢循以门第、学术和宗教地位自傲,看不起武人出身的刘裕,刘裕对天师道、对卢循也没任何好感。朝野传闻,卢循曾派人送刘裕"益智粽"[1],以此讥讽刘裕粗疏无文。刘裕则以"续命缕"回赠,暗示卢循续命海隅,迟早要归命朝廷。

---

[1] 益智仁是草药,也可食用,当时称蜜浸的果脯为"粽"。参见《艺文类聚》卷八十七"益智"条。

第七章 袭南燕

- 三头时代
- 慕容超启衅
- 山地北征
- 马镫改变战争
- 决战临朐
- 后秦的威胁
- 慕容末路

晋安帝司马德宗复位后，东晋政局相对稳定。刘裕和随同他起兵的军官们，分别任各要州刺史。朝廷议平定桓玄之功，刘裕、刘毅、何无忌三人被封为公爵，成为实际控制东晋局势的三巨头。

经过一番调整，刘裕任徐州刺史，刘毅任豫州刺史，何无忌任江州刺史。刘裕少弟刘道规任荆州刺史，但军事上归何无忌节制（都督）。其余参加义军的人也都各有官职、封爵。他们被称为"建义诸人"，是此时东晋政坛的主导力量。

至于扬州刺史和录尚书事的职位，一直由老名士王谧担任。此人碌碌无为，桓玄篡位期间，他身居显官为其出力，此时颇受人指摘。王谧自己也很不自安，曾试图辞职隐退。但刘裕因贫寒时曾得他帮助，执意推他执掌朝廷。如此，建义诸人分任外职，名士主持朝廷拱手无为，不失为平衡各方均势的布局。

三头当中，何无忌和刘裕是多年旧交，能够和衷共济，但刘毅性格倔强、傲慢，起兵以前与刘裕也没有私交。当初刘毅和何无忌西征桓玄时已发生过矛盾，所幸未曾激化，事后两人重新言好。江东政局的稳定，全靠三人能相安无事。

三头时代

安帝复位三年后，王谧去世，扬州刺史和录尚书事职位空缺。从资历看,无疑应由刘裕递补。但刘毅不想刘裕入主朝政,他向朝廷建言:用士族文人谢混接替王谧之位;或者由刘裕在京口兼任扬州刺史,吏部尚书孟昶任录尚书事。

尚书省右丞皮沈带着这两个方案来到京口,准备征求刘裕意见。皮沈先见到为刘裕主持政务的刘穆之,向他讲了此行的使命。刘穆之心知事关重大,借口上厕所,悄悄写了一张字条:"皮沈之言切不可从!"让人送交刘裕。

刘裕随后见到皮沈,听他讲完后没有表态,先请他到外面休息,然后把刘穆之召进来,询问他意见。

刘穆之分析:"刘毅、孟昶诸人,与您一同起自布衣,只是按谋事先后顺序,推您为首,并非甘心服从。扬州是朝廷根本,不能拱手让给外人。当初交给王谧,是出于时局需要的权衡之举,现在如果贸然让给别人,权柄一失,就难再得,还可能反受其害。"

刘裕也认为有道理,但又不便直接向朝廷索取,询问刘穆之该如何应对。刘穆之早有准备:"不如这样回答刘毅等人:'扬州是京畿要地,尚书省是朝廷根本。事关重大,应当面谈,所以请诸位入朝会商。'如果您亲自到京师,自然没有越过您另授他人的道理。"刘裕听从,当即进入建康,朝廷只得任命他为扬州刺史、录尚书事,同时兼任徐州刺史。

刘牢之之子刘敬宣,曾与刘裕一起进剿天师道,两人私交很好。当初刘毅曾在刘敬宣部下任职,有人夸赞刘毅能成大事,刘敬宣不同意,说:"此人性格,表面随和而内心猜忌,自傲且目中无人,即使官至大位,也未必能得善终。"刘毅听说后极为忿恨，始终念念不忘。

刘裕等京口起兵时，刘敬宣尚流亡南燕，未参与建功。他南归后，刘裕曾想任用他为江州刺史。刘毅让人给刘裕传话，说："刘牢之、敬宣父子曾不忠于国，投附桓玄。如今又未参与举义，如果您是为了答谢私交，应当授予一个朝廷散官，郡太守都未免太高。如今听说又要升任江州，实在不近情理！"

刘敬宣得知后非常紧张，自动请求解除了官职。但刘裕对他很好，宴会经常请他参加，还赠送了很多钱物。

谯纵在益州独立建国之后，刘裕想给刘敬宣一个建功立业的机会，让他带五千士兵进占益州。刘敬宣率军入蜀后，谯纵急忙向后秦姚兴求援，姚兴派遣二万士兵入蜀增援。刘敬宣部行至距成都五百里处，被阻击不能前进，相持两个多月，粮食耗尽，军中又发生瘟疫，死者过半，只得退回。

因为这次失利，刘敬宣被免官，刘裕荐人不当，军号也由二品车骑将军降为三品中军将军。但刘毅想借机置刘敬宣于死地，刘裕急忙派人保护他，防止他遭遇不测。何无忌也派人给刘毅带话，让他不要因私怨影响公务，如果一定要治罪，也应入朝与诸人会商。建义诸人大多是刘牢之旧部，对刘敬宣比较敬重，都不愿此事无限扩大。刘毅只得作罢，但见到刘裕时，还是要讥讽几句以解怨气。

东晋政治在"三头"模式下进入相对平衡状态，南燕军队却数次对淮北边境发动侵袭。刘裕开始考虑攻取南燕，为恢复中原取得前进跳板。

慕容超启衅

当初,割据青州的慕容德看到东晋有桓玄之乱,曾想趁机南伐,占领淮河以北。但他年老多病,被迫放弃这一计划。

405 年,慕容德病死,临死前指定侄子慕容超继位。慕容超即位后,其母、妻还在长安,他只好遣使到后秦,希望秦帝姚兴能送还自己的家人。

姚兴对慕容超的印象一直是个低能儿,他答应送还慕容超家室,但开出的条件是:一、南燕要向秦称臣;二、南燕要将朝廷太乐队送给秦。

姚兴想要的这个太乐队,是当初西晋朝廷的宫廷乐团。311 年洛阳陷落后,它辗转于北方异族朝廷中,乐师代代相传,至此已近百年。雅乐正声是一个王朝赋有天命的标志,这个乐团几乎浓缩了一部十六国时代的战乱流离史。

311 年,西晋都城洛阳被匈奴刘聪军队攻破,西晋朝廷乐团和其他典章宝物一起,被俘获到刘聪汉政权的都城平阳(今山西平阳)。不久刘汉政权内乱,占据关中的匈奴刘曜建立前赵,带兵攻入平阳,将乐团掳往长安。

后来,刘曜与东方的石勒大战于河南,兵败被俘,关中被石勒后赵政权征服。乐团被掳到后赵都城襄国(今河北邢台市)。

石勒死后,石虎篡位,将都城迁至邺城。他死后,冉闵起兵诛杀胡人,后赵兵乱。长期盘踞辽西的慕容鲜卑乘机入关，慕容儁在邺城建都称帝，建立前燕王朝，同时继承了这个乐团。随后，苻坚前秦攻灭前燕，乐团又被送往长安。

苻坚淝水兵败后，坚守长安两年，终于被鲜卑人攻占。当鲜卑人放弃长安东行，乐团也被裹挟其间。他们驱逐了晋阳的苻丕，在长子（今山西长治市）建国，史称西燕。

394年，慕容垂的后燕攻灭西燕，又将乐团掳至中山。北魏攻击中山时，乐师和百官逃奔邺城，又随慕容德南下青州、建立南燕。

——这便是一个乐团百年颠沛，辗转匈奴、羯、鲜卑、氐诸族王朝的历史。

慕容超思亲心切，只好答应了姚兴的要求，将一百二十人的乐团送往关中，交给了它的新主人——羌人。姚兴心愿满足，送还了慕容超的家人。这是407年冬天的事情。

一年多以后的409年新春，南燕朝廷举行新年朝会。此时的慕容超家人团聚，内政平安，与四邻的北魏、后秦和东晋也相安无事。但宴会之上，他总不能开心：乐队不在，没有喜庆气氛。他决定从东晋掳掠人口，补充乐队员额。

臣下大都不赞同这个计划：补充乐师的方法很多，完全没必要从邻国抢掠。但慕容超坚持己见。他的不开心，不全是因为缺少了音乐，而是为向姚兴称臣、使自己朝廷降低为藩属地位。这口气他实在咽不下，北魏、后秦实力强大，他不敢贸然挑衅。但南方的东晋历来缺乏战斗力，他想从战争中找回尊严。

二月，燕军两度南下劫掠，攻克了淮河边的宿豫城，俘虏城中居民而去,从中选择了二千五百人,交给太乐署学习音乐。晋朝的三名郡太守也成为俘虏。淮河一带陷入战争恐慌,居民都修筑堡垒自保。

慕容超没有想到此事的后果。现在的东晋已经和五年前完全不同了:当权者不再是只知清谈的矫情士族,而是一群靠战争发迹的军官。

山地北征

获悉南燕入侵的报告,刘裕上表要求北伐。朝廷讨论时不同意者居多。有人认为南燕兵力强大,难以攻取,且卢循、谯纵各自割据一方,会乘机生事;有人则是不想刘裕再有战功,打破目前三头并立的均势。刘毅从姑孰发来书信,称刘裕身负宰相之职,不宜亲征。他引证说,当年苻坚大兵压境,丞相谢安也未曾亲自出征。

朝臣中,只有孟昶、臧熹和谢裕赞同刘裕的计划。刘裕力排众议,最终决定出兵。

臧熹此时是刘裕中军府的参军,他认为此次平定南燕,是灭后秦、北魏统一天下的基础。他虽然出身书生,却想随刘裕出征作战。刘裕最后没有同意他随行,而是任命他为临海太守,防范卢循从海道来袭。

孟昶自平定桓玄以来,一直作为建义诸将的代表在尚书省任职，监控朝政。刘裕此时让他兼管自己中军府的留守事务。他和臧熹、何无忌是京口建义诸人中比较有文化的。

谢裕出身士族，其祖父是谢安的二弟。当初刘裕还在担任桓修的参军时，谢裕已是桓玄的黄门侍郎，极受桓玄信赖。一次刘裕因公事见谢裕，谢裕对刘裕印象很好，留他一起吃饭，饭还没好，桓玄诏命传来，招谢裕入朝商议事情。桓玄性急，一时间多位诏使赶来催促。刘裕很紧张，几次要求离去，谢裕都不放，直到陪刘裕吃饱，才动身入宫。刘裕因此很感动，视他为布衣之交。

出征前，刘裕最担心安帝的弟弟、担任朝廷大司马的司马德文。目前安帝没有太子，德文聪明有才，是安帝之后的皇位继承人。刘裕担心自己不在时，他会联络司马宗室，有不利于自己之举，特地任命谢裕总管大司马府事务，监督司马德文。

四月，刘裕率军从建康登船出发。

关于此次出征兵力，史书未做记载。从前后几次战争的规模推断，晋军兵力应在四万左右。参战部队除了来自朝廷禁军和扬州，应该还有上游豫、江二州及下游徐、兖、青等侨州。西陲的荆州因要防范谯纵、姚兴，加之与下游路途遥远，应当不会参与北征。

刘裕部队乘舟舰北进，沿着当年桓温征前燕的路线，由长江经运河入淮水。入淮处的山阳城，此时由刘裕二弟、并州刺史刘道怜驻防。他也带部下加入了刘裕北伐军。

北伐军横渡淮河后，继续溯泗水北上。五月，舟师抵达

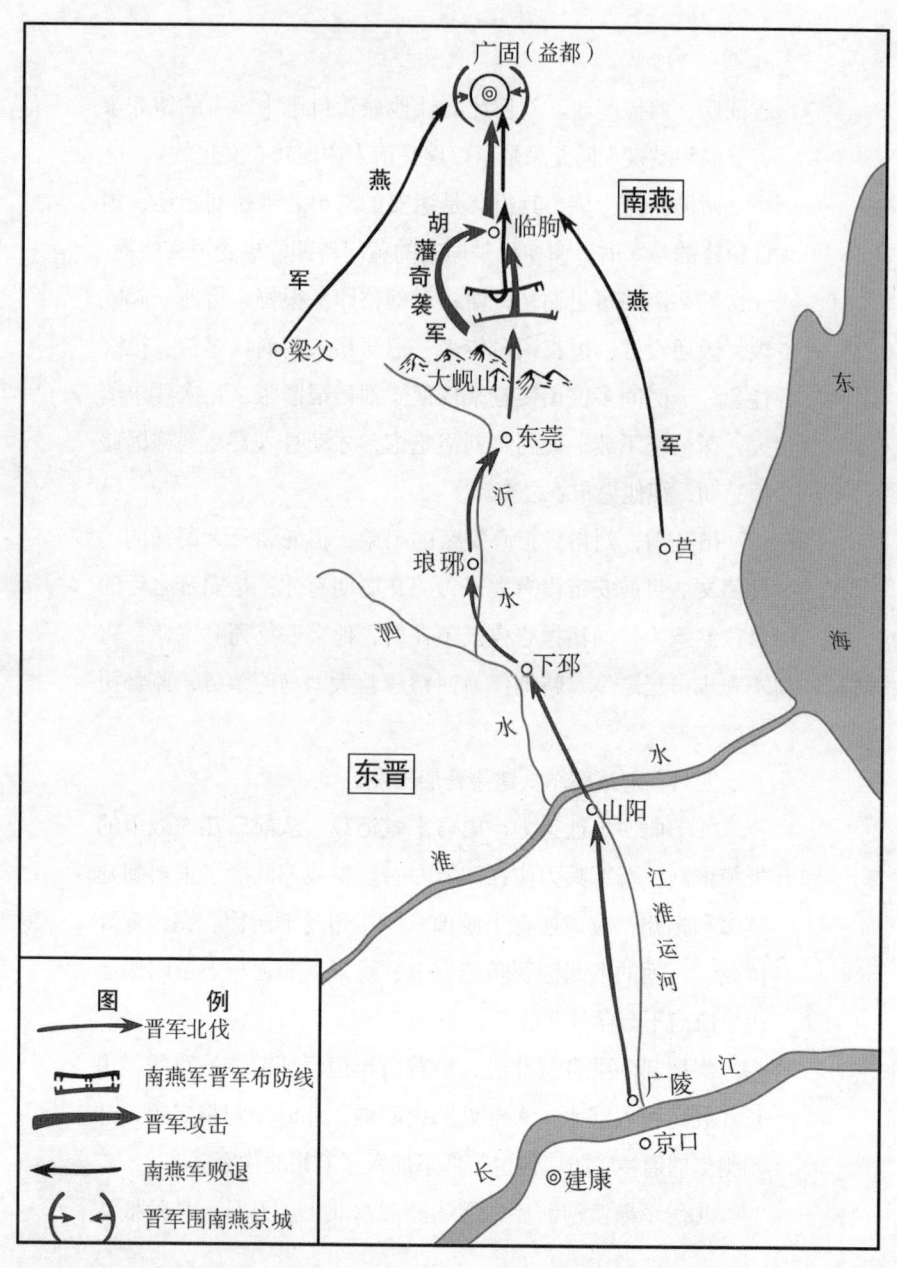

【图6：东晋灭南燕之战示意图】

下邳城。这里的居民还没摆脱对鲜卑人侵袭的恐慌。在这里刘裕下令：全军弃舟登岸，步行一路向北，进占三百里外的琅琊城（今山东临沂）。

命令传达后，全军上下都疑惑不解：琅琊到燕都广固之间都是山地，不便行军。晋军北伐，历来要借助舟楫之利；况且雨季将至，河流水量充沛，桓温当年北伐故道俱在，何必要舍舟步行？如乘船沿泗水的桓温故道北上，即使旧桓公渎已湮塞难行，可以再用人力疏通，或者弃舟步行，沿途都是居民密集的平地，也比在下邳登陆北进省力得多。

这个出人意料的方案，正是刘裕深思熟虑后的一步险棋。

鲜卑军队最倚重的是骑兵，晋军最缺乏的也是骑兵，在机动性方面，晋军处于劣势。如果继续溯泗水北上，沿途都是平原地带，鲜卑军队随时会赶来阻击——即使晋军完胜，战场距离广固尚远，慕容超闻讯忧惧，感觉大势已去，很有可能逃窜他国——向西可以逃奔后秦，向北过黄河可以投靠北魏，甚至有可能浮海北上辽西。如果慕容超策马狂奔，离广固尚远的晋军根本无力追及。

如果晋军从陆道北上琅琊，局势就完全不同：占领琅琊后，在鲜卑人猝不及防之际，晋军就进入沂蒙山地行军。在林木茂密的山区，骑兵部队难以展开冲击，燕军只能在山路出口的临朐城下等待晋军，那里是山前平原地带，适合使用骑兵。但那里距离广固只有五十里，晋军一战获胜，广固城中的鲜卑朝廷便是囊中之物。

当然，鲜卑人的反应也未必尽如预料：他们也可能在山地据险设垒，阻击晋军。但那样的话，骑兵优势无法发挥，双方在山林间步战，晋军胜算更大。再者，如果把决战地点定在临朐城下，万一晋军战败，也可迅速收缩回山地，依托险阻缓慢后撤。这要比在平原上决战失利容易应付。

当初与孙恩天师道军鏖战，无数次靠双脚和风帆赛跑，刘裕已经练就了一种对付有机动优势敌军的天才能力。他会不动声色地做好一切准备，将兵力和后勤逐一部署到位；在两军的对峙运动中给对手制造假象，使之麻痹松懈，产生错觉，将其吸引到他暗中选定的地点，等待恰当的时机；最后是迅雷不及掩耳的致命一击，使其彻底丧失反抗能力。没有机动性的优势，他只能依靠自己的智慧。

刘裕是典型的赌徒性格，敢于弄险，一掷千金不顾后果。这种个性最适合马背民族的战术，以高速运动的骑兵部队千里奔袭，大胆迂回穿插，在最意想不到的时间和地点横扫敌军。但是，他最缺乏的就是马匹和骑兵，这个优势只属于他的对手。他无法像狼一样千里奔袭，在荒原大漠上长途穷追，就只能做一只虎，在山石丛林的掩护下悄悄接近，隐忍潜伏，等待未察觉危险的猎物一步步靠近，最后以致命一击咬断对手咽喉。

对于刘裕的举动，南燕君臣也颇为不解。南燕本来在莒城（今山东莒县）、梁父（今山东泰安）有驻军，防范晋军来攻。面对边境传来的战报，南燕君臣会商，有人认为应当发挥骑兵优势，在山南的莒城一带集结兵力，阻击晋军。燕主慕容超没有采纳。他下令撤回梁父、莒城驻军，集中全国兵力于临朐一带，等待与刘裕决战。

后来人们都将南燕的失败归因于此，但慕容超的计划也有其道理。首先，山南距离广固远，而距离下邳近，燕军仓促之际难以集中部队。如果部队分批抵达，很容易被刘裕各个击破。更重要的是，刘裕已经迅速进占琅琊，战报传到广固、燕军做出反应都需要时间，待准备完毕，刘裕早已率领晋军循山路北上了。没人想到刘裕会在下邳弃舟步行，将其阻击于山南的策略来不及实施。

慕容超也没有采用在山地阻击晋军的策略。他对鲜卑骑兵有充分自信。他要以逸待劳，等晋军翻山越岭、远行疲惫，临朐山口一战，定然可使晋军匹马只轮无返。臣僚们提出坚壁清野的建议，也被他拒绝了，那样容易散布恐慌，动摇民心。

鲜卑皇室子孙、二十五岁的慕容超有理由信赖自己的铁骑部队。一百年来，正是凭借着铁马长矛，北方民族才得以驰骋中原。汉文化的中心区长安、洛阳，都是他们奔突之地。

七八百年来，北胡、匈奴人如潮水般从山地和大漠中涌出，走马驰逐于长城之下。塞北大地广阔荒凉，只有饲养牛羊可以维持生计，这些牧人知道，中原有富庶的城市，有让人眼花缭乱的种种商品，还有白皙柔弱的女子，远胜过草原女子的黧黑粗壮。北方酋长们一直憧憬着冲入中原，享有那里的繁华柔媚，但他们始终无法冲过中原王朝的边防线。只有最近一百年来，这个梦想才成为现实：北方草原、山林的子孙们终于统治了中原大地。

这个天翻地覆的变化，竟然来自一对小小的——马镫。

马镫改变战争

公元前一千多年,亚欧大陆中部的草原民族已开始驯化马匹。但早期的马匹都只用来驾车,极少用来骑乘。这可能有驾驭方式的原因,也有马种驯化、发育的因素。青铜时代的战争中,马都是用来拖曳战车,而战车对地形适应性差,难以成为战场主力。

到铁器时代——中原的战国时,骑马技术开始普及。此时马镫尚未出现,骑手在起伏颠簸的马背上,只能靠双腿用力夹紧马胁、手抓缰绳保持稳定。这种情况下难以运用矛刺、刀劈等,因为运动幅度过大,或者冲顶到目标后的反作用力,都会使骑手摔下马背。

早期骑兵最主要的武器是弓箭。"骑射"是汉代人对匈奴人战术的总结。这种骑兵难以冲击盾牌如墙、矛戟如林的密集步兵方阵。战国秦汉时代的匈奴人,无数次冲入塞内抢掠,但无法攻占汉地城邑,就是因为无法对付训练有素的步兵。这种弓箭骑兵适合抢掠没有武装的平民,可以侦察敌情、袭击敌粮运车队,追杀溃散奔逃的步兵。中原内战中弓箭骑兵的最主要用途,则是对抗敌方骑兵,为己方步兵提供掩护。

这个时期的骑兵没有马镫,但有马鞍。最初的马鞍是马背上的一方垫子,用交缠到马腹下的皮带捆绑,可以使骑乘者舒适一些,秦始皇陵兵马俑,以及汉墓中出土的大量骑兵陶俑,都有马鞍无马镫。

但马上劈刺是骑兵的重要需求。人们首先想到的是改良马鞍，增加它前后的高度，使骑手前后都有依靠。马鞍的弧度由此越来越大，称为"高桥马鞍"。由此，骑兵可以进行力度不是太大的刺杀。这样落马的危险虽被降低了，但依然存在。

高桥式马鞍带来了另一种不便，就是爬上马背变得很困难。高耸的鞍桥阻碍骑手抬腿跨过。由此，人们想到了在马鞍左侧悬吊一个铁环，上、下马时供左脚踩踏。革命性的发明由此肇端。骑手们发现骑在马背上时，左脚仍可放在上马环中，身体的稳定性大大增强了。另一只铁环顺理成章悬挂在了马鞍右侧，马镫由此产生，骑手从此可以"站"在马镫上，重心可以自由地在左右脚间转换，不用担心掉下马背。

这一改变草原民族，同时改变农耕民族命运的发明，发生在西晋末年。有了马镫，骑兵也有了更合适的兵器——马槊（音 shuò）。魏晋时称一丈八尺（合今四米左右）的长矛为槊，西晋以来，马槊几乎成为骑兵的固定装备。骑手站在高速奔驰的马背上冲向对手时，他只需握住马槊，在腋下夹紧，同时使槊锋对准对手。高速的冲击使长槊在瞬间贯穿对手身体，巨大的反冲力通过槊柄传递给骑手，沿着骑手的身躯和两腿落在马镫上，再由拴系马镫的皮带传导到马背上——对于高速奔驰的、沉重的战马而言，这点冲力没有什么影响。骑手要做的，是在马槊刺中对手时夹紧胳膊，防止沉重的冲击造成关节脱臼、马槊脱手。

有了马镫和马槊，骑兵终于可以正面冲击密集的步兵方阵。面对高速冲来的、人马合一的骑兵,步兵处在下风。不仅长矛,战马的踩踏冲击也足以致命。

更重要的是,传统时代的步兵大都社会地位低下,战斗积极性差,所以阵列必须密集、整齐,使基层军官能监督自己的每一名部下,统帅军令能逐级传达给每一级军官,最终变成全体士兵的统一行动。马镫骑兵出现后,一百名骑兵就可以冲击、穿越上千名步兵的军阵,甚至可以掉过头来一次次反复冲击突破。步阵被拦腰冲断后,指挥链断裂,军令无法有效传达,军官们失去了对士兵的监督控制,丧失斗志的步兵会在惊慌中抛下武器、四散逃命。这是受到骑兵冲击的步兵最常见的状况。

马镫还给骑兵带来一个便利:没有马镫时,人坐在马背上,臀部受力,在颠簸奔驰中很容易疲劳。有了马镫后,骑兵可以半"站"在马镫上,能更舒适和节省体力,更适合进行长途行军。骑兵的远程奔袭能力也因此大大增强。

这时的骑兵不仅有了马镫,还给战马披上了甲胄。

战国以来,步兵对抗骑兵最有效的武器是弓弩,骑兵在颠簸的马背上,射击准确性远远低于稳定站立在地上的步兵。当骑兵向步兵军阵冲击时,会遭到密集箭雨的射击。马匹体形远大于人,中箭的概率更高。

三国时代以来,为了冲击步阵,骑兵开始使用皮革镶铁制成的马甲,当时马的甲胄有专门名称:"具装"。披甲的骑兵和战马防护性大大增强。对无装甲的马匹,箭矢的有效杀伤距离在一百米左右。但对具装战马，这个距离降低到十米以内。这意味着具装骑兵冲向步阵时，前排步兵仅有射出一支箭的机会，随后便要面对槊锋和战马的踩踏。同样，冲入步兵军阵后，具装和铠甲也可以降低刀、枪短兵对人马的伤害。

马具装在东晋、南北朝时非常普及。这和当时的兵种特征相联系：北方政权骑兵是主力，而东晋南朝以步兵为主。具装骑兵最好的用途就是冲击步兵军阵。匈奴刘渊、刘聪，羯人石勒、石虎，鲜卑慕容儁、慕容垂，以及苻秦、姚秦，他们驱逐晋军创立帝业的根本，都是强大的具装骑兵部队。

如果双方主力都是骑兵，具装则没有优势。一副马具装重百斤以上，战马披上具装，再驮上披甲的骑士，行动能力大为降低，无法追上轻装的骑兵。一旦奔跑疲劳，就会遭到轻装骑兵的打击。所以到隋唐时，中原统一王朝以骑兵对抗突厥游牧族，具装骑兵就无用武之地了。但在火器出现以前，骑兵和步兵发生对抗时，具装战术都会恢复使用。

慕容超准备用来迎击刘裕的主力，就是鲜卑人的具装骑兵。桓玄篡晋时，慕容德准备南下攻入建康，当时南燕举国动员，共征集步兵三十七万，骑兵五万三千，辎重车一万七千辆。但南燕僻处山东，与北方草原的马产地之间被北魏隔开，马匹难以得到补充。六年以来，战马数量已经有所下降——但用来踩踏区区数万远道徒步而来的晋军，这已经绰绰有余了。

决战临朐

刘裕将舟舰和后勤辎重都留在下邳，率步兵循沂水北上进占琅琊，一路选择要地，分兵筑垒留守，保持交通线的畅通。占领琅琊后，晋军继续溯沂水而上，进至今沂水县，从这里开始进入山林地带。这条山路最关键的是大岘山天险，春秋战国时有齐国重镇穆陵关，当年齐国人修筑的长城还在山间蜿蜒起伏。

远处山林间，不时隐隐闪现鲜卑人的侦察骑兵。他们一直在监视晋军的行程。在山地行军期间，刘裕开始还担心鲜卑人一面据守大岘山、一面坚壁清野。待全军翻过大岘山后，仍未见到燕军主力，遥望山下，田中农人还在晾晒刚刚收获的小麦，刘裕不禁以手指天，喜形于色。

身边将领问他：尚未见到敌军，为什么如此开心？

刘裕回答：军队已经过了天险，回乡路远，士兵们都知道前途只有决死一战，此外绝对没有生还希望；小麦刚刚收割，军队粮食无忧，此战定然胜利！

刘裕选择的进军时机，也是为了能获得敌境刚刚收获的这一季麦子，解决军粮问题。

晋军逐渐将山地抛在身后，向临朐方向开去。

集结在临朐的燕军，是左仆射段晖指挥下的步、骑兵共五万人。获悉刘裕军队即将出山，慕容超不放心，又带着四万步、骑兵赶到临朐。他判断天时正当盛夏酷暑，晋军一路赶来，首先需要解决人畜饮水问题。临朐城东有一条河流——巨洋水，慕容超命宠臣公孙五楼进占水源。

刘裕也派出孟龙符、沈田子两支骑兵先后赶往水源。燕、晋两军在水边展开激战。年仅二十三岁的孟龙符率骑兵冲击燕军，一番鏖战后终于占据水源。孟龙符乘胜追击，单独冲出太远，被上千鲜卑骑兵包围，他挺槊往返冲突，每一次冲击都刺死数人，最终战死。

此时沈田子骑兵赶到，刘钟冲入燕军，奋战抢回了孟龙符的尸体。事后，刘裕命刘钟接替孟龙符的职务。孟龙符是京口人，自幼骁勇，与京口的好斗少年广泛结交，和刘裕是老相识，他和兄长孟怀玉都参与了京口起兵。刘钟和刘裕都祖籍彭城，也是京口建义诸将之一。

饮水和短暂休整后，刘裕命全军整队，向西北方的临朐城开进。

晋军有辎重车四千辆，此时全部开到队伍两翼，一辆辆首尾紧密相连。朝外一侧车厢上竖起提前准备好的木墙，木墙不足就拉起布幔，成为保护在步阵外侧的一道运动城墙。驾车者在车上持槊而立，准备对付冲来的敌军。步兵在车墙中间以整齐的队列开进。骑兵则在车墙外巡视警戒。这是刘裕迎击鲜卑铁骑的新创举。

行进到距临朐数里之遥，站立车上的晋军首先看到了源源不断冲出城门的鲜卑具装骑兵：人、马的铁甲上都绘着黄、红、黑相间的虎皮花纹，马甲边缘缀饰着鲜艳的流苏穗带，令人胆寒的长槊上也系着五彩丝绦，随着疾驰的战马飞扬飘曳。他们不等全军列队，便催马向晋军队伍冲来。

晋军步兵全军戒备，依托车辆的掩护，用弓弩、刀矛和鲜卑骑兵展开激战。燕军还在络绎不绝地开出城门、扑向晋军。鲜卑骑兵一次次冲击，都无法突破晋军的战车屏障，却纷纷被车间的晋军扯下战马砍死。

晋军数量不多的骑兵也奔驰在军阵外侧，和鲜卑骑兵交锋对刺。燕军步兵也列队冲来，与晋军正面展开厮杀。刘裕二弟道怜、刘毅堂兄刘藩、伐蜀失败被免职的刘敬宣，此刻都率部与燕军混战在一起。

燕军一队骑兵试图绕到晋军后方攻击。二十三岁的沈林子正领步兵戒备这里，看到敌骑兵冲来，他反而带部下迎头冲上去。六月的骄阳下，晋军士气激昂，在铁马长槊中奋力挥刀砍杀。惨烈的混战持续了一个下午，太阳西斜时还未分出胜负。

晋军一名军官胡藩，最初是殷仲堪部下，后归属桓玄。当初桓玄逃出建康，阻拦在马前的就是他。桓玄败后，他被刘裕召入麾下。此时他向刘裕建议：南燕全军都已投入作战，临朐城中肯定兵力单薄，如能派一支部队奇袭临朐，进占敌后方，燕军主力必将溃败。

刘裕立即采纳这一建议，他命檀韶和胡藩率五千[①]晋军，绕路偷袭临朐。这支晋军先向东南撤入山中。鏖战正酣的燕军以为他们是丧失斗志、逃出战场，没有在意，也分不出兵

---

① 《宋书》卷四五《檀韶传》："(韶)从征广固，率向弥、胡藩等五十人攻临朐城，克之。"此"五十"当为"五千"之误。

力追击。

胡藩等沿山前小路迂回到临朐城下,搭人梯攀上城墙,砍倒了慕容超的龙旗,立起晋军旗帜,他们声称是从海上登陆的增援晋军。城上燕军纷纷溃逃。慕容超此时正带少数燕军坐镇城中,闻讯大惊,单马逃出临朐,投奔正在激战的燕军将领段晖。

看到临朐城头飘扬起晋军旗帜,刘裕敲响了总攻战鼓。燕军以为真有晋军从海路赶来,占领了后方,顿时士气大落,都四散奔逃。晋军乘着夜色追杀,斩燕军大将段晖等十余人。临朐城中堆积如山的燕军辎重,包括慕容超的御辇、玉玺、全套皇帝仪仗,都成为晋军的战利品。

但刘裕的目标只有一个:刚刚逃走的燕帝慕容超。

后秦的威胁

慕容超和鲜卑败军连夜逃回广固。第二天清晨,晋军追兵也赶到城下,攻克外城。来不及逃入内城的鲜卑人都被俘虏,晋军就地将其全部砍死。内城上的慕容超和燕军眼睁睁地看着这一幕,却束手无策。

刘裕指挥晋军驻扎城下,给各部队划分了防守地段,挖土夯筑长墙,准备长期围困广固。由于慕容超把全国兵力集中到临朐,此时南燕各地已无重兵,晋军迅速占领了南燕全境，接管地方郡县政权，就地征收军粮。由于燕境迅速平定，晋军已无需从后方运送粮食补给。

刘裕还从投降者中选拔人才，授予官职，让他们协助治理燕境。鲜卑统治下的汉人都归附晋朝。慕容氏之外的一些鲜卑族人，也开始向晋军投诚。

慕容超从惨败中清醒过来一点，决定派使者去后秦求援。他先派出了尚书郎张纲。有人建议：眼下国运垂危，求援已是十万火急，张纲人微言轻，应该派尚书令韩范入秦求援。慕容超急忙再派韩范组成使团出发。

桂林王慕容镇当初主张在山南阻击晋军，触怒慕容超被下狱。现在慕容超将他放出来，询问对策。慕容镇认为：后秦忙于和叛乱的匈奴赫连勃勃作战，自顾不暇，难以指望。如今败逃回城的燕军尚有数万，应该拿出宫廷中所有的金帛宝物作为赏赐，整军出城再次决战，打破晋军的围困。但慕容超思量再三，不敢出城。

第一个张纲使团趁着晋军围城尚未合龙，潜出城外，匆匆赶到关中，向姚兴报告了临朐战役失败和晋军围困广固的消息，希望秦军火速东下增援，不然，南燕覆亡只在朝夕。

由于慕容超已向姚兴称臣，姚兴在道义上应当援助。而且燕、秦各据东西，互为犄角，晋军一旦灭南燕，后秦面临的威胁会大大增加。所以姚兴派步、骑兵一万先赴洛阳，会合那里的驻军，一起东下救援南燕。

得到姚兴的保证，张纲急忙回燕复命。东归路上，他遇到了迎面而来的韩范使团，向韩范告知了姚兴的承诺。韩范大喜，但他还要继续入关，和赴援的秦军一起返回南燕。

张纲东行到泰山郡，被驻防晋军俘获——此时晋军已经控制了南燕全境。广固城下的长墙也已经合龙，墙高三丈，墙下又挖了三道深壕。广固彻底成为孤城。晋军砍伐了大量树木，开始制造攻城设备。

此时燕军还指望秦军来援，尚未完全丧失希望。有燕军在城上嘲讽高喊：你们不是张纲，怎么会造攻城器械！原来，张纲正以擅长工程、制造器械闻名。

张纲被送到刘裕军中，他愿意投降晋军换取性命。刘裕让张纲登上一辆楼车，绕城高呼："羌人刚被赫连勃勃的匈奴军打败了，无法来援！"他还着手为晋军设计各种攻城器械。

广固城内士气已经低落，汉人官员和士兵纷纷寻机出城投降。东晋后方每次有使臣和援军开到，刘裕都悄悄派部队前往迎接，待第二天一起举旗鸣鼓进入军营。城上燕军看到，都以为晋军在大量赶来增援。黄河以北、北魏境内的民众，也纷纷渡过黄河、负粮持兵赶来投奔。

慕容超丧失斗志，派人和刘裕谈判，提出割大岘山以南之地归晋，并交出一千匹战马，双方罢兵，被刘裕回绝。

围城进入深秋，一个来自后秦的使团到达战区，给刘裕呈上了秦帝姚兴的一封亲笔信。

刘裕现在已经自学到基本识字，他没有叫下属帮忙，自己打开信看。姚兴在信中说，慕容超的燕国已经归附我秦朝，受我保护，晋军不得擅自灭亡燕国，现在秦军十万铁骑已经开到洛阳，如果晋军再不退兵，秦、晋之间将发生大战……

看完书信，刘裕招呼秦使走近说："你回去告诉姚兴，我灭燕之后，养兵三年，然后将进取洛阳、关中。今天如果姚兴胆敢救燕，就请他速来，我正好把两件事一起办了！"

刘穆之听说有秦使来见刘裕，急忙赶到刘裕帐中，秦使已经离去了。刘裕将对话告诉刘穆之。刘穆之感觉事态严重，抱怨说："平常无论大小事务，您都和我一起谋划。这种大事怎么能轻率回复！这种大话不但吓不倒姚兴，反倒会惹他愤怒。如果广固未克、羌兵又来，我们怎么对付？"

刘裕笑了笑回答："这是兵机，你不了解，所以没有通知你。兵贵神速——如果羌人真要出兵，只会担心我军发觉，怎么会先遣使声明？所以这肯定是故作声势。如今姚兴能顾上自保就不错了，怎么还能来救人！"

果然，就在上个月，姚兴亲自率军进攻赫连勃勃，大败而归，关中处于匈奴人威胁之下。姚兴急忙派使者追赶增援慕容超的秦军，命他们尽快回长安，这支军队已经开到了河南洛阳，又掉头西归。张纲欺诈之言居然成真。但姚兴不甘心南燕被刘裕吞并，就派使者送信进行恫吓，却被刘裕识破。

南燕的韩范使团随秦军行至洛阳，又眼看着秦军受命班师回长安，不禁仰天长叹："天命是要灭燕了！"他想率使团赶回广固，行至燕境，却发现都已被晋军占领，陷入进退维谷之境。他的一名部下主动投奔了刘裕，并向刘裕推荐说，韩范是南燕文臣之望，如能招降，肯定可以争取广固人出降。

刘裕于是命幕僚给韩范发信劝降，承诺任命他为晋廷的散骑常侍。这是朝廷门下省的职位，在皇帝身边担任顾问，高贵清要，历来只有高级士族才能担任，跟随刘裕起兵的诸将也难以获此殊荣。

收到刘裕书信，韩范一行有不同意见。有人劝他投奔后秦。韩范思考一番后说："刘裕起自布衣，诛灭桓玄、兴复晋室；如今举兵伐燕，所向无敌，大概是有上天之命，人力难以挽回。燕国灭亡后，下一个定然是秦国。我这次如果投奔秦国，难免还要受一次亡国之辱。"于是他下决心投向刘裕。

刘裕和韩范同乘一车，在城下巡视。城上燕军看到，知道秦援兵彻底无望了。

天气进入隆冬时节，战场被大雪覆盖。围城已经持续了半年，城内人缺少粮食，体质虚弱，越来越多的人患软脚病，瘫痪不能行走。有传闻说，这是因为晋军断绝城内水源，堵塞了淄水上游的五龙口所致。据说当年石虎进攻割据此地的曹嶷，便有术士献此策；后慕容垂在此攻段龛，亦是如此。这次同样是有术士给刘裕献计，南燕已难逃覆亡命运。负责管理朝廷档案的兰台令张光劝慕容超出降。慕容超怒不可遏，亲手挥刀砍死了他。

慕容末路

双方在围城中迎来了新的一年。南燕君臣都在城头坚守，新年的朝会也在城楼上举行。慕容超下令杀死瘦弱有伤的战马为食,给将士们庆贺新春,还宣布给文武臣僚普增官爵。

慕容超和宠姬魏夫人在城楼上凭栏而望,看到晋军营阵层层相连,围城壁垒森严,正在大规模修造的攻城设备即将完工。因守孤城的时日不多,两人相拥而泣。

这个二十六岁的英俊鲜卑青年,生于乱世,长于敌国,前二十年受尽人间磨难,却忽然遭逢帝业,经历了数载恣睢快意的君王生活。他的厄运正如他的帝运一样,来得如此突然、意外,天意般不可挽回。

鲜卑人为这个历尽人世变故的青年咏叹歌唱:[1]

> 慕容攀墙视,吴军无边岸。我身分自当,枉杀墙外汉!
> 慕容愁愤愤,烧香作佛会:愿作墙里燕,高飞出墙外。
> 慕容出墙望,吴军无边岸。咄我臣诸佐,此事可惋叹!

"枉杀墙外汉",是晋军攻克外城时的屠杀。慕容超在城上徒然坐视,无可措手。"咄我臣诸佐",围城危局下,他手下的文武百官也同样无计可施。至于慕容超曾在城内烧香做佛会、祈祷解脱之事,则为史书失载。他也许真的曾与魏夫人祈愿,祈求化作燕子,飞离这纷繁血污的人间。

但这个春天,燕子从南方归来时,他却已经成为战俘,

---

[1] 《乐府诗集》载此诗名为《慕容垂歌辞》,诗前小传引《慕容垂载记》,以其爵为吴王,诗中又有"吴军",遂认为是歌咏慕容垂之作。但前燕的封爵与所领军队无关。慕容垂为吴王,其领兵士卒却非"吴军"。此"吴军"为鲜卑人对晋军的称呼。且此诗内容是写慕容氏被吴军围困于城中。整个十六国时期,慕容氏被晋军围城,仅有广固战役一次。故此诗内容是歌咏慕容超。至于其《慕容垂歌辞》的题目,或是后人误传,或是曲牌名,与内容无关。

被押赴从未到过的水国江南,在万众围观中被送上刑场。建康市民、商人、学徒、奴婢、挎篮子的主妇、拄杖老人和追逐打闹的孩子,都会聚集来观赏这个胡虏首领。他们会为这个青年的英俊美貌所震撼,用一种他听不懂的吴侬软语窃窃交谈,叹惋怜惜。

然后,他的人头被砍下,滚落在湿润的江南土地,再被高高悬挂在城南浮桥畔的高杆之上。在那里他终日远眺,看着脂粉香柔的秦淮河水汇入滚滚长江,又向大海奔腾而去。也许,他会看到心爱的魏夫人,已成晋朝某位军将的姬妾,在侍女的簇拥下,在秦淮河中荡舟而过。也许,她临窗开帘时,会望见他那颗已经风干的头颅,暗拭一掬伤悼之泪,然后回到笙歌帷幕之中。

这一切场景,已经无数次出现在慕容超的梦境中。严冬已经过去,春天在大地降临,万物重新焕发生机——而他,围城之中的鲜卑皇帝,在与那个梦境愈行愈近。

城下军帐中的刘裕,此时却陷入深深的忧思中。

原来,盘踞广州的卢循天师道势力,乘晋军主力北上广固,后方兵力空虚,正在密谋起兵杀回建康。他借鉴了刘裕京口起兵的经验,一方面暗自添置器械,扩军备战;同时偷偷联络晋廷和刘裕身边可以争取的人,准备内外同时发难,一举荡覆晋朝。

刘裕部下的沈氏五兄弟,当初举家信奉天师道。卢循觉得他们可以争取,便派密使混入广固围城军中,悄悄联络沈林子和另一名沈氏成员沈叔长。沈林子闻讯,急忙密报刘裕。

刘裕因此获知了卢循正在策划的这个惊天阴谋。

从广州到建康，再从建康到广固，路途遥远，信使往还，最快也要二三十日。最坏的可能，卢循现在也许已经举兵北上了。北方晋军屯兵坚城之下，师老兵疲，万一后方陷落，或者，不待后方兵起，仅仅是卢循准备举兵的消息一旦传出，晋军和燕军的士气将发生完全相反的巨大变化，后果不堪设想。

沈叔长没有向刘裕报告此事，看来他已经与卢循密使达成了一致。他还数次试探沈林子的立场，试图将他拉入密谋。沈林子只能依违拖延。

刘裕甚至不敢逮捕处置沈叔长。沈叔长确实骁勇善战，但刘裕担心的不是这个，而是他不知道军中还有多少暗藏的天师道徒。一旦触动沈叔长——哪怕他原因可疑地猝死、失踪，都有可能招致暗藏天师道徒的暴动。刘裕现在的希望，是天师道再给他一点点时间，等他攻克广固；再有就是，沈叔长别在梦呓中将阴谋泄露出来。

两军都发起了最后决死一搏。

张纲设计的攻城机械都已告成。晋军填平了多处护城河段，潮水般涌向广固城。他们用来撞击城墙的冲车，顶部用坚固的板材构筑，上面覆盖牛皮，减缓被石头砸中时的冲击。城墙上发射的弓矢飞石对它都无可奈何，甚至浇下油脂纵火也难以烧毁。晋兵隐藏在车内，推动巨木做成的撞槌，缓慢、有力地一次次撞击城墙。包覆城墙的砖石崩落，夯土塌陷。巨大的铁爪抛上城墙，在绞车拖曳下将城垛口拉塌。还有比城墙还高大的飞楼，沿着轨道一寸寸向城墙靠近。士兵们站在楼内，居高临下射杀城头守军，然后放下悬梯，挥刀冲上城墙，和燕军展开厮杀。

绝境之中的鲜卑人也在做困兽之斗，一次次将冲上来的晋军又压下城墙。张纲的母亲被鲜卑人悬挂在城头，剥光衣服，一寸寸剥皮肢解。

在城墙毁坏最重的地段，鲜卑人偷偷挖掘了通向城外的地道。二月一日，趁着没有月亮的夜晚，大地漆黑如墨，燕军冲出地道杀入晋军营地，一边纵火，一边砍杀正在睡梦中的晋军。

这个围城地段由檀韶负责，他连忙带领士兵反击。晋军士兵来不及穿甲，衣不蔽体。两军在冲天烈火的熏灼中厮杀对砍。燕军最终全军覆没，但这里所有的攻城器械、望楼都被烧毁。檀韶受到刘裕严厉斥责，并被降职处分。

慕容超已经无法步行。他被人抬着在城墙上巡视战况。尚书悦寿劝他：将士都伤病憔悴，完全丧失了战斗力，外援无望，天命已去，应当考虑后路了。

慕容超回答："我宁可挥剑而死，不能衔璧而生！"

二月四日夜间，刘裕召集军官开会，宣布明日发起最后总攻，无论付出多大代价，也必须攻下广固。

将领们大都显出为难之色。有人质疑：明天是丁亥日，历书上是"往亡"之日，兵家大忌，不利行师。刘裕回答："我往，敌亡，怎么会不利？"

晋将正在踌躇议论之间，一只巨大的黑鸟忽然飞入军帐，扑打着翅膀四下冲突。众人一时愕然心惊。卫士急忙扑住了这只大鸟。它形体如鹅，通体灰中带黑。现在已是雁、鹅向北迁徙的时节，但尚未有人见过苍黑色的大雁或天鹅。占书载："鸟集军中，莫知其名——军败。"[①]众人疑虑中，又是胡藩站起来："苍黑是北方胡虏之色。如今为我所获，明日一定大胜！"

次日，围城晋军从四面开始了总攻。混战中，檀韶最早率部冲上城墙，挥舞着旗帜顶住了燕军一次次冲击，逐渐向两侧推进。其他城段的晋军见状，也振奋精神，纷纷登城。悦寿此时打开了城门投降，晋军涌入广固城中。

慕容超见大势已去，带数十骑兵乘乱突围而逃，被刘道怜所部骑兵追击俘获。当年刘敬宣等逃奔南燕，和他是旧相识，现在由刘敬宣查看，俘获的确实是慕容超无疑。刘裕责问他为何不早日出降，慕容超仍神色自若，他没祈求生路，只是托刘敬宣代自己赡养老母。

广固坚守八个月不下，晋军早已对之恨之入骨。刘裕下令屠城，将所有女子分给战士做赏赐。韩范劝他：城中汉人数量不少，归附鲜卑属不得已；再者，如果这次屠杀太过，今后再北伐必然阻力很大。

刘裕思考后觉得有道理，但还是坚持将宗室、王公以下的三千余名鲜卑军人斩首，其实更多的人已经在晋军克城之初被杀了。鲜卑家眷都成为晋朝官府的奴婢。慕容超也被加急送往建康斩首，以宣告北境彻底平定，安定后方人心。

[①]《艺文类聚》卷九十引《抱朴子》。

然后是安排占领区事宜。南燕占据的是青州故地，现在成立北青州，和江南侨立的青州相区别。广固城被拆毁，在它的东侧、晋军营盘之地，营建了北青州新治所——东阳，羊穆之被任命为刺史。以前他曾驻扎彭城，抗击过南燕和北魏的进攻。降晋的韩范、封融都被任命为郡太守。檀韶改任琅琊太守，驻防北青州与建康间的要道。

攻克广固后，还没收到卢循起兵的战报，刘裕心中稍感踏实一些。他最担心陷入两线作战的局面。只要鲜卑已灭，卢循也难翻天。所以刘裕在北方又停留了二十天。

就在这二十天内，卢循率天师道徒起兵了。

第八章 天师道再起

- 跨岭奇思
- 何无忌战死豫章
- 刘毅兵败桑落洲
- 死守建康
- 艰难转折
- 江海齐举

跨岭奇思

天师道此次举兵，主要是因为卢循的姐夫、始兴太守徐道覆的坚持。看到刘裕伐燕陷入僵持，徐道覆给卢循写信，建议起兵直取建康。卢循已经安于做个广州刺史，事实上的岭南割据者，对这个建议不感兴趣。

徐道覆亲自赶到广州城内劝导卢循："岭南是暂时落脚之地，难道我们的子孙也要永待在这里？原来我们担心打不过刘裕，现在他被鲜卑人拖住了，南回遥遥无期。我们的信众都是江浙人，思乡心切，士气旺盛，对付何无忌、刘毅之辈易如反掌。而且，朝廷一直视我等为腹心之患，如果在这里坐失良机，待到刘裕灭燕归来，稍事休整，率军南下，发诏书调您入京，恐怕您无法抗拒。现在机会难得，如果能攻占建康，控制朝廷，刘裕即使班师南归，也只能束手就擒。"

卢循还是不想冒险。徐道覆威胁要独自起兵，率始兴的部下北上。卢循只好迁就答应。

天师道军的优势是水战。一般人都猜测他们会沿来路、循海杀回江浙。但徐道覆另有打算：他要从广州北上，直入长江。

沿流经广州城的北江而上，抵达徐道覆驻扎的始兴郡以后，再向北就是高峻崎岖的南岭山脉，珠江和长江流域的分水岭。按照分工，徐、卢两人将各自率军翻越南岭：徐道覆向东北，进占南康郡，从那里顺赣江而下，进占江州；卢循

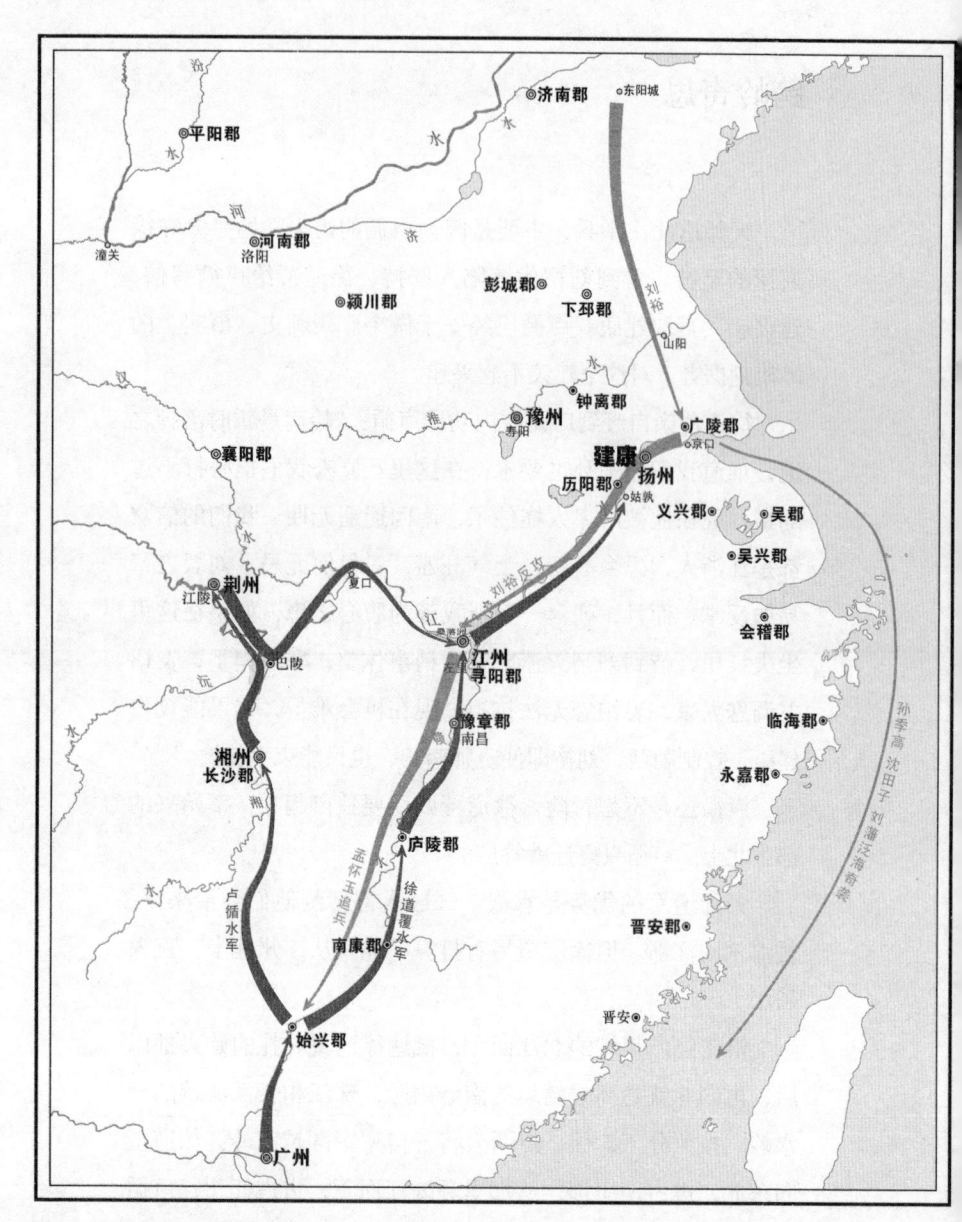

【图7：卢循广州起兵示意图】

向正北，攻占湘东郡（今湖南衡阳），再顺湘江而下，进占荆州。如此，东西两路齐下，平定长江流域指日可待。

自进占岭南后，徐道覆就在为此做准备。岭北已属荆、江二州，是朝廷控制之地。他经常派人扮作商人，越岭到南康郡砍树伐木，制作造船板材，声称准备贩运到下游。完工后，又改称本钱不够，无法远行，在本地廉价出售。南康人贪图价钱便宜，都出钱购买，穷人家甚至为之变卖衣物用具。

赣江上游石多水急，行船不便，这些板材也不易贩出，都积存在当地人家中。徐道覆如此举动数次，南康郡内积存了大量船板，当地官民也未起疑心。

卖船板时都有账册。如今徐道覆起兵进占南康，按账册勒令居民交出，没人能够藏匿。用这些板材，徐道覆在南康全力制作舟舰，十余天就全部完工。然后登舰浮赣江而下。庐陵（今江西吉安）、豫章（今江西南昌）的晋军和地方官猝不及防，都弃城逃命。

天师道起兵的战报传到建康时，朝廷尚不知广固已攻克。诏书急命刘裕回援。

刘裕还未敢公布卢循起兵的消息。二十六日，他率晋军班师南归。行至下邳后，才将此消息通报军中，同时命处死沈叔长。[①]下邳回京师水路便捷，但舟行缓慢，刘裕留下伤兵，让他们乘船返回，自己带军队步行兼程而进。

[①] 《宋书·自序》载："初，循之下也，广固未拔，循潜遣使结林子及宗人叔长。林子即密白高祖，叔长不以闻，反以循旨动林子。叔长素骁果，高祖以超未平，隐之，还至广固，乃诛叔长。"按，此"还至广固"有误，以当时局势推断，应为下邳。

何无忌战死豫章

江州刺史何无忌驻扎的寻阳城,正在赣江入长江汇合处。他得知天师道军从上游杀来,急忙集结州军准备征讨。

有僚属劝他:卢循所部多是浙东道徒,历经多年战争,战斗力很强;如今又补充了岭南蛮人,且占据顺流之势,不易对抗。不如固守寻阳、豫章二城,可以万全。

这是东晋士族最习惯的缩头策略,苟且自保,贻患于人,坐待时变。但这不是军人何无忌的风格。如今豫章城的存亡尚未可知,何谈据守?他率部登舟溯赣江而上,三月二十日,与天师道军相遇于豫章城下。

天师道军擅长造船,驾驶的都是多层高楼的大舰,何无忌晋军所乘都是小船。双方渐近时,晋军首先遭到了埋伏在西岸小山上敌军弓弩手的密集射击。晋军小船多无甲板,士兵暴露在箭雨下,只能用盾牌遮挡。不断有人中箭,士兵开始惊慌。

随后又刮起猛烈的西风,晋军小船都被吹拢到东岸。天师道军乘机用大舰撞击,晋军小船纷纷倾覆。有能侥幸靠岸的,士兵都弃舟逃生。眼见败局已定,何无忌不肯逃命。他命人取来象征皇帝特使身份的节杖,手执指挥战斗。直至他的座船被敌军大舰围困,数十名天师道军持刀跳到船上。何无忌手握节杖,搏斗至死。

驻扎姑孰的豫州刺史刘毅获悉,也准备率舟师进战。但他忽然患病不起。徐道覆军乘胜进占寻阳，扼断长江。

在西线，卢循也建造了舰队，一路顺湘江北进，与赶来阻击的荆州刺史刘道规会战于长沙。荆州军战败，刘道规逃回治所江陵固守。卢循进占湘江与长江交汇口的巴陵城。从此，长江上下游荆、扬二州之间的联系被掐断。

何无忌败讯及刘毅病重的消息传至建康，再传至刘裕军中时，刘裕正率部行至淮河边的山阳。他闻讯大惊，留下主力继续行军，自己带主要军官和数十骑兵火速赶路，于四月一日回到建康。

此时荆州消息已断，朝廷都猜测已经失陷，天师道军完全占据了上游。建康处在一片惊恐中，不少朝臣认为应该迁都淮北避难。刘裕的到来稍稍稳定了建康人心。

获悉天师道尚未东下，刘裕下令解除戒严，缓解惊恐的气氛。天师道在各地耳目众多，过度紧张反而会诱使他们急于东下。刘裕现在需要时间，等待北伐主力返回建康。

刘毅兵败桑落洲

此时，刘毅病势缓解，上表朝廷准备西征。刘裕忙给刘毅发信，让他等自己集中兵力、修造船舰，再合兵进剿，方为万全之策。毕竟自己与天师道军作战多年，熟悉其战术策略。刘裕知道刘毅担心有人争功，还在信中承诺：待到合力平定卢循,豫、江二州将都归刘毅管辖。

随后,刘裕派随自己征伐南燕的刘藩前往送信,并当面劝止刘毅。刘藩是刘毅的堂弟。

刘毅见信果然大为不满。他认为刘裕是不想看到自己战胜立功,有意压制。刘藩向他转述了刘裕的话,刘毅将书信摔到地上,怒道:"寄奴他能有今天,不过是我当年一时推戴而已。你就以为我真的不如他?"他动员豫州全境,集合了二万部队,登船向长江上游驶去。

此时,卢循西攻江陵城,被刘道规击败。他命徐道覆赶来增援,一起攻占荆州。徐道覆受命,正沿长江向上游进发,忽然获悉刘毅军队赶来的消息。他急忙报告卢循,说刘毅此来兵力众多,需合力迎战,如果此战克胜,晋军主力彻底断送,不愁荆州不平。

卢、徐之间的默契要好于二刘(裕、毅)。卢循闻讯,立即率部与徐道覆会合,浮江而下。此时的天师道军已有战舰上千艘、士兵十余万人。舰队中还有九条巨舰,这种巨舰有八个独立的密闭舱艚,甲板上建四层楼,高十二丈,是天师道军的水战利器。

五月,刘毅舰队进至寻阳附近,驻扎在江中的桑落洲上。卢循舰队顺江而下,一举将刘毅舰队冲散。晋军看敌军过于强大,都丧失斗志四散逃命。刘毅弃船逃到岸上,带数百人步行向建康方向逃命。出征官兵陆续逃回的,仅有十之二三。其余大都成为俘虏,所有舟舰、物资,都成为天师道军的战利品。

卢循等前些天已听说刘裕平定南燕、回到建康的消息，但还不太确定。待到击败刘毅，审问战俘，才得知此事为真，他和徐道覆都感到有点为难，因为刘裕是最难对付的对手。关于下一步举动，卢循想回师占领荆州，稳据上游。徐道覆则坚持应乘胜直进建康。两人在争执中浪费了数日。最后，卢循才同意了徐道覆的方案，起兵向下游进发。

建康人在忧惧中等待着上游传来的战报。他们看到的却是顺流漂下、布满江面的破碎船板、肿胀腐臭的尸体——都穿着晋军的军服。有败兵乘船漂流而下，他们说起天师道军声势浩大，舰队连绵上百里，都心有余悸。

京师再度陷入恐慌。此时建康驻军只有数千人。征讨南燕的军队在陆续返回，首先抵达的居然是乘船的伤兵，他们赶上了顺风，昼夜兼行，反倒比陆行的主力军走得快。伤残军人们互相扶持着，蹒跚涌入城中。看到这种惨状，建康人更加惊惶丧胆。

刘裕向朝廷引咎自责。孟昶、诸葛长民重提迁都之议，要携晋安帝迁居江北避难。刘裕不从。孟昶多次重提此议，刘裕说："如今接连战败，民心惊恐，朝廷一动就会土崩瓦解，怎能到江北？即使能到，不过是苟延数日而已。如今兵力虽少，还足以一战。如能克敌，君臣同幸；如果失败，我立下誓言，宁可战死太庙之下，也不会逃窜求生。你不必再劝！"

孟昶与刘裕争执不下，一时负气，他认定此战晋军必败，向朝廷请求治罪处死自己。刘裕怒道："你应该等着和卢循决一死战。到那时再死不迟！"

孟昶却回家写下给朝廷的上表:"刘裕北伐前,众人都不同意,只有臣支持。如今致使强贼乘机作乱,社稷危难。这都是臣下之罪,只有一死以谢天下。"封好上表后,他服毒自尽。

大敌当前,刘裕急于招募战士。他发出重金悬赏,声称有投军建功的,按京口建义功臣之例给予封赏。

不管刘裕如何决心力挽狂澜,失败的阴云已经密布建康上空。

死守建康

建康城所在的地形,西面是长江,临江是一些断续起伏的小山,南有秦淮河汇入长江。刘裕把主要兵力部署在建康城西的石头城内。这是一座依小山而建的营垒,西临大江,南对秦淮河入江之口,既可以防范敌军直接在江滨登陆,也可以扼守河口,防止其舰队开入秦淮河。

有人担心,将全部兵力集中在石头城,是否过于冒险,刘裕则认为,如今兵少,如果分驻各处,容易被敌暗探侦察知底细,不如集结在一处,令人难测多少,且临战便于指挥调动。

晋军大量砍伐树木,在秦淮河口打下木桩,阻碍敌舰驶入河中,还从石头城开始,沿着江岸和秦淮河南岸构筑起一道木栅栏。

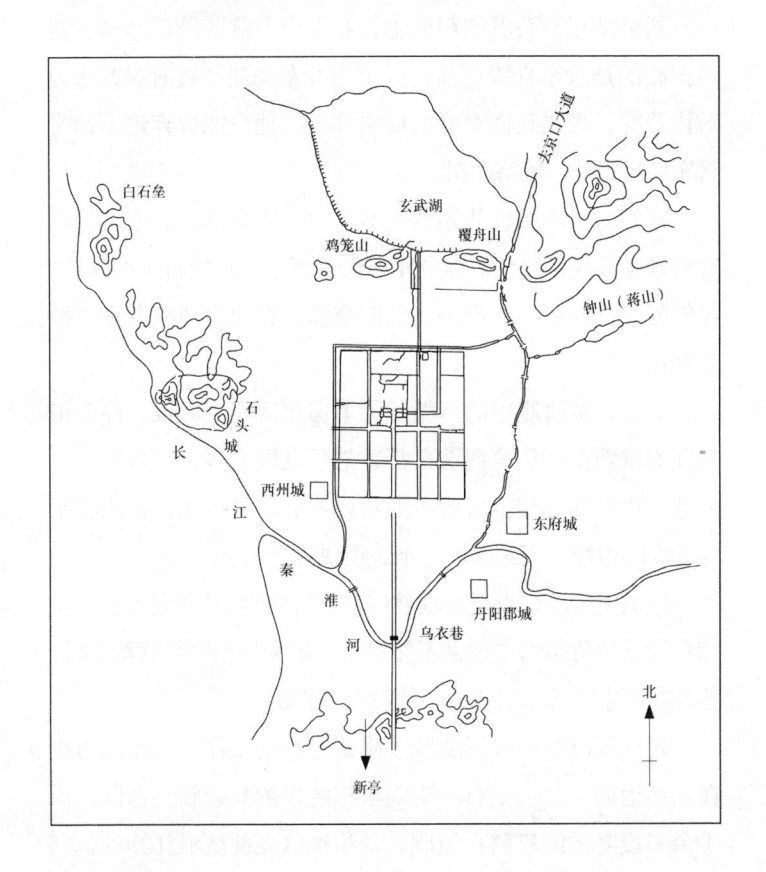

【图8：建康城防示意图】

刘毅兵败后第七天，卢循舰队出现在建康江面上。

刘裕站在石头城的望楼上，看着卢循舰队蔽江而来。他最担心的是敌军直接登陆，寻求与晋军决战。目前双方兵力对比悬殊，难以正面交锋。如果那样，他只能放弃建康，带晋军向后退避，等待战机。

开始时，卢循舰队果然向秦淮河口方向开去。僚属们看刘裕紧张得变了脸色。但敌军可能看到了河口内打下的木桩，又转帆驶向江心的蔡洲岛，驳舰登洲，在上面建立营寨，准备驻扎。

原来，是旗舰中的卢循和徐道覆再次发生异议。徐道覆想在秦淮河南的新亭码头登岸，然后焚毁舟舰，与晋军决一死战。卢循却不想再冒险，他听说孟昶已经自杀，猜测晋军内部人心惶惶，大兵压境之下，很快就会崩溃。

徐道覆争不过卢循，愤然叹息："卢公早晚要误大事！可惜我没遇到英明的主公，不然早已平定天下！"扎营蔡洲后，他几次要求带兵登陆决战，都被卢循否决。

趁这段时间，晋军加紧了修筑栅栏的工作。伐燕主力也在陆续返回，这当中有一支刘敬宣统率的具装骑兵部队，由千余名投降的鲜卑骑兵组成。刘裕让这支部队沿江奔驰，向敌军示威。天师道军人纷纷站在洲头和船舷观看。江南人历来怕北方的铁甲骑兵，鲜艳的虎纹铠甲和森然如林的长槊，果然造成了极大震撼。

兵力增加后，晋军又在沿江和秦淮河畔修筑了三个营垒，防御天师道军登岸。刘毅也带着百余残兵逃回了建康。他们一路辗转，穿越荒山中的蛮人聚落，历经饥困九死一生。刘裕又给他恢复了职务，添置部属。

为了突入秦淮河，天师道军十余艘大舰开到河口，放下小船，试图拔掉河中的木障。刘裕命弩兵部队埋伏在河岸，待小船驶近时一齐射击，天师道士兵纷纷中箭落水。这种弩力量很大，小船的船板也能一箭洞穿。刘裕的一个外甥刘荣祖箭法极准，每箭都能射死一名敌军。天师道军只得放弃了摧毁木障的企图，驶回蔡洲。

两军隔江对峙之中，天师道军中却有一艘小舰悄悄脱离舰队，向石头城方向驶来。晋军都紧张注视着这只扬帆单行而来的舰船，以为是卢循派来劝降的使者。它靠岸后，首先下船的，居然是曾参与京口起兵的年轻晋将朱超石。

原来，他的兄长朱龄石随刘裕征南燕时，他正在江州何无忌部下，何无忌战败时他被天师道军俘获。卢循知道他文武双全，任命他做了自己部下的军官。朱超石却暗中争取同船之人，寻机投奔晋军。刘裕得知大喜，向他询问了何无忌当时的战况，以及天师道军中的情况，让他在军中继续带兵。

卢循看突入内河无望，遂用徐道覆之策，命军中老弱都登上军舰，扬帆驶向建康城北的白石垒码头。刘裕以为敌军要从白石登陆，急忙率主力开出石头城，赶往白石。刘毅及驻防城北的诸葛长民，也率部向白石集中。

这是天师道军的一个佯动。看到晋军都向城北开去，徐道覆率精锐部队乘小舰悄悄进向秦淮河南。他们摧毁了江边的木栅栏，登陆占据新亭码头，悄悄在林间设伏，并派出一支小部队向守军挑战。

刘裕北上时，留徐赤特、沈林子、刘钟带不到两千士兵，防守秦淮河南岸的木栅，并叮嘱三人：如果敌军趁机来攻，必须坚守木栅。现在看到天师道军列队开来，徐赤特要率部出击。沈林子阻止他说："敌军本来都已开向白石，却忽然从南来，肯定是声东击西的战术。我等兵少，仅够防守栅栏，等主力回师再战不迟，何必冒险出阵？"

徐赤特不从，他认为天师道主力已赴白石，这里出现的都是弱军，正好一战，遂率部出栅迎击。天师道伏兵一齐杀出，晋军顿时被杀死上百人，余众急忙溃逃。徐赤特乘上一条小船，独自逃回秦淮河北岸。沈林子和刘钟集合溃败晋军，重新列队固守木栅，顶住了天师道军的进攻，又将其压退，战斗中刘钟受重伤。

徐道覆看到首轮攻势受挫，但他判断这个方向的晋军不多，应全力突击，遂又选调数千名精锐敢死士进行第二轮冲锋。晋军侦候看到天师道军再度整队进发，急忙报告沈林子。

天师道军从南来，必须经过南塘之路。南塘是秦淮河南的一片巨大水泊，遍生莲荷，每年夏季荷花盛开，秋天莲蓬累累，"采莲南塘秋，莲花过人头"，是建康士女在此游赏咏歌之作。沈林子知道自己兵力微弱，难以和敌军对抗，但穿越南塘只有一条堤路，如果扼守此路，双方能正面接战的不过百十人，其余的都拥挤在后无法施展，于是他率部下赶赴南塘堤路，死死堵住了天师道军。

刘裕赶到白石后，发现敌舰逡巡江中，不肯靠岸，知道中计，急忙率部往回赶。到达石头城时，他得知沈林子已与敌接战，于是命令士兵解甲休息，洗澡用餐。晋军奔驰半日，都疲惫饥渴不堪，此时才稍稍恢复体力。

然后，刘裕率兵南行，冲过秦淮河。远远看去，青青荷叶、朵朵莲花间的塘堤上，沈林子部正和天师道军苦战厮杀。战线之后，天师道军的队伍绵延数里，兵器铠甲在太阳照耀下闪闪发光，都在摩拳擦掌等待与晋军决战。

刘裕命全军整装列队。徐赤特被押至阵前，历数违令出战、弃军逃命之罪后斩首示众。朱龄石受命率军增援沈林子，他指挥一支千余人的鲜卑步兵开上堤路，武器是对抗骑兵的长槊。天师道军大都是短兵器，适合水战时在船舱内砍杀。朱龄石部列成密集的队列，长槊如林而进。天师道军未能靠近就被刺死。双方在狭窄的堤路上苦战至日暮，天师道军被一点点压制后退，最终丢下数百具尸体，逃上舟舰撤退。

艰难转折

此后，两军都不敢贸然进攻，相持近两个月。

刘裕不能进攻，是因为缺少舟舰。天师道军控制沿江，晋军无法修造舰船。刘裕试图从陆路插入天师道军后方。他派魏顺之从陆路沿江南行，进占卢循军控制的历阳城。晋军偷袭历阳成功后，又遭遇天师道军反击。魏顺之不顾城内还有晋军，一路逃奔回建康。刘裕大怒，下令将魏顺之斩首。

魏顺之和其兄魏咏之，都是曾参与京口举义的功臣。此举大大震慑了功臣诸将，没人再敢贪生怯战。刘裕又派庾悦为江州刺史，命他从陆路西进豫章，扰动卢循后方。

六月，朝廷授予刘裕太尉职务。刘裕辞让不受。太尉在此时已没有实际执掌，但它和大司马、司徒合称"三公"，与丞相一起是人臣的最高职衔，以往只有皇室和高级士族才能担任。此时刘裕纲维晋朝的功业，已经没人能质疑了。

两军相持之中，卢循曾试图攻击京口及沿江城邑，都未能得手。他和徐道覆商议，如今兵士疲惫，斗志不振，不如回师寻阳，休整军队后进占荆州，慢慢对付刘裕。七月，天师道军焚烧了蔡洲营寨，溯江驶回寻阳。

看到卢循退走，刘裕命令王仲德、刘钟等率南燕降兵为主力的步骑兵混合部队，从陆路西进追击。此时晋军舟船数量有限，刘裕命全力制造军舰，准备与天师道军决战。同时集中目前所有舟舰，由孙季高、沈田子带领三千士兵，从海道远袭广州。

诸将都认为海路遥远，目前兵力不宜分散，且出征兵少，未必能克广州。刘裕坚持此举。他秘密嘱托孙季高，在沿途州郡征调兵力、船只，同时计算好行军时间，待到十二月时，晋军主力将在长江上击败卢循，届时孙季高务必要占领广州，断绝卢循后路。

此时，荆州已数月未得建康消息，以为下游都被卢循占领，人心动摇，陆续有人起兵响应天师道。刘道规曾派舟师下江，试图解救建康。行至寻阳时，被天师道留守的苟林军击败。卢循获悉，命苟林乘胜进占荆州。

割据蜀地的谯纵也试图趁火打劫。他向后秦索要了在那里避难的桓谦，让他带兵进入荆州。荆州是桓氏故地，旧部很多，桓谦沿路召集，很快就收集了两万人马，进抵江陵以西的枝江。苟林也溯流进至江陵东的江津城。东西两支敌军，距江陵都不到百里之遥。

江陵人闻讯更加惊恐。刘道规集合所有僚属将士，向他们声明："桓谦军已逼近。听说本地诸贤都想投奔他。随我来此的东方将士很多，足以成事。如果有想离去的，我不禁止。"他命令夜间大开城门，城中人可随意离去。众人畏服他的胆略，几乎没人离开。

此时，驻守襄阳的雍州刺史鲁宗之率数千士兵赶来增援。鲁宗之与刘裕、刘道规诸人无甚渊源。他本是桓玄部下一名太守，桓玄退守荆州时，他起兵参与攻灭桓玄，被刘裕任命为雍州刺史，一直驻扎襄阳。有人怀疑他此来动机可疑。但刘道规出城迎接，单马上前与之交谈，勉慰鲁宗之的忠心，使他非常感动。

刘道规留鲁宗之驻守江陵防范苟林，自己率部迎战桓谦。桓谦横舰江面，步骑兵列队江岸迎战。刘道规率晋军进击，所部檀道济首先杀入敌阵中。桓谦大败，他试图乘船顺江投奔苟林，被晋军截获斩首。

道规军在桓谦军帐中缴获了大量书信，都是江陵想投靠他做内应的人所写。刘道规不看这些信件，命当众全部烧毁，江陵人心大为安定。他又率师进击苟林部,苟林见势不好转舵东逃。刘道规命部下追至巴陵,击败这支天师道军,阵斩苟林。西线局势开始转危为安。

江海齐举

十月,建康舟舰陆续建造完毕,其中很多十余丈高的巨大楼船。刘裕要凭借这支强大的水师彻底荡灭天师道。刘毅多次请命挂帅进击卢循。刘裕部下秘密建言,不宜再使刘毅建功、凌驾诸人。刘裕听从,任命刘毅留守建康,负责一切后方事务,自己率军溯江而上。

刘裕进军时,上游正在相持的卢循和刘道规还都不知晓。卢循派徐道覆率三万军队再征荆州,已进至江陵城下。荆州传闻纷纷,说卢循已尽占下游,控制朝廷,这次是派徐道覆来担任荆州刺史的。荆州士民感念刘道规焚书之恩,决意死战。刘道规率军出城迎战,大败徐道覆军,斩首万余,其余天师道军都被赶入江中淹死。刘裕从陆路派出的部队,此时也一路转战到达荆州。刘道规等这才获悉下游无恙。

但刘裕此时也还不知荆州的存亡。他率水军驻扎寻阳城东百余里的大雷(今安徽望江县),一面督促江南从陆路西上的诸军,一边计算着孙季高克定广州的时间。江州刺史庾悦已陆行进占豫章。王仲德攻占宣城,然后与江中的刘裕主力会合。卢循的控制范围，已被压缩至寻阳一隅。

但刘裕不想过早发动决战。他担心卢循兵败绝望，南逃广州老巢。如届时广州尚未克复，卢循坚守岭南，战事还要拖延许久。

十一月二日，浮海而下的孙季高、沈田子舰队出现在广州外海，适逢海上大雾，晋军秘密登陆，潜行至城下，一举攻克广州城。孙季高一面搜捕天师道徒，一面派部下占领广州全境。被天师道占据十年之后，广州再次易主。

寻阳的卢循也一直在组建军队、修造战船，弥补徐道覆失败造成的损失。看刘裕迟迟未发起总攻，他又感觉晋军可能怯战，局势有转机，遂决心东下与刘裕决战。此战若胜可进趋建康；即使不利，也可寻机顺流入海，继续占据海岛。

十二月二日，卢循、徐道覆大军数万浮江而下。刘裕军也列好舟舰迎战。为防范敌舰乘乱东下入海，他还命王仲德带二百艘战舰，在下游百里处的吉阳（今安徽东至县）江面设防。这里江流狭窄，王仲德将舟舰并列停泊，横断江面。

卢循将主力舰两两连接在一起，形成巨大的双体舰船，想借此冲开刘裕舰队的阻拦，顺流直趋而下。天师道舰队列成密集的队形，顺江驶下，战舰首尾相连，绵延无尽。

刘裕先命一支步、骑兵混合部队登上南岸，进占沿江小山（今江西彭泽县马当镇沿江之山），然后命轻型战舰列队在前，准备迎击。刘裕亲自提着战鼓、拿着令旗爬上楼船顶层指挥战斗。军将庾乐生畏敌，登舰不进，刘裕下令将其斩首示众。晋军舰队开始逆流冲向敌舰。

晋军舰上都装有威力巨大的弩弓,射出的箭能洞穿坚厚的船板。先锋轻舰驶近敌舰队后,保持距离不让敌舰靠近,不给天师道军以跳船肉搏的机会,同时以弓弩射击敌军。望楼、甲板上的天师道军纷纷中箭。余众被压制在甲板下不敢露头。

刘裕乘机指挥舰队占据中流,列成楔形队列,借北风将卢循舰队压向南岸。先期登岸的晋军都预备了纵火器具,待敌舰靠岸时投上去。卢循舰队纷纷起火燃烧,浓烟弥漫江天。天师道军为逃生只得跳入冰冷的江水。其他敌舰见状,都转舵向寻阳逃窜。晋军水、陆一齐追杀,至夜方止。

逃回寻阳后,卢循、徐道覆考虑东下无望,东西同时受到夹击,只能溯赣江逃奔广州。为防止晋军追击,他们决定在赣江流入彭蠡泽的水口处据险阻截,击败追兵。此处地名左里。天师道军模仿晋军战术,在江口打下巨木,阻断江面。

刘裕舰队迅速追来。上次未获得参战机会的王仲德此时率部为前锋。当晋军进至左里,水军被木障阻拦。刘裕命全军水陆一起进攻,战舰驶近江口时,刘裕手持的令旗木柄突然折断,令旗飘摇落入水中。部下都觉得这是不祥之兆。刘裕却笑着说:"当年征讨桓玄,决战覆舟山前,令旗就曾折断过。今日又如此,当必胜无疑!"

晋军战船驶近木栅,砍撞开一条水路而上。陆上军队也从两翼合围。天师道军殊死抵抗,还是被逐渐压缩包围,上万人被杀死、淹死,其余都被俘虏。卢循、徐道覆率数千人狂奔逃向广州。刘裕留军追击,自己带主力返回建康。

卢循、徐道覆一路逃奔，翻越南岭后占据始兴城。徐道覆留守此处，卢循继续进向广州。此时，晋军孟怀玉等部自北追来，开始围攻始兴。沈田子、刘藩也从广州北上始兴，但他们和南下的卢循居然擦肩而过，未曾相遇。晋军合围始兴，苦战多日。

此时，卢循已进抵孙季高据守的广州城下，召集旧部开始攻城。天师道占据此地多年，道徒纷纷起兵投奔卢循。孙季高守兵很少，固守近一月，广州危急。围攻始兴的晋军获悉，由沈田子率部回救广州，与孙季高里应外合，一举击溃敌军。

卢循从海道逃奔交州，纠合当地的俚、獠族人，试图攻占治所龙编（今越南河内东）。刺史杜慧度迎战，焚毁了卢循舰队。卢循自感末日到来，决意自尽。他先毒死了妻子和子女，又召集众姬妾，问："谁愿与我同死？"有人表示愿意殉葬，有人则说："鸟鼠尚且贪生，我等当然怕死！"卢循杀死了那些求生的姬妾，投水而死。

杜慧度军打扫战场，打捞起漂浮的尸体，将卢循一家斩首，人头送往建康。孟怀玉等也攻克始兴、斩徐道覆。天师道至此彻底平定。

第九章 故人火并

整顿政治

心腹刘穆之

"二刘"结怨

千里溯江

诸葛长民

进占蜀地

司马休之

411年正月,刘裕从平定卢循的战场凯旋,回到京师。从前年春天出征南燕开始,到去年春奔回建康、迎战卢循,至此已有一年零九个月。这段时间里,他一直处在高度紧张的临敌状态,此时才能安定下来,稍作休整。

此时,"三头"中的何无忌已逝,刘毅因战败声望大减,刘裕在朝野间的声望已无人能及。朝廷再次授予他太尉之职,这次他没有拒绝。他正式成为朝廷宰相,事实上也完全控制了东晋朝政。

整顿政治

回到和平状态的刘裕,开始整顿晋朝内政。和以往一样,他的主要目标,还是惩治士族的怠政和贪腐。

战斗中,对于畏战、违令的军官,刘裕从来都严惩不贷。以往都是无能士族掌握兵权,临阵畏缩、弃军逃命都是家常便饭,事后也都互相因循包庇,无人追究。刘裕固然靠法令和斩首来严肃军纪,但作为从临阵杀敌的下级军官成长起来的统帅,他更多靠的是以身作则。经过他的整顿,东晋军队百年来的劣根性被彻底扭转。整顿政治时,他也秉承了这一治军作风,在身体力行和法令严明两方面都无懈可击。

除了玩忽职守,东晋士族最大的劣根性就是贪婪奢靡。刘裕自己一直保持朴素、本色的生活方式,家居和车马都不用金玉装饰,家中不蓄养乐伎舞女。家居时,他习惯穿木屐,最平常的消遣是踱到建康郊外,在江滨散步。

刘裕办公的府内也从不设金库,一切开支都按度支(财政预算)执行。他掌握朝政的近二十年间,国家处于战争状态的时间远多于和平,但政府财政收支一直保持平衡,极少靠加征赋税弥补军费,更不曾靠增发货币、通货膨胀敛财。而这一招正是他的子孙们屡试不爽的手段。

从战场回建康不久,会稽郡的豪族虞亮因藏匿人口上千被揭发。这是东晋士族最习惯的扩充家产的方式。他们吞并小农的土地,让这些农民成为自己的佃户和奴婢,并把他们从政府户口中注销,不给政府缴纳赋税。刘裕命令将虞亮斩首。会稽太守是晋朝宗室司马休之,也因包庇纵容被免官。

朝廷选拔官员,一个主要渠道是由各地州郡推荐秀才、孝廉人选。秀才要求有文化,孝廉要求品德好,再由朝廷进行文化考试,合格者才能录用。这个制度自汉代开始实行。但百余年来,士族门阀控制了秀、孝选拔,他们的子孙不管有无才干,都可以通过这个名目,不用考试直接做官。刘裕此时向皇帝呈请批准,恢复对秀才、孝廉的考试制度。晋安帝是白痴,但朝廷正式法令还要以皇帝诏命的形式颁布,这是当时的行政程序。

刘裕用人也只看才能品行,而不计其出身,也不计较与自己有无恩怨。当然,他的亲属只要稍有能力,都会位居高官,这是他控制政局的需要。除此之外,他从不用只会阿谀奉承的无能之徒。有人认为跟随他发迹的都是其京口乡党旧部，但刘裕从不介意从旧日敌人中选拔人才，像沈林子兄弟，本是天师道要犯；胡藩是桓玄部属；平燕时招降的桓氏家族，甚至鲜卑贵族段晖，都被他委以重任。这些人在他死后，仍在军、政领域起着重要作用。

经过刘裕整肃，门阀士族已经退居政治生活的边缘。代替他们的，是跟随刘裕作战起家的一批中下层军官。这是自魏晋士族当道二百年以来政治舞台的最大变化。

心腹刘穆之

刘裕自幼失学，文化水平低。在这方面，他最倚重的助理是刘穆之。

地位提高后，刘裕经常主持重要场合，在生活交往和政务中，接触到的士族文化人也越来越多。为适应这种角色变化，他做了很大努力。他的政务文书、重要发言，大都要和刘穆之预先商议，由刘穆之代拟。甚至行为举止、服饰礼仪方面，刘穆之也常为他提供参考意见。

刘裕地位提高后，曾努力学习文化，但还是识字有限，写字笨拙。他的多数文案虽有幕僚代笔，但有些发给外地重臣的机密文书仍需自己写；当时士族上层风气，朋友、僚属间信笺往还，都以本人手写为上。刘穆之劝导他：书法虽是小节，但事关声望，还是应当留意习练一下。

但刘裕事务繁忙,加之天分不长于此,总是无法写好。刘穆之只好教他:"那就索性放笔写大字。一个字一尺见方也没关系。字大就显得气度大,而且体势有力。"刘裕从此照做,六七个字就写满满一张纸。

身为宰相后,刘裕也开始留心学习知识,闲暇时会让人给他读书听,或者让刘穆之等讲述历史上的治乱兴亡、文人士林掌故,他努力记住一些,在公私社交场合做谈资,显示自己不只是一个戎马倥偬的武夫。但这种一鳞半爪的道听途说毕竟有限,难免犯张冠李戴的错误。一般的臣僚即使听出纰漏,也不好意思指正,只好点头依违称妙。

但有一人——刘毅的舅舅郑鲜之,从来不肯放过刘裕的错误。此人出身北方士族,颇有文化,且性格倔强,正担任御史中丞,负责纠察百官。他每次听到刘裕引经据典的破绽,总不客气地当面指出来。刘裕试图遮掩,他更会追根究底说个明白。刘裕经常被他搞得下不了台,甚至脸红动气。事后刘裕反思说:"我本来没有学问,说话粗浅。各位贤人一般都宽容不计较。只有郑先生,肯给我当面指出来,我得因此感谢他。"

刘穆之除了为刘裕协理朝政、处理府务,还留心生活中的琐事。百姓的街谈巷议,京口、建康或各地的新闻趣事,他只要听到,都会向刘裕报告。刘裕很喜欢借此获得小道消息,然后在公私场合谈起,显示自己耳目聪明,洞悉民情。

刘穆之精力充沛,涉猎极广。他长期主持朝廷政务,还要为前方的部队提供补给、兵员,工作繁剧,各种表章文件堆满案头,永远有人在排队等待向他汇报事务,他经常是手持文件阅览批示，同时耳听各种来人的汇报，随时做出回答和指示，同时处理几件事情，都不假思索而处置得当。稍有空闲，他就读书、写书，经常拿几种不同的抄本亲自校订（当时书籍都是写本，传抄中会有差异）。

他还爱结交各路宾客，常一边处理政务，一边应酬客人，身边永远座无虚席。他不习惯独自吃饭，每餐都要让厨房准备十人以上的精美饭食，一边吃饭一边与众宾客交谈。他靠这些人为耳目，探听朝野间的各种动向，报告刘裕。他事实上也负担了刘裕军府的情报工作。他曾对刘裕说："我本来出身贫寒，生活清苦了很多年。自从追随您高升以来，生活开支略微大了一些。有时想节省一点，但不容易克制住。除此以外，我没有任何辜负您的地方。"

对刘穆之如此受重用，最不满的人是刘毅。他几次趁谈话之机，与刘裕说起：刘穆之官阶虽不高，但权势太盛。刘裕对刘穆之的信赖则从未降低，除了靠他处理府务外，还将他提升为丹阳尹，即京师所在郡的太守。刘穆之女儿出嫁，刘裕提供了价值上百万的嫁妆。而刘裕自己的女儿出嫁，嫁妆不过二十万钱。

"二刘"结怨

何无忌死后，"三头"去一，刘毅和刘裕的关系更为对立。

刘毅性格果敢有为，但刚愎自用。京口起事以来，他认为自己与刘裕同谋共举，功业相当，众人推举刘裕为首，他向来不服气。

天师道平定后，刘毅仍官复豫州刺史，其堂弟刘藩任兖州刺史。但他看到刘裕官位升高，认为自己的声望和地位相对降低了，不满的情绪更重。二刘发生争执时，刘裕总忍让克制，希望能和衷共济。

对刘毅的这种态度，不仅一同起家的军官们，就是他的亲属也多不赞同。刘毅的舅舅郑鲜之，就极为服膺刘裕而不满刘毅，甥舅关系很差。郑鲜之负责监察百官，当时发生一起案件，一名负责传发诏书的官员罗道盛，偷偷开启诏书窃取情报，事发后依法当问斩。刘毅却以罗道盛有侯爵为名，阻挠行刑，也许此人是受刘毅之命探听情报。郑鲜之和刘毅有亲属关系，按法律不能互相荐举或控告，于是他命令下属代自己指控刘毅，申请从严查办。最后是刘裕从中调和，通过皇帝发诏书，宣告此事不予追究。

刘毅一位堂叔刘慎之，在桓玄篡晋前曾任官，在家乡声誉很高。之后一直赋闲在家，不肯出仕。他经常对刘毅、刘藩兄弟说："你等的才能，足以得富贵，但恐怕不能长久。我不指望跟你们升官发财，只不想跟你们受灭门之灾！"刘毅对这个堂叔很敬畏，每次回京口探访，都让自己的卫士随从停在门外。即使这样，他和刘藩每次登门，都要被刘慎之痛骂而出。

和刘裕一样，发迹后的刘毅也试图树立有文化的形象。但读书没能给他提供借鉴。他读到廉颇、蔺相如的传记时拍案感叹，认为世间绝不可能有蔺相如这种谦恭隐忍之人。一名官员郗僧施主动投靠刘毅，两人交情甚好。刘毅当着众人引经据典夸郗僧施，同时也是自夸："当年刘备遇到孔明，如鱼得水。如今我与足下虽才能不如古人，而共事之情如出一辙。"众人都暗自叹息其高傲不逊。

寻阳兵败后，刘毅知道自己武功无法与刘裕相比，更想在文雅风流方面胜出一头。刘裕凯旋回京后，晋安帝亲自主持宴会为刘裕庆功。当时士族风习，宴会上要赋诗助兴。刘裕等武人自然要让幕僚提前代写。刘毅的诗中有"六国多雄士，正始出风流"一句，意为战国时被秦国灭掉的六国，武夫战将虽多，却不如曹魏正始年间的名士风流有韵致，借此显示自己虽战功略逊，但文雅有余。

天师道平定后，刘毅重新就任豫州刺史，同时负有都督江州军事的权力。当时的制度是：对刺史中位望较高者，授予其都督邻州军事的权力，可以指挥、调度邻州兵力。这是一种协调诸州统一作战的军区制度。

此时的江州刺史庾悦出身士族，桓玄篡晋以前官爵已经很高，他曾带部属到京口公干，想顺便比赛射箭消遣。当时刘毅还是京口一下级军官，他召集同僚亲朋聚会，已提前向州府预定了射堂（射箭馆）。庾悦带人来到射堂时，刘毅上前求情说："我是寒微之人，能在这里赌射一次，很不容易。君等大人物随处都有机会，希望今天就把射堂让给我们。"

庾悦根本不为所动。刘毅同来诸人见状，纷纷收拾弓箭离开。刘毅却占一射位独自射箭。庾悦等人游戏半晌，下人取出饭食就地用餐。刘毅看到有烧鹅未曾吃完,向庾悦索要,庾悦也不答应。从此刘毅对庾悦记恨在心。

现在刘毅借都督江州之机,将江州军府划归自己指挥,三千江州军都被征调到刘毅部下,庾悦被剥夺了本州的军权。在当时,这种刺史只管民政而无军权的情况非常少。不仅如此,刘毅还借口助江州防范蛮人,派自己的部队千人进驻寻阳,向庾悦示威施压,并以都督身份在政务上处处为难江州。他还派人向庾悦示意:正因当年射堂结怨,导致了今日之局面。庾悦在愤怒惊惧中一病不起,不久就死了。

412年四月,刘道规病重,荆州刺史空缺。刘裕控制下的朝廷任命刘毅为荆州刺史,同时都督荆、宁、秦、雍四州军事。荆州刺史是东晋朝历来的关键职务,但刘毅觉得从此无望掌握朝政,颇为不满。他先从豫州回京口家乡,祭扫先人坟墓,然后舟行上江赴任。

路过京师时,刘毅违反惯例,不到朝廷觐见皇帝。刘裕只得带众臣到江口码头拜会他。

素来敢言的胡藩向刘裕提出:刘毅久已心怀不满,现在为了收揽人心,又在广泛结交士族,白面书生之辈都把希望寄托在他身上,希望通过他抗衡刘裕。如果放任他到荆州坐大,难免再生事端,不如趁此机会除掉他。

刘裕考虑到刘毅毕竟有京口起义之功,如今尚未有大过,不应自相残杀,没有答应。

码头宴会上,诸人酒酣耳热,脱下朝服,抛掉冠冕,以樗蒲大赌为刘毅饯行。每局赌额都达数百万。相比朝堂上的文雅的赋诗宴会，刘裕一干人更适合这种消遣方式。

樗蒲的游戏规则，是先以五枚骰子掷点，根据所得骰子花色，决定棋盘上棋子前进的步伐，以杀光对方旗子为胜。刘裕、刘毅二人年轻时都是赌徒，加之他人有意谦让，没多久便纷纷出局，只剩两人做最后一掷。

此时赌桌上的钱已堆得能埋下人，众人都紧张围观。郑鲜之为刘裕呐喊助威尤其急切。樗蒲所掷的骰子面只分黑白二色，黑面少而白面多。掷得五子全黑为"卢"（"卢"古代也是黑色之意），为最高花色；次之为四黑一白的"雉"；再下级别还有很多。

刘毅先掷，骰子滚转落定，花色为"雉"。他脱光了上衣，拍桌子跳跃，向众人叫道："不是不能得卢，懒得做而已！"

刘裕也已赌兴大发，手捻骰子良久，慢慢说："今天看看老兄的手段！"挥手掷出，四枚骰子都是黑色，剩余一枚跳跃转动不止。刘裕连声高喝："卢！卢！"果然落定为黑色。

刘毅情急转怒，半晌说不出话来，良久才说："早知道你不肯给人留位子！"他本来脸黑，此时早已憋成铁青色。郑鲜之狂喜，在旁边赤脚跳跃，连声欢叫。看舅舅如此举动，刘毅尤其愤怒，已经不顾长幼之礼："我们输赢，关这位郑先生什么事？"①

---

① 关于此次赌局的时间地点，诸传记所载有异。《晋书·刘毅传》："于东府（刘裕太尉府）聚樗蒲大掷"；《宋书·郑鲜之传》："刘毅当镇江陵，高祖会于江宁，朝士毕集。毅素好樗蒲，于是会戏"；按《宋书·胡藩传》："毅初之荆州，表求东道还京辞墓，去都数十里，不过拜阙。高祖出倪塘会之"，则未入京师，刘裕等至江边码头与其见面。

刘毅对刘敬宣当年的评价依旧记恨在心。告辞登舟前，他对刘敬宣说："想请你到我部下做南蛮校尉，不知能否屈尊？"刘敬宣顿时大惧，悄悄告知刘裕。刘裕笑说："不必多虑，我保老兄平安。"他让朝廷任命敬宣为北青州刺史，统辖新征服的南燕之地。

刘毅路上经过豫州、江州，擅自征调二州的军队万余人随自己到荆州。到达荆州后，他报称荆州武备缺乏，广州盛产竹木胶漆等武器原料，要求加都督交、广二州，也获得批准。这样，刘毅所督之地已占东晋的半壁江山，俨然如当年的桓温、桓玄时代。

千里溯江

闰六月，刘道规病逝，时年四十三岁。刘裕不仅失去了一个弟弟，也失去了一个非常有才能的得力助手。

刘毅也知道兄弟最可靠。不久，他在郗僧施鼓动下上表，称自己病重，要求将堂弟、兖州刺史刘藩调来荆州协理政务。

刘裕的容忍此时已到极限。如果刘毅病重是假，则是要与刘藩合力控制上游；如果是真，则是准备将荆州传予刘藩，世代传承，重演桓温家族在荆州的一幕。刘裕绝对不能容忍此举。

但刘毅现在控制整个上游，万一处理不慎，刺激其起兵，将又是一场旷日持久的举国大战。刘裕很谨慎。他先通过诏书批准刘毅的呈请。刘藩从兖州赶到京师，马上被逮捕，和另一名投靠刘毅的士族谢混都被赐死。

随后，刘裕集中四万兵力亲自出征。他安排豫州刺史诸葛长民和刘穆之共同负责后方事务。至于下一任荆州刺史，他选择了司马休之。此人庸碌无能，但因为出身宗室，资历靠前。刘道规死后，刘裕一时没有得力的亲人，部下诸将限于资历，也无法越级提拔，只能做此选择。

九月，刘裕舰队开始向上游航行。这时，一名叫王镇恶的部下向刘裕提出了一个几乎是异想天开的计划，要求给他数千士兵、一百艘轻舟，先行进占江陵。

王镇恶是前秦丞相王猛的孙子，苻坚兵败时他十三岁，随叔父辗转逃亡，流落到东晋的荆州。刘裕征南燕前他已三十九岁，官至县令，被人推荐入军中。在灭南燕及卢循的战斗中，他的才能显现出来，逐渐受到刘裕重视。王镇恶生来体弱，拉不开强弓，骑不稳快马，但读书多，有谋略，性格果敢擅长弄险，与其祖父王猛神似。

刘裕听取他的汇报后，决定依其计策而行，调拨一百艘轻舟归王镇恶指挥，由蒯恩担任副将。蒯恩是刘裕旧部，从与孙恩交战时就跟随左右，娄县作战时被箭射瞎左眼。

九月二十九日，刘裕舰队行至豫州姑孰，王镇恶、蒯恩率前锋先行进发。

按照刘裕和王镇恶的谋划，此时朝廷处死刘藩和起兵进剿的消息尚未传到荆州，王镇恶先锋军假扮刘藩一行，一路声称奉诏调任荆州。到荆州时,如当地已得知消息,应当也来不及集结舟舰,王镇恶水师将烧毁沿江舰船,并阻挠其造船工作,巡游江中等待主力;如果荆州尚未闻讯戒备,则径直袭取江陵。

王镇恶部出发后,逆水昼夜兼行。途中因逆风停泊四日。十月二十二日清晨,船队行至江陵城外的豫章口码头,途中共用二十四日。

豫章口距离江陵城还有二十里。王镇恶在舟中观察,看到码头上停靠的船舶、岸上的商旅居民都一切如常——建康起兵的消息看来还没传到此处。他下令每船上只留一两名士兵,其余全部登岸集合。岸上每船旁边又留六七人,各立旗帜一杆,安放一面战鼓。

王镇恶命令留守士兵:预计前军开进到江陵城时,便击鼓呐喊,做出大军登陆的假象。此外,他还分出一支部队去烧毁沿江停泊的所有军、民舟船。然后他和蒯恩带主力向江陵城急进。队伍最前方的士兵接到命令:如果有人问起,就说是刘兖州(刘藩)驾到。此时江口码头戍兵和商民都还以为这是刘藩的队伍,没有人起疑心。

王镇恶等行至距江陵五六里处,迎面与刘毅部下的军将朱显之相遇。朱显之受刘毅之命,带着十余骑兵、数十步兵去码头,等候刘藩船队的到来。看王镇恶部源源开来,他问这些士兵是何人?士兵边行进边回答:是刘兖州驾到。

朱显之等迎着队伍而行,一路询问刘藩在何处,回答都是"还在后面"。朱显之看这些士兵抬着木掩体、云梯等攻城器械,武备严整,行进甚急,不禁心中疑惑。远看江口一带,忽然升腾起了遮天蔽日的浓烟,码头上舟船纷纷起火,密集的战鼓和集结口令声也远远传来。他猜到这不可能是刘藩部队,急忙打马掉头冲回城中,传令关闭诸城门,并火速报告刘毅:有大军好像是从下游开来,即将进城,江口船只也都在起火燃烧。

王镇恶军也加紧行军,狂奔到东门之下。城门刚刚关闭,还未来得及上门闩,被王镇恶军撞开。外城驻有上千荆州军人,此时已穿戴好盔甲,准备战斗。王镇恶、蒯恩指挥军队杀开荆州兵的抵抗,向内城冲击。

刘毅州府所在的江陵内城,其中有从豫州带来的亲信旧部千余人,荆州本地部队两千余人,这时都整装完毕,开出内城交战。王镇恶指挥部下在城内纵火,将外城的南门和东门也都烧毁,同时向刘毅军喊话,称朝廷军队前来逮捕刘毅,其他人投诚则一概无罪。

外城的战斗从上午持续到正午时分。荆州本地将士不太亲附刘毅,大都投降或逃散,只有刘毅旧部退入内城,闭门拼死固守。王镇恶对城内喊话劝降,说刘裕率主力随后就到。还派人将朝廷宣布刘毅罪状的诏书、对刘毅部下的赦免书、刘裕给刘毅亲手写的劝降书信共三封送入内城。刘毅将其直接投入火中烧掉。这个事变太突然,内城的军人还都不相信二刘已彻底反目、刘裕会亲自来征讨。

这时外城有一名叫王桓的人,他家就在江陵,当初在刘道规部下曾手斩桓谦,靠勇武受到刘裕提拔,调入建康军队。

此时他正请假来江陵搬取家眷，看到王镇恶军杀入江陵，他带着十余人加入其中。

下午，王镇恶军在内城东门边的城墙上挖开了一个洞。王桓第一个冲进洞中，王镇恶随后也钻入内城，士兵们鱼贯而入。双方在内城街道的巷战一直持续到入夜。

交战两方大都是京口、建康等地人，有很多人是相识或者亲属。王镇恶让下属一边作战，一边向对方的亲人喊话。刘毅部下逐渐知道，此次确实是刘裕与刘毅决裂，亲征而来，都无心作战。一更时分，刘毅府前的队伍溃散，只有亲兵还在守府门拒战。王镇恶担心黑夜之中难辨敌我，容易误伤，就把队伍带出内城，包围城墙驻扎。

夜半时，刘毅率三百余人从内城北门冲出，这里是王镇恶部防守的地段，无法冲过。刘毅又转而冲向外城的东门。这里是蒯恩防段，军人奔跑、苦战一天，都疲惫不堪，被突破。刘毅连夜逃到离城二十里的牛牧佛寺，部下散亡殆尽，人马困乏，请求僧人收留。当年刘毅讨伐桓玄，有桓氏成员逃到此寺，被僧人藏匿。刘毅获悉后诛杀了方丈，所以此时寺僧都不敢收留他。刘毅在绝望中自缢而死。

第二天早晨，刘毅的尸体被当地人发现，又被拉回城中，在街市上斩首。他的子侄也都被斩首。其余顽抗被俘的部属，都留待刘裕前来处置。此役王镇恶身中五箭，所持长槊也被箭射中，断为两截。他驻守江陵二十天后，刘裕主力方才到达。

刘裕到江陵后，首先处死了郗僧施等刘毅党徒。毛修之也曾带兵抗拒王镇恶，因为他以前颇有战功，被刘裕赦免。

王镇恶受封男爵。刘毅有个远房堂兄刘粹，也曾参与京口建义，此时正担任江夏郡太守。刘裕军队经过江夏时，有人怀疑他会因与刘毅有亲而不忠，但刘粹竭诚提供军需，为平定刘毅出力，此时也被封为男爵。

刘裕这次在江陵驻扎了三个多月。他以前溯江最远只到达过寻阳，这是第一次到荆州，要认真处理一下这里的事务。为防止再次出现对抗下游的情况，削弱荆州势力，湘江流域（今湖南）被划出来成立湘州。

处理荆州的事务之外，刘裕还要解决割据蜀地的谯纵。此时离上次刘敬宣伐蜀失利已有五年。这次刘裕选定的伐蜀主帅、益州刺史，是三十五岁的朱龄石。众将对这个决定颇为意外。因为朱龄石虽然在对南燕和卢循的战争中表现不错，但毕竟只是郡太守级别，资历尚浅，远不能和刘敬宣相比。

刘裕的这个考虑，一方面是看朱龄石确实有统兵之才，另一方面，朱龄石、朱超石兄弟是京口举义诸将中少有的通晓文墨之人。平定蜀地后民政事务颇多，要军、政兼长的统帅才能处理好。刘裕划拨了此次西征兵力的一半（两万人）参加伐蜀，他的妻弟臧熹也在朱龄石统帅之下。

关于此次伐蜀路线，刘裕和朱龄石做了反复推敲。溯长江、经三峡进入成都平原后，北方有三条支流汇入长江，沿它们都可以进趋成都。按照自东向西入蜀方向，依次是内水、中水、外水。内水路线最远、最不便。上次刘敬宣伐蜀，为出敌不意，是取内水方向。

此时刘裕和朱龄石最关心的，是蜀主谯纵这次会在哪个路线上重点设防。二人判断：敌人都知道刘裕敢于赌博的风格，谯纵很可能猜测，刘裕会出人意料地再赌内水之路，从而重点设防于内水沿岸。基于这个推论，刘裕和朱龄石决定这次改走外水。

这个赌博太大胆。由于担心走漏风声，刘裕不敢做进一步详细部署。他独自写下进攻计划，密封好交给朱龄石，让他行军至三峡的白帝城时再打开看。412年的年底，朱龄石率军登船，向三峡驶去。

诸葛长民

刘裕出征期间，留守朝廷的诸葛长民逐渐不安。他素来以贪婪著称，自参与灭桓玄发迹以来，他聚敛财宝、广占地产无数，民愤很大。看到刘毅被除掉，他一方面庆幸少了一个竞争对手，又担心刘裕下一步会对自己下手，对下属感叹："如今的情况，跟刘邦杀功臣有什么两样？"

他试探一起留守的刘穆之："传闻刘太尉（刘裕）对我一直有看法，是什么原因？"刘穆之宽慰他说："刘公独自西征，母妻家小都交给您照顾，怎么会有看法？"

诸葛长民的弟弟诸葛黎民，也一样贪财好利，且骁勇好斗。看到刘裕率主力在外，他鼓动长民寻机除掉刘裕。诸葛长民颇为动心，但又自感不是刘裕对手，权衡再三不能下决心,感叹道:"贫贱时只想富贵,富贵了却不免有危难。如今想回头做个京口布衣,怕也来不及了!"

他还试图招引正在做北青州刺史的刘敬宣,给刘敬宣写信说:"盘龙(刘毅)刚愎骄横,如今自取灭亡。与我等作对的人都快被铲除,正好趁机共谋富贵!"

刘敬宣嗅出诸葛长民准备弄险生事,回信说:"自桓玄灭亡以来,本人历任州郡,只怕福中藏祸,小心谨慎尚来不及,不敢妄想富贵之事。"他同时将长民此信密送荆州的刘裕,报告原委。刘裕获悉后欣慰道:"阿寿果然不辜负我!"阿寿、盘龙分别是刘敬宣、刘毅小名。京口诸将互相都很熟悉,常以小名相称。

一时间,长江上下的形势又颇为诡异。以诸葛长民的地位才能,无法与刘裕公然对抗。但人们都担心事变会在最意想不到的地方发生。前方伐蜀的军队尚在征途。一旦建康有变,将又是卢循突起一样的棘手局面。

刘穆之私下问擅长占星术的下属何承天:"刘公此行,能否顺利?"

何承天说:"平定荆、蜀都不成问题。但另有一事值得担忧——上次平定卢循后,刘公乘船返回,在石头城码头登岸回府,随行警卫很薄弱。这次回京,应该多加小心。"刘穆之急忙派信使将此言告知刘裕。

刘裕也在考虑如何不激起事变。他先派自己幕府中的心腹单船回京,显示对后方形势非常放心。413年的二月,刘裕开始安排西征部队返回京师。运载着辎重、士兵的船只陆续顺流而下,回到建康。

但刘裕自己启程的日期却一再推迟。诸葛长民等留守官员几乎每天都到江边码头迎候。络绎靠岸的舰船中，总不见刘裕座船。

二月三十日这天，刘裕乘一艘不起眼的轻舟靠岸，在数人陪同下悄悄回到太尉府。建康城中无人知晓。

第二天一早，诸葛长民才知道刘裕已经回京，急忙到太尉府拜见。刘裕让一名卫士丁旿藏在房间帘幕之后。待诸葛长民落座，刘裕命随侍诸人都退出，与长民尽兴长谈，说起了很多以往从未与人谈及的事情。诸葛长民非常开心。这时丁旿走出帘幕，一拳把长民从坐榻上打翻在地，随后几拳将其活活打死。

刘裕是个武人，最擅长给对手制造假象。搏杀互砍时，是引诱对手的假动作；两军对阵时，是示形于敌的佯动。但在与对手直面相对的最后一刻，他却常袒露出最真率、本色的一面，与临死的对手分享。

诸葛长民的尸体被抬到廷尉府，象征其被依法处决。诸兄弟也被逮捕处死。诸葛黎民不甘就擒，与前来抓捕的士兵格斗至死。建康、京口等地因此流传开一句民谣："休跋扈，有丁旿！"

进占蜀地

诸葛长民家族在建康被处决时，朱龄石伐蜀的军队还在三峡内跋涉。

三峡这段江路滩险流急，舟船凭帆桨无法逆流而上。士兵们用纤绳拖曳着船只，手足并用，在乱石间艰苦爬行。

逆江流入蜀，最先进入长一百余里的西陵峡。江流在峡谷中曲折奔腾。两岸高山耸立千尺，悬崖绝壁上生长着奇异的松柏怪树。不时有瀑布从上面飞流而下，飘摇洒落如雨雾迷蒙。谷底阴暗潮湿如井底，终年难见阳光，抬头仰望，只见高天渺如一线。只有夏日的正午时分，阳光才会穿过林木，斑驳地投射在谷底。

西陵峡尽处，层峦叠嶂的南岸群山之中，有黄牛山巍然耸出。江流在其下回旋成滩，名黄牛滩。绝顶石壁上，有图形如人负刀牵牛而行，人黑牛黄，轮廓分明。江流迂回湍急，逆水行进缓慢。每日清晨，抬头看黄牛近在眼前。待行进数日，黄牛历历尚在原地。故有歌谣唱道："朝发黄牛，暮宿黄牛，三朝三暮，黄牛如故！"

行过西陵峡，有激流奔迸的流头滩，水势湍急，礁石密布，鱼和鳖都不能逆流而上，常有顺流而下的船只在礁石上撞成碎片。这里到成都，水路还有五千余里。因逆流难行，当时人语为"下水五日、上水百日"。

继续西上，有悬崖高数百丈，陡峭壁立，飞鸟都无处立足，顶处石缝中却插着一根木棍。自谷底仰头遥望，木棍长约数尺，顶端焦黑如烧过。当地父老传言：古代曾有大洪水，当时人们泊舟崖边，随手将煮饭烧过的木柴插在石缝间，水退后便留在原处。此地因名"插灶崖"。

插灶崖西上，是东界峡。这里东属宜都郡，西属建平郡，正当两郡之界上。远望层峦尽处，有两块巨石如人形对立，做出挽袖对峙之状。传说那是两郡督邮在争执郡界，东边的宜都督邮身略向后倾，据说是自知理屈之故。

朱龄石部继续穿越巫峡，进入广溪峡（今瞿塘峡）。山雨之后，山谷会响起猿群的啼鸣，声如悲泣，回荡在峡谷中经久不绝。渔人在舟中歌唱："巴东三峡巫峡长，猿鸣三声泪沾裳！"广溪峡中的瞿塘滩，夏季水涨形成巨大漩涡，舟船一旦卷入其中必然倾覆。滩上有神庙，据说此神最恶声音，朝廷刺史从此经过，也不敢鸣鼓吹角。行船人怕竹篙的铁足触石有声，经过这里时都以布包裹。

行出广溪峡后，江流两岸地势稍微开阔一些，白帝城就在这里。此城面江背山而建，周长十里左右。城墙早已处处坍塌，城内民户稀少，树木荆棘成林，百姓多在城内开荒种地。从江陵至此，水道共一千二百里。

413年六月，朱龄石部行至白帝。他们出发时是隆冬，此时已是盛暑。朱龄石打开刘裕的密函，上写："主力取外水入成都；臧熹率所部从中水取广汉；拨大舰十余艘给老弱兵士入内水。"朱龄石等依言而行，各自加速前进。

谯纵果然判断晋军会从内水（今嘉陵江）来攻，派大将谯道福率主力驻扎内水沿岸。如今获悉晋军忽然循外水（今岷江）北来，他急忙调成都附近的万余兵力南屯平模（今四川彭山县），扼守外水。

七月，朱龄石进抵平模，一战击溃蜀军。晋军从这里丢

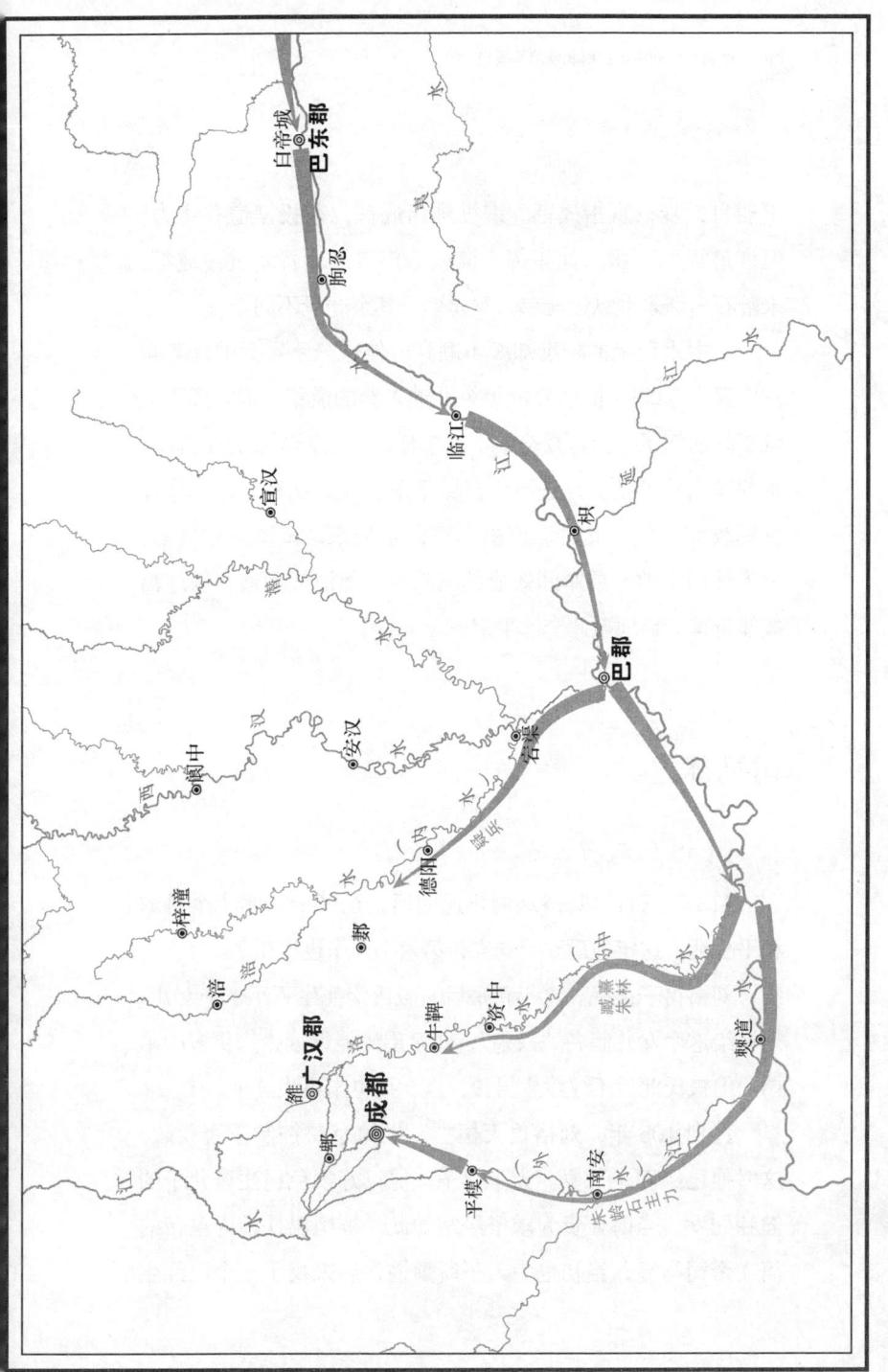

【图9：刘裕三路伐蜀示意图】

下船只,步行直指成都。谯纵逃出成都,东投谯道福主力。但谯道福已不服从他指挥,谯纵绝望自缢,晋军进占成都。朱龄石命诛杀谯纵诸兄弟、堂兄弟,其余一概不问。

沿中水而上的臧熹却颇不顺利。他这一路疑兵的任务是占广汉(今绵阳市),截断谯纵北逃入秦的道路。但入蜀不久臧熹就病倒了,指挥权交给下属朱林。这路晋军攻克牛脾城,斩蜀军大将谯抚。当进至广汉城下时,臧熹病逝。朱林指挥晋军攻克广汉。此时谯道福率部自东赶来,试图解救成都,被朱林部击败。蜀军闻知成都已陷落,都溃散而逃。谯道福被俘斩首。蜀地至此全部平定。

司马休之

413年三月,刘裕从荆州返回后,过了一年零十个月的和平生活。这年他已五十一岁,第六个儿子也出生了。

刘裕得子很晚。青年新婚后,臧氏给他生下了一个女儿。刘裕给这个女儿起名"兴弟",即希望她能继续带来更多的弟弟。但臧氏此后不仅没生男孩,连女孩也未再生一个。

直到405年,刘裕攻灭桓玄,坐镇京口控制东晋朝政,这时他已经四十三岁。为了得子,他只好物色已生过儿子的健壮妇女。当时显贵为求子经常如此。被桓温扶植为皇帝的简文帝司马昱,当初也为无子所烦恼,后来找了一个已经生过儿子的寡妇和一个黑粗胖大的侍女，才各自为他生下一个儿子：司马道子和司马昌明。

此术对刘裕也颇为有效。次年，一位张氏为他生下了长子刘义符。再次年，孙氏、胡氏分别生下了刘义真、刘义隆。胡氏名道安，生义隆时已经四十岁，两年后因为不明原因触怒刘裕，被赐死。张氏和孙氏则根本没留下名字、乡里和年龄。她们可能都是因犯罪（或家人犯罪连坐）被充配入官的奴婢。刘裕妻子臧爱亲此时也得病身死。

刘裕发迹后，长女刘兴弟也已逐渐长大。刘裕将她嫁给了老同僚徐羡之的侄子徐逵之。徐羡之也是京口人，当年和刘裕在刘牢之部下共事。京口起事后，他曾在刘裕军府任职，但更多时间是在司马德文府中，为刘裕监视其举动。后来，徐羡之的儿子和刘裕其他女儿长大，两家又有结亲。

当初征灭南燕时，刘裕本打算继续西征、攻灭后秦，因卢循兵起不得已作罢。此后刘道规病死，再没有得力之人为他主持荆州西线，伐秦之举一直在推迟。因为后秦地处西北，与荆州密迩接境（包括荆州都督下的雍州襄阳、梁州汉中）。如果荆州刺史没有可靠的得力人选，刘裕不敢贸然西征。

此时刘裕开始多了一批新的潜在敌人：皇室的司马氏宗室成员。晋安帝虽是弱智，但司马氏宗室人数颇多，他们将刘裕看作司马氏天下的威胁，希望寻机除之。担任荆州刺史的司马休之，这时被当作兴复司马氏的关键人物。

司马休之性格柔弱，没有野心对抗刘裕。但他年轻的侄子、在京师的谯王司马文思性格凶暴，广泛招纳游侠武人，经常出猎习武，侵扰百姓甚至擅自杀人。数次被弹劾之后，他试图暗杀刘裕。刘裕遂将其逮捕。

414年四月，刘裕命将文思送到荆州，让司马休之处死他。但司马休之拒绝执行，只上表向朝廷道歉谢罪，仍让司马文思在自己部下任职。

这年底，一名逃亡后秦的宗室司马国璠，在秦晋边境召集数百人，渡过淮河，乘夜潜入广陵城起兵，一直攻入太守府中。此时驻防广陵的是刘裕旧部檀祗，他带部下出战，黑夜中被箭射伤不能行动，遂嘱咐部下："敌人是想乘夜作乱，赶快敲五更鼓。敌人以为天就要亮，必然撤退。"晋军敲五鼓，司马国璠等果然撤退。

刘裕最终下决心除掉司马休之，消除司马宗室的威胁。415年正月，他逮捕处死了司马休之在建康的一个儿子和一个侄子，再度率兵西征荆州。

司马宗室人数众多，难以提防。正在任北青州刺史的刘敬宣，军府中有一司马道赐，他秘密结交了几名部属，趁一次报告事务之机，抽刀砍死了刘敬宣。青州文武闻讯，迅速扑灭了这次动乱，处死了司马道赐诸人。刘敬宣是刘裕多年的同僚、好友，他的死讯传到西征军中，刘裕为之放声大哭。

此次出征荆州，刘裕以女婿徐逵之为先锋，希望他在战斗中立功，以便担任荆州刺史。但战事颇不顺利，雍州刺史鲁宗之也和司马休之联兵对抗刘裕。

二月底，刘裕命徐逵之带蒯恩等为前锋，从江夏口（今武昌附近）北进襄阳，占领鲁宗之大本营。途中，他们与鲁宗之之子鲁轨的部队相遇，交战大败，徐逵之及沈渊子（沈林子之兄）都战死。

刘裕刚率水军行至江陵城下，徐逵之等的死讯传来。他在暴怒中命令全军登陆决战。此时司马文思、鲁轨已带四万士兵占领江岸。沿岸都是峭壁，无法攀登。刘裕自己穿戴好盔甲，要亲自上岸对敌。众将都拉住他劝解，刘裕的怒气更盛，主簿谢晦抱着他拼死不让下船。

此时胡藩正带一支船队巡游江中，刘裕命令他强行登岸。胡藩看岸边的峭壁和岸上的敌军，面有难色。刘裕命左右将胡藩擒到自己舰上来，准备斩首示众。看传令亲兵的船驶来，胡藩大喊："我就要杀敌，暂时不能从命了！"他命船只靠近崖岸，两手持短刀插入岸壁，挖出仅能容大脚趾的坑洞，赤足攀缘而上，最终一跃登岸。部属随他之后也纷纷爬上，冲向司马休之军队。敌军不能抵挡，逐渐退却，刘裕部主力乘机登陆进攻，大败荆州兵，进占江陵。司马休之、鲁宗之等逃奔后秦。

凯旋的舰队再次返回京师。战死者没能归来，他们都被就地掩埋在战场。拥挤在岸上迎接的家属，很多人已成了孤儿寡妇。刘裕长女兴弟也是其一。她与徐逵之生有二子湛之、淳之，长子湛之此时年方六岁。

徐逵之战死后，刘裕派自己的内直督护（贴身侍卫长）、曾亲手杀死诸葛长民的丁旿殡殓埋葬。刘兴弟将丁旿叫到家中，向他询问丈夫战死、收尸殡殓的情况。丁旿本不善言辞，面对一身重孝的刘兴弟，他低头沉默，问一句才答一句。

刘兴弟最想知道的，也最令她心碎肠断。当时习惯，将士作战都以砍首级记功，战场上多数尸体都没有头颅，辨认尸体身份尚且困难，何谈找回头颅拼合尸身。这些血污惨痛的细节，丁旿也支吾难言。每当他说出一句，兴弟便掩面叹息一声："丁督护！"

她的身份是相国之女，这使她不能像民妇那样用哭天抢地、捶胸顿足来发泄哀痛。这一声叹息便是她所有的绝望哀悼与伤怀。一首《丁督护歌》从此传唱江南。它因兴弟凄婉欲绝的哀叹而得名，歌唱的是建康、京口的女子们目送夫婿出征时的期待、哀伤与无奈。

刘裕因此颇为苦闷。他知道女儿听到《丁督护歌》时的揪心，也担心这支辛酸的歌曲有损士气。荆州终于平定，下面就是解决姚秦、光复中原。他的丁督护们还要继续征战流血，命断沙场。刘裕命人用此歌曲牌，重新填写鼓舞士气的歌辞。从此，《丁督护歌》便兼有了两种不同的情绪：

　　　　督护北征去，前锋无不平。朱门垂高盖，永世扬功名。

　　　　洛阳数千里，孟津流无极。辛苦戎马间，别易会难得。

　　　　督护北征去，相送落星墟。帆樯如芒柽，督护今何渠？

　　　　督护初征时，侬亦恶闻许。愿作石尤风，四面断行旅。

闻欢去北征,相送直渎浦。只有泪可出,无复情可吐!

　　前面两首,应是刘裕命人改作。他的丁督护要北征洛阳,浮舟黄河孟津渡,荡平胡虏立功封侯永世扬名。后面三首是民间传唱之作。女子送她的督护离家登舟,哽咽啜泣之外,保重早归一类言辞已无意义。她看着他的战船驶离江岸,汇入帆桅如林的舰队,再也分辨不出哪条船上载着她的督护。她眼望舰队扬帆远行,一点点消失在天际。此时,她只盼望苍天刮起飓风,掀起巨浪,将船只打回岸上,把督护送回她身边——对于如刘兴弟一样的孀妇们,想再看到、摸到他僵冷腐败的尸体都是奢望……

　　这支歌一直传唱到唐代。它太悲伤、太凄凉,李白也为之感叹,"一唱都护歌,心摧泪如雨"。

　　刘裕试图让兴弟从丧夫的伤痛中走出来。但她一直拒绝再嫁,独自抚养着两个幼子。她变成了一个性情怪异的寡妇,稍有不顺心就哀号痛哭。即使父亲刘裕和弟弟刘义隆相继当了皇帝,也拿她毫无办法,遇事只能顺从着她。

第十章 法显西行

求法第一人

初入佛国

六载中天竺

泛海还乡路

汉地

公元 399 年，就是天师道在江南暴动、刘裕开始他戎马生涯的这一年，在羌人姚兴统治的长安，几名僧人出发西行，去天竺（印度）寻求佛法。这些僧人中，有一位年已六十三岁，名为法显。他比著名的玄奘取经要早二百多年。

求法第一人

法显是山西平阳人，自幼出家为僧。他年幼时生活在石虎后赵朝，又经历了前燕、前秦到姚氏后秦的更迭。此时的姚秦帝国佛法隆盛，塔寺林立。但接受了朝廷赐给的大量财物后，僧界不可避免地出现了腐化问题。佛教中规范僧人行为举止的文献称为"律"，即戒律，翻译到汉地来的律部佛典稀少，僧人没有明确的行为规范，来自西域的胡僧可以任意解释。法显因此立志西行，远赴天竺的佛祖故地学习律法，追求更严格的僧人行为准则。

法显从长安西行，翻越陇山，渡过黄河，进入河西走廊，经过乞伏氏、秃发氏建立的几个割据小政权。他们一路经历了战乱，也遇到过礼佛的主人，还遇到了几位同样有志西行的汉僧。

但在这里，法显与一位来自西域的名僧鸠摩罗什失之交臂。法显等人向西去后，鸠摩罗什则向东到达了长安。他受到了后秦皇帝姚兴的尊崇，主持翻译了大量梵文经书。但鸠摩罗什出入权门，生活豪奢，甚至有众多妻妾、生养子女，完全不像个出家僧人。长安僧人也以他为榜样，在纸醉金迷中堕落。

法显等人走出河西走廊，跋涉过沙海戈壁，进入了西域的第一个绿洲小国——鄯善（也叫楼兰，在今天已经干涸的罗布泊里）。西域小国都信奉佛法，由于各个国家的语言不同，所以僧人都懂梵文、梵语。此时距离汉代张骞开通西域已有五百年时间。

离开鄯善，法显等人取近路，没有去繁华的高昌国（今吐鲁番盆地内），而是穿沙漠直接到达僞彝国（今天的新疆焉耆县），这里比较富庶，但居民吝啬不好客，法显一行得不到施舍，难以维持生计。有几名同行的僧人泄气，掉头向东返回。但法显等最终找到了愿意资助他们的人——一位来自汉地的苻坚后人，苻行堂，法显尊称他为"公孙"。这位公孙的父辈可能是随吕光远征军到西域的。

离开僞彝国后，法显没有向西去富庶的龟兹绿洲，而是向西南穿越塔克拉玛干大沙漠。当时横贯大沙漠的塔里木河还没有断流，这条路虽然荒凉偏僻，还可以通行。他们在沙海、胡杨林和芦苇湿地中步行了一个多月，到达于阗国（今新疆和田市）。这个绿洲国家民户众多，且都信仰佛法，有大乘僧人数万。法显等看到，这里百姓民居分布稀疏，每家门前都有一座小佛塔，高的有两丈左右。每家都设有僧房，供应来往僧人。

到达都城后，国主安顿法显一行住在僧寺——瞿摩帝寺中。这座大乘寺中有三千僧众。到用餐时间,僧人们鱼贯进入食堂,整齐列坐,一起进食。大厅中肃然寂静,不仅没有言谈对话,甚至连碰触食器的声音都没有。面前食尽、需要侍者添加时,他们也不呼唤,只用手指碗碟即可。到此时,汉地僧人开始体会到佛法的庄严。

几名僧人随后向西边的竭叉国进发(今新疆喀什市),但法显在于阗国多停留了三个月,因为本地寺院"行像"的节日近了。行像就是用花车载着佛像的盛大巡游,于阗国内有大型僧寺十四所,每寺行像一天。从四月一日开始,都城内洒扫街道,粉饰房舍。城门楼上架设了大幕帐,国王带夫人、子女在帐中观看典礼。

法显投宿的瞿摩帝寺是于阗第一大寺,所以在第一天开始行像:先在城外三四里处建造四轮像车,车高三丈多,巍峨如佛殿,装饰珠宝彩帛,安放释迦牟尼像,两旁各有一尊菩萨,佛像身后是跟随的诸天使,都用金银雕成,悬挂空中如飞舞。

载着佛像的彩车行进到距城门一百步时,国王会换上新的冠冕、礼服,手持香、花,率臣僚赤足出迎,俯身亲吻佛像的脚,并散花、焚香祈祷。佛像进入城门时,门楼上的国王夫人及众女子都摇动花枝、抛撒下花瓣。每天都有一寺的像车进入都城,如此十四天,行像才告完毕。

观看完行像典礼,法显离开了于阗,经过子合国、于麾国,与先期到达竭叉国的僧人会合。按照佛祖创制的规范,他们还要在途中进行夏日"安居",即在规定的时间内,居于室内安心诵经禅坐,不出外化缘或做其他活动,也称"坐夏"。

到竭叉国时,正逢其国内举行"五年大会",国王和众臣轮流向寺僧施舍巨资。这里已到葱岭脚下,生长的花草树木和汉地都不同,只有竹子、石榴和甘蔗与汉地相似——也许法显记忆有疏漏,把印度见到的竹子、甘蔗误记到西域了。

从竭叉国翻越葱岭,就是北天竺。葱岭高峻,终年积雪不化。当地居民都自称雪山人。翻越高山后是一个叫陀历的小国,该国僧人都学小乘典籍。继续向西南,沿着葱岭走十五天,有一个险峻的山涧:两侧是垂直的石壁,涧底是滚滚河水。前人在石壁上凿出了一串窝坑,行人像壁虎一样用手脚攀缘而下,共有七百多阶。然后是渡过山涧的绳索,需脚踩一根、手扶一根绳索,两脚交替行到对岸。法显默数,到对岸有近八十步。汉地历代还没人能远行到此,包括出使西域的张骞、甘英。

初入佛国

渡过山涧后是乌苌国。这里是北天竺地区的中心,位置可能在今巴基斯坦西北部。当地人都说标准的天竺语(梵语),以农耕为主,国内有五百座小乘佛教寺庙。外地僧人到寺,只提供三天食宿,三天后则要另觅去处。据说佛祖曾经到过这里,但已是不太可靠的传闻。法显等找到了愿意资助他们的主人，供养他们在此坐夏。

此后，法显等在乌苌附近的几个小国游历。据说佛祖前生曾转生若干世，都有普度众生的事迹。这里诸国都流传着佛祖的种种神迹，比如，割肉向恶鹰换取鸽子性命、以眼球布施人、以身饲饿虎。

在弗楼沙国，一座佛塔收藏着佛祖用过的钵盂。据说大月氏王曾攻入此国，想劫走钵盂。先将钵盂放在大象背上，大象伏地不能行走；又将钵盂放在四轮车上，八头大象也无法牵动。月氏王知道与此钵无缘，遂为之兴建塔及寺庙。法显到这里时，寺内有七百多名僧众。每天将近中午和傍晚时，僧人会取出钵盂供人瞻仰礼拜。法显观察此钵，大概能容二斗（约合今四公升，有点大了），黑中带杂色，质地光润。据说穷人来瞻仰时，捧少量花瓣就可装满钵盂。有富人用很多鲜花敬献，装入数车也不能满。

礼拜过钵盂后，有几位僧人动身返回汉地，法显和慧景、道整三人决心继续向中天竺行进。

他们先向西行至那竭国的界醯罗城，此城佛寺中藏有释迦牟尼的顶骨舍利。由于担心被盗，由城中八户富贵家主，每人持一印，每天清晨八人核对印信无误，方能打开藏佛骨的厅门，用香水洗手，共同取出佛骨放在寺外高台上，罩以琉璃钟。然后僧人登高楼击鼓，吹海螺，敲铜钹，召集信众参拜。国主先到寺中礼拜，从寺东门而入，西门而出。城内其他官民，也习惯先礼拜佛骨，再开始一天的生活。法显观察这块佛骨，大概四寸见方，颜色黄白，中间微微隆起。寺庙门口一直有卖鲜花、佛像的摊贩，前来拜祭的人都会购买。其他国家的国王也常派人来此拜祭。

在那竭国停留数月后，法显三人继续南行，翻越终年积雪的雪山。山背阴面酷寒难忍，慧景病倒途中，口吐白沫而死。法显和道整哭泣之后，留下慧景的尸体继续前行。他们互相扶持，全力跋涉，终于翻越雪山。经过几个小国，就进入了恒河流域的中天竺。按照当地人的说法，这里就是"中国"。法显自长安出发后，历经六年始到达中天竺。

六载中天竺

中天竺地处热带，无冰、霜、雪，居民的衣服饮食、生活习惯和北天竺区别不大。这里各国颇似汉地传说中的上古淳朴之世：没有户籍、王法。百姓耕种国王的土地，缴纳租税，不想耕种可以随意离去；对犯罪者只处以罚金，极恶的重罪则砍断其右手。举国人都不杀生，不饮酒，不食葱蒜，市场中也没有卖酒肉的商家。例外的只有贱民种姓——旃荼罗（首陀罗），即恶人之意。他们被隔离在城外，常人对他们避之如瘟疫，他们如果进入城市中，要一路敲击木棒，以便其他人辨认、躲避。

中天竺也有很多僧寺。看法显等外地僧人来到，本地僧人会前来迎接，替他们挑着行李。进入寺中，有人端上洗脚水、涂足油及饮料。待他们稍事休息，本地僧人会问来客出家的年份，据此给他们安顿不同等级的房舍。

此后，法显与道整二人结伴在中天竺诸国游历、求经。这里是佛祖释迦牟尼生长和活动的地方，到处都有他和弟子们行经过的古迹，流传着他们参禅传法的事迹。

法显到了佛祖出生的迦维罗卫城。佛祖是国主之子，其母怀孕后在池中洗浴，在池边生下佛祖。法显到此处时，石砌的浴池仍在，旁边还有一口古井。佛祖在优裕的宫廷生活中长大，有三个妃子，生有一子。二十九岁那年，他出宫游玩，见生、老、病、死四种人生痛苦，又看到耕田者的劳苦，于是终日思索解脱之道。在佛祖见四种苦处，后人都建塔纪念。法显来时，迦维罗卫城已极为萧条，城内只有僧人和数十户居民，城外狮子、野象横行，经常有行人被野兽袭击丧命。

佛祖后来离家到伽耶城，在菩提树下参禅四十九日，终于悟道。法显到伽耶城，发现这里也一片荒凉。城南的山林中，佛祖参禅的大树尚在，树下是佛祖所坐的石头，六尺见方，高二尺。悟道后，佛祖到迦尸国波罗奈城的鹿野苑传教。法显到波罗奈城时，鹿野苑尚有僧寺。

法显还到了佛祖居住、讲法长达二十五年的拘萨罗国舍卫城。佛祖初到此地时，受到婆罗门教（印度教）僧人的排斥。有信徒在城南为佛祖购买园宅，建成祇洹精舍供他讲法。园宅坐西朝东，里面有清澈的流水池沼，树木成荫，开放着各色花朵。法显和道整在精舍内游览，想到一路历尽艰辛，只有他们两人最后到此，不禁黯然伤悲。

当地僧人问他们从何处来,他们回答:"从汉地而来。"听者都非常惊诧,因为此地从未有汉人来过。

法显和道整还游历了佛祖带弟子们坐禅的王舍城;恒河之滨的廱饶夷城,佛祖在这里给弟子讲无常皆苦、身如泡沫;还有佛祖涅槃离世的毗舍离国。

在中天竺游历三年后,法显和道整最后在摩竭提国的巴连弗城安顿下来。此城是佛祖离世之后三百年、法显之前六百年的阿育王都城。阿育王以此为中心,建立了统一印度次大陆的帝国,并以佛教为国教。和佛祖出生、悟道各处的荒凉残破不同,这里人口繁多,城市富庶。城中宫殿都用巨石垒砌,上面雕饰着各种花纹图案,据说是阿育王命鬼斧神工所做。城中每年二月八日有行像法事,和西域的于阗国一样,也是以高大的四轮彩车载佛像周游城中。法显在中天竺求得了数部戒律和佛经,认真学习梵文、抄写经卷。

道整看到中天竺僧律严明,佛学兴盛,感叹汉地远远不如,决意要留在此终老。法显则想把经卷戒律带回汉地,弘扬佛法,于是一个人踏上了回乡之路。

泛海还乡路

公元 412 年,当刘裕与刘毅反目成仇、兵戎相见时,已离开长安十二年、在中天竺停留六载的法显,独自踏上回乡之路。

这个年过七旬的老翁已不堪雪山戈壁之苦。他准备取海道回国，走这条路的商船颇多。如果能找到愿意赞助船费的施主，他将经印度洋、印尼群岛、南中国海，去往东晋控制下的广州。来天竺时十余名僧众同行，返回时只剩了他一人，背负着一大堆在中天竺求得的梵文经卷——写在菩提树叶上的贝叶经。

告别巴连弗城的道整和天竺僧人们，他登上恒河里的航船，向下游驶去，途中经过瞻波国，到达了海口的多摩梨帝国。此国有二十四座僧寺，佛法兴盛。法显在这里又见到了大量经卷，在这里住了一年多，一面化缘积攒船费，还在寺中抄写佛经、临摹佛祖说法的画像。一旦要离开天竺，他更想带尽可能多的佛典回到故国。

第二年的冬初，法显登上一艘大商船，乘信风沿着海岸向东南驶去。十四天后到达岛国狮子国（今斯里兰卡）。商船的航程到此结束。法显登岸在狮子国游历。这里也普遍信仰佛法。法显一边化缘，一边走访诸寺，继续寻求经卷。

比起印度大陆上林立分散的小国来，狮子国可谓大邦。这个岛国周围的海中盛产各种宝物，最著名的是摩尼珠（珍珠）。一个方圆十里左右的小岛尤其盛产珍珠，国王在此设有税官，征收采珠者所得的三分之一。据说狮子国以前没有居民，只有鬼神和龙居住。各地商人乘船前来贸易，鬼神不愿现身，只将宝物放在外面，旁边注明价格。商人依价留下钱物，取走珍宝。后来商人逐渐增多，很多人定居于此，便成了大国。这里终年和暖,没有春夏秋冬的区别,田里的庄稼随时可以播种,没有时令季节限制。

在王城北边的山上,有两个巨大足印,相距数十里。据说佛祖曾至此降伏恶龙,留下两个足印,此山因此得名无畏山。信徒在足印边修建了四十丈高的巨塔,外面以金玉装饰。塔下有僧寺,中有五千僧众。寺内有一座金银雕饰的佛殿,镶嵌着各种珍宝,中间供一座一丈高的青玉佛像,右手掌内持一宝珠。当地民众及往来商人,都会到此礼佛致敬。

在无畏寺朝拜玉佛时,法显忽然看到,佛像下商人施舍的物品中,有一支白绢团扇。丝绢是汉地特产,他国皆无。法显猜测这团扇应是产自东晋,由商人从海道带来。他虽自幼生长异族割据的北方,没有到过东晋江南,但对于华夏之人,只要说汉语的汉地就是家乡,法显此时已离乡十余载,每天交往的都是异国之人,说的是西语梵文,所见山川草木都是他乡景象,同行僧人或归或死或留,如今只剩他茕独一身,心中经常充满凄凉之感,如今他对着团扇凄然无语,不禁泪下满面。

法显在狮子国听一位天竺僧人诵经,大意称:"佛祖离世前所用的钵盂,本来在毗舍离国,如今在犍陀卫。[①]待过数千百年,会辗转到西月氏国。再数千百年,当至于阗国。再数千百年,当至屈茨国。再数千百年,当传至汉地。再数千百年,当至狮子国。再数千百年,当还至中天竺,然后飞

---

① 据法显记载,佛钵在犍陀卫国南邻之弗楼沙国。也许这两国有某种渊源,可以互称。

升到兜术天之上。佛钵离开人世后，佛法会逐渐消灭，人的寿命越来越短促，直到五岁、十岁左右。那时米、油各种食粮都会消失。人民会变得极端凶恶，手持的任何物品都会化作刀枪，互相杀害。其中有福善之人逃避入山林，等恶人都相杀死尽，善人才回到家乡。他们会忏悔丧失佛法的不幸，虔心向佛，寿命倍增，终至八万岁。"

法显听讲后，想抄写此经带回。但这位天竺僧人只能背诵，没有写本。

法显在狮子国又抄到了数部汉地没有的佛典，然后登上了一艘去东方贸易的海船。这条大船上载了二百多人，后面还拖带着一条小船，以备大船损坏时转移。

离开港口后就刮起西风，接连两天航行顺利。到第三天，海面掀起大风浪，船板破裂，海水开始灌入船舱。商人们纷纷想逃上小船。小船主人怕人多压沉船，用斧头砍断缆绳，漂流而去。大船上的商人只好将粗笨货物都抛入海中，以减缓船只进水的速度。法显也将自己的行李抛入海中，但哀求商人保留下他携带的佛经。

此后乌云一直遮蔽天空，昼夜不见日月星辰。当暗夜笼罩海天之时，只见汹涌的巨浪搏击相撞，迸发出绚烂的五彩磷光，鼋鼍蛟蜃等怪异生物沉浮其间。

这样漫无目的地漂荡了十三天后，海船终于漂近了一个小岛。趁风浪稍减，人们用各种物品堵塞船板的缝隙，舀出船舱中的积水。这时天还没有放晴，他们小心翼翼地躲避着天边海盗船的踪迹，又行驶了三个月左右，才到达一片陆地。

这里是耶婆提国（在今印度尼西亚苏门答腊），婆罗门教兴盛，佛教没有什么影响。商船到此已是终点。法显在这里停留了五个月，终于等到了一艘去往广州的商船和一位愿意资助他同行的商人。这条船上也搭载着二百多人。他带着五十天的粮食登上了船，按照水手们的经验，这段时间足够航行到广州了。

415 年的四月十六日，商船离港，向东北方向航行了一个多月。一天夜半时分，海上刮起了黑风，暴雨倾泻而下。此后阴云一直笼罩在头顶，水手无法根据日月星辰判断方向。船上的婆罗门议论说："都是因为载了这个佛教僧人，才遇到坏天气。应该给他找一个海岛下船，不要因为他一人让我们受危险。"法显的施主很着急，威胁众人说："你们如果要赶这个僧人下船，就连我一起赶下去！汉地国主敬信佛法，尊重僧人。如果你们敢害死他，等到了汉地，我要向国主告发你们！"众商人无奈，只得作罢。

汉地

商船在海上漂流了七十多天。待到天气放晴，粮食、淡水都逐渐耗尽，人们只能喝苦咸的海水。商人们商议说："往常五十多天就能到广州。现在这么久还没见陆地，应该是方向错了吧？"水手们于是将航向转向西北。航行十二天后，前方终于看到了陆地，商船在一片山麓下靠岸。

盛夏时节，这里山林茂密，不知是何处。但法显忽然看到地上生长着藜藿菜。他走遍诸国，知道只有汉地有这种植物，现在应该是在故乡了，但苦于找不到当地人询问。有的商人说这里就是广州，有人说已经过了广州，莫衷一是。他们决定放下一条小船，由一群人划到内河里寻找居民，打探这是在哪里。

小船不久返回，带回了两个猎人。商人和他们语言不通，无法对话，就让法显试着问他们。这两人说的果然是汉语。他们突然被一群外国人带到船上，非常惊恐。

法显先安慰他们不要担心，又问他们是做什么的。两人看法显是僧人，就不敢说自己是杀生的猎人，自称也是佛家弟子。

法显问他们："你们入山做什么？"

"明天是七月十五鬼节，我们想摘山桃供奉佛祖。"

"这里是哪国？"

"这里是青州长广郡地界的崂山（今山东青岛）。现在都属刘家的天下。"

法显离开长安时，青州这里刚刚被慕容德占据，所以法显不清楚怎么又变成了刘家天下。他向商人转译后，众人都很高兴，选人带了部分货物前往郡城交易，同时向官府申请入境许可。离开汉地十六年后归来，法显已经是七十九岁的老人了。

长广太守叫李嶷，也信佛。他听说有僧人携带经卷、佛像随船而至，就派人到商船迎接法显。商人们则驾船向南，前往扬州贸易。法显独自到长广城，又被太守派人送往北青州治所东阳城。

此时东晋的北青州刺史是申永。他是青州本地人，以前在南燕朝廷任职，南燕灭亡后又为东晋效力，在刘毅的荆州军府任职。刘裕灭刘毅后，他曾协助刘裕处理荆州事务。后刘敬宣遇刺身亡，他便继任北青州刺史。

对于这个沿海道而来的老僧人，申永一度曾有怀疑。因为当时颇有刺探军情的游方僧人。一番接触后，他逐渐消解了这个顾虑，向法显解释：这里在六年前被晋军收复，现在掌握东晋大权的，是太尉、豫章郡公刘裕。

申永还回想起他在江陵刘毅麾下时，当地曾有一个从关中来的西域胡僧，叫佛驮跋陀罗，因为他不满鸠摩罗什等关中僧人的奢靡堕落，在当地被排挤，只得云游到东晋，在江陵安身。他从不依附权门，每天带着弟子外出化缘饭食。刘裕进占江陵后，经人引见，认识了这位佛驮跋陀罗，觉得这才是出家人的真正典范，便将他带回了建康，在京城道场寺驻锡。申永建议法显去建康，与这位佛驮跋陀罗一起翻译佛经。

但法显并不认识佛驮跋陀罗。他已经离开关中多年，也不知道鸠摩罗什以及长安发生的一切，他很想念当年的诸位师友，便请求尽快返回长安。

申刺史让他不要着急，长安此时还是敌国后秦的都城，还是先在此地居留过冬，待来年过了夏日动身不迟。

法显被安置在了东阳城内的佛寺中。六年前广固围城时，正是这里的僧人为慕容超举办了祈求解脱的法会。法显在寺中翻检带回来的梵文经卷,发现其中有一部中土从来没有的短短的《大般泥洹经》,这引起了他的注意。

泥洹就是涅槃,梵文"NIRVANA","NI"是远离,"RVANA"是欲望。以前人们或认为涅槃就是死亡,或者是释迦牟尼悟道成佛后的境界,常人无法达到。但法显细读这部梵经才明白,涅槃不是死亡,而是一种脱离人性欲望的束缚,从而也摆脱欲望带来的一切因果、因缘和轮回的不生不灭状态。任何一个人,只要能解脱欲望,都可以涅槃成佛。法显于是开始将此经译为汉文。

第二年,416年的七月,他在东阳城僧寺坐夏完毕,准备前往长安。忽然有官员带来刺史申永的命令,要他立刻前往东晋都城建康。法显本没有这个计划,但命令没有商量的余地,申永还派了人为法显搬运佛经、行李,护送他一路南下。

离开东阳后,法显逐渐感觉情况有异。一路上的关卡都盘查很严,随行人员也对他的行动颇有限制。行至泗水和汴水交汇处的重镇彭城时,他发现这里已经戒严,军人严格搜查进出城门的行人商旅;彭城之下正在大兴土木,成千上万的民伕在烧砖夯土、加固城墙。这年夏天雨水很大,洪流沿泗水、汴水而下,彭城城墙多处被冲毁。[①]

离开彭城继续南下,本来可以在泗水内顺流行船,但法

[①] 《水经注》卷二十三:"义熙十二年(即416年),霖雨骤澍,汴水暴长,城遂崩坏。冠军将军,彭城刘公之子也,登更筑之。悉以塼垒,宏壮坚峻,楼橹赫奕,南北所无。"

显和随从这次只能走沿河陆路。河里行驶着溯流北上的船队,连绵无尽,船上满载粮草、被服、攻城器械等各种军用物资。一列列步行、骑马的晋军士兵迎面开来,与法显一行擦肩而过。

法显忽然明白,申刺史何以不放他去后秦的长安,却强令他去建康:北方要发生大战了。

第十一章 西征后秦

- 姚秦王朝
- 反季节用兵
- 初战河南
- 受阻潼关
- 北魏介入

姚秦王朝

　　法显之前五百年,当汉武帝把疆域拓展到黄河以西时,汉人和生活在青藏高原上的羌人相遇了。羌人活动的地域比氐人更偏西,海拔更高,那里有崎岖的山地,也有广阔的草场,人们过着半农半牧生活,在山谷里种植青稞,在草地上放牧牦牛和羊群。他们都是分散的各部落,政治上很少有统一的时候,还没有文字,部落酋长在征收贡赋、与外界贸易时,在绳子上打结计数。

　　羌人有一些奇异的风俗:他们喜欢吹竹笛,据说汉地的笛子就来自羌人。羌人女子将头发梳成很紧的发髻,以绣满鲜艳花纹的毡衣为盛装,男子则把长发披散在肩上。烤肉半熟后刀切抓食,鲜血淋漓间。男子以战死为高尚,耻于老病而死,每当病重时多用刀自杀。父母死后子女不哭泣,而是纵马狂奔、唱歌长啸。徒步作战时,他们多一手持刀一手持木盾,盾牌为圆形,中间隆起甚高;受伤后用刀割破马脖颈,接马血喝下,伤口便很快痊愈。

　　汉代朝廷设有护羌校尉,管理边境上的羌人部落。羌人也曾数次起兵,甚至攻到洛阳近郊。但他们从不离开山区。从青藏高原到陇西,东进黄土高原,再沿山西的山地进至太行山中,可直接威胁中原的核心地区。这是羌人很熟悉的一条山地走廊。

　　曹魏到西晋时,朝廷曾将一些羌人酋长征发到洛阳定居。

其中有后秦开国之君姚苌的曾祖姚馥。他嗜酒，喜吃酒糟，是当时洛阳上层子弟寻开心的对象，称他为"老羌"或"渴羌"。有人说朝歌县有商纣王的酒池肉林，就任命姚馥担任朝歌县令。

后赵石虎时，西部的姚氏羌人部落被迁徙到河北定居，和同样从西部来的氐人生活在一起。石赵政权崩溃后，这些羌人部落在姚襄的带领下向西返回，他们被氐人的前秦击败、臣服。前秦崩溃时，姚襄的弟弟姚苌建立起了自己的后秦王朝，割据北中国西半部，占据着故都长安、洛阳。

416年，后秦皇帝姚兴因服用五石散中毒而死，二十八岁的太子姚泓即位。姚泓虽正当盛年，但性情软弱，兄弟们多觊觎皇位，只有其叔父姚绍为之尽力。

刘裕占领南燕时，曾准备一鼓作气攻灭后秦，但迫于卢循突然起兵而止，之后又是与刘毅和司马休之的内战，致使伐秦的计划延宕六年之久。数年来，不满刘裕的东晋宗室纷纷逃往后秦，想在羌人的支持下杀回江南。司马休之、鲁宗之等兵败后，也都逃奔后秦，所以刘裕终于决心西征攻灭后秦。他以二弟刘道怜为荆州刺史，檀祗为江州刺史，镇守上游。刘道怜性情贪鄙，无甚才能，但毕竟无反噬之虞。刘穆之现任尚书左仆射，负责朝廷事务。

刘裕最担心的是晋安帝的弟弟、琅琊王司马德文，他让司马德文和自己一起出征，防止其在后方生事。按计划，这次占领后秦后，晋军将继续北上攻灭拓跋人的北魏。刘裕已经五十四岁，急于在有生之年统一中国全境。

对刘裕此次远征后秦之举，东晋士族们的态度依然是冷眼旁观，和桓温时代相比，他们如今在政治上更加边缘化，只能暗中祈祷刘裕在战争中一败涂地，士族才能重温旧梦。

出征前，士族高门庾登之担任刘裕太尉府的主簿，他的曾祖父庾冰在东晋初掌控朝政多年。当刘裕和朝臣商讨伐秦的可行性时，庾登之击节赞赏，表示愿为此战献身。会议结束后，他却私下找到刘穆之，诉苦说家有老母，希望调换一个郡太守的职位，试图以此逃避远征。此事影响极坏，刘裕大怒之下，将其免官除名。但刘裕又不想对这些无能之辈太严苛，大军开拔后，他给后方的刘穆之写信，要求给庾登之安排一个郡太守职务。

和庾登之形成对照的是七旬老人孔靖。他是刘裕旧交，当年刘裕在浙东准备起兵攻击桓玄，就曾与孔靖密谋。刘裕决心远征时，孔靖刚刚从三品领军将军之职退休，又向刘裕请命随军出征。这位老人厌倦了富贵闲适的生活，想亲历收复中原的盛举，刘裕把他安排在自己军府中，准备由他主管占领区的文教事务。

反季节用兵

此次远征，东晋从二月开始举国动员，准备时间近半年。刘穆之带两万兵力留守朝廷，朱龄石也驻扎建康镇守后方。

其余各州主力悉数征调上前线。当前方部队部署到位，416年八月，刘裕统帅晋军主力离开建康，沿水路向彭城进发。

关于进军路线，刘裕的计划是从泗水、汴水两路北上入黄河，再溯黄河进入关中。这条路线的前半段与当年桓温北伐前燕一样，是不得已而为之。

影响部队推进速度的最重要因素是后勤，即军队的粮食供应。北方民族有充足的马匹和骑兵。他们南下侵掠的惯用战术，是以骑兵主力直接突入战线后方，一部分骑兵围困晋军的设防城市，其余骑兵化整为零，分散到乡村间抢劫粮食，收集草料。这样部队进攻时就不需要携带大量粮草辎重。骑兵行军速度快，活动半径大，可以在百里之内当日往返，城市周围百里之内的粮食，都可以成为军队补给。骑兵的优势是野战，攻城能力弱，但他们对城市可以围而不打，只破坏农村、强制迁徙居民。

反之，晋军方面因为缺乏骑兵，没有速度优势，难以因粮于敌，只能自己携带大量粮草出征，这大大增加了后勤压力。

水路行进缓慢，无法给敌人以猝不及防的突然打击，速度的优势一直属于北方政权而不是南方的刘裕。同时，速度的劣势也带来数量的劣势。因为一旦开战，各地分散的部队无法很快集结到一处。所以会战中，北方军队总是拥有数量优势。

刘裕一直想拥有强大的骑兵。灭燕之初，他用鲜卑降兵组建了东晋第一支具装骑兵部队。他的太尉府中除了以往就有的中兵曹、外兵曹，还专门增设了骑兵曹，但因为南方不产战马，晋军骑兵一直未能形成规模。这次远征西北，他还要采用南方的传统战术，靠河道解决粮运问题。

他面临着和当年桓温一样的难题：泗水和汴水与黄河交汇的河口都已淤塞多年，不能通行，首先要开通这两条河道。北魏拓跋军队还占据着黄河下游南岸，控制着桓温当年通过泗水及巨野泽行军之地。如果走泗水之路，势必要和北魏军队先发生战争。

按照刘裕部署，此时各支前锋部队都开始向北进军：

东线，王仲德从晋军控制的北青州出发，进入北魏占领区，开通巨野泽入黄河之口（旧桓公渎）；

中线，沈林子循汴水故道西上，负责开通黄河流入汴水的石门水口；

西线，王镇恶、檀道济从寿阳出发，分路北上进占洛阳，同时协助沈林子开通石门。

刘裕叮嘱沈林子和檀道济、王镇恶：待攻克洛阳后，不要急于进军，一定要先开通石门水口，等他带领的主力从水路赶来会合，再一同西进。

刘裕带水军主力和粮草辎重坐镇彭城，等汴、泗两条水道中的一条开通，就循之进入黄河、前往洛阳与前锋诸军会合。最好的局面是先开通汴水航道，从彭城到洛阳，这条路最近最便捷，而且可以避免走泗水时与北魏发生冲突，两线同时作战毕竟是最下策。

史书没有记载此次西征军队的数量。根据以往的战争规模推断，三支前锋部队应均在数千人规模，刘裕的水军主力

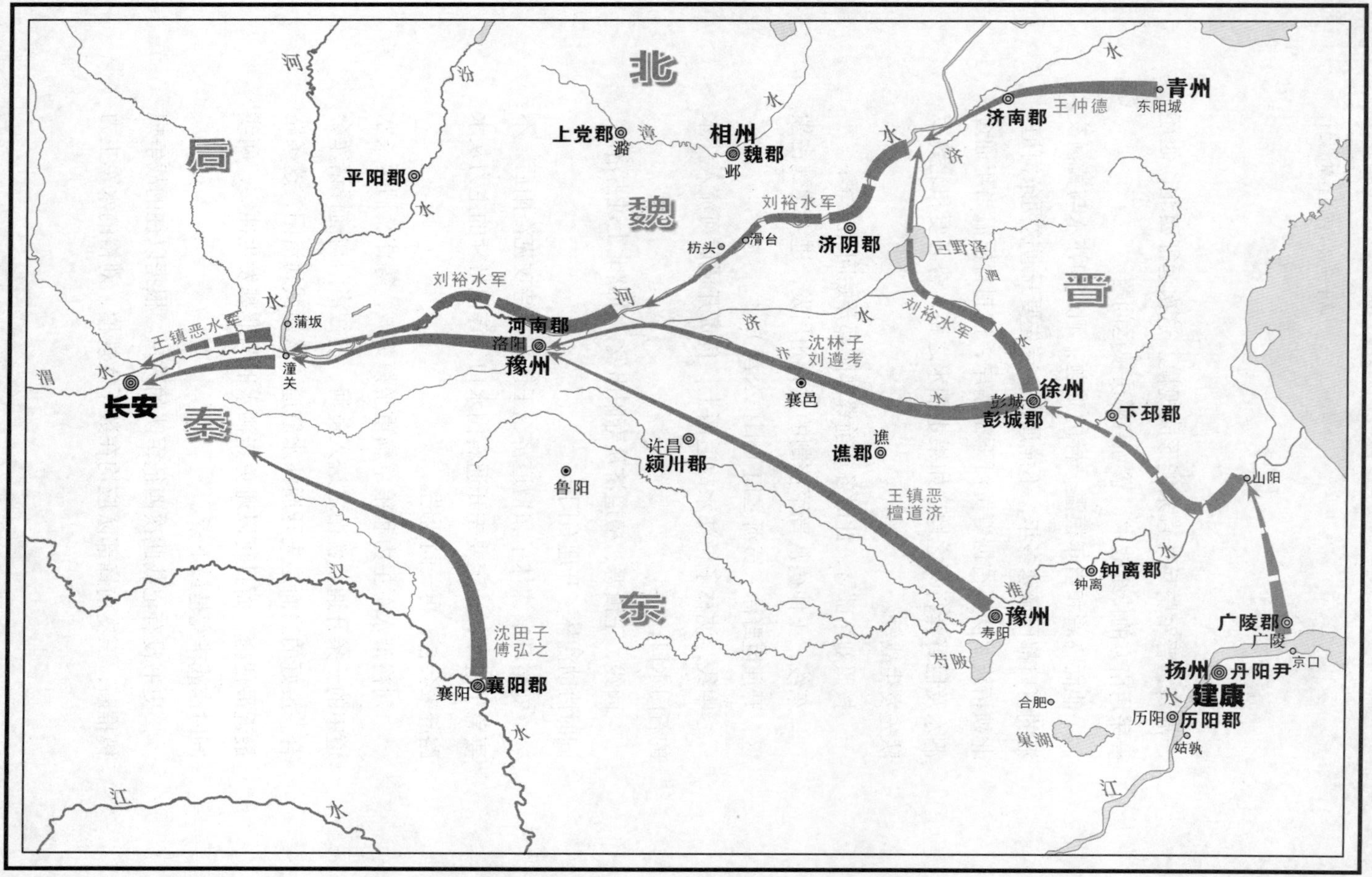

北
魏
后
秦
晋
东
青州
东阳城
王仲德
济南郡
上党郡
潞
漳
相州
魏郡
邺
平阳郡
汾
河
水
刘裕水军
济阴郡
滑台
枋头
巨野泽
泗
刘裕水军
河南郡
洛阳
豫州
蒲坂
潼关
王镇恶水军
渭
长安
济
沈林子
刘遵考
襄邑
徐州
彭城
彭城郡
下邳郡
许昌
颍川郡
谯
谯郡
鲁阳
王镇恶
檀道济
山阳
钟离郡
钟离
淮
豫州
寿阳
芍陂
广陵郡
广陵
京口
扬州
丹阳尹
建康
历阳
历阳郡
姑孰
合肥
巢湖
江
汉
沈田子
傅弘之
襄阳
襄阳郡

应在三四万人，总兵力应在五万到六万。此外，到战事后期进攻关中时，西部的荆州、雍州（襄阳）战区也可以提供一部分辅助兵力，但数量可以忽略。

此次发起全线进攻的时间是八月，这是一个前所未有的选择。刘裕之后的南方军队，也再无人敢在这个季节开始北伐。

以往晋军历次北伐，都选在雨季之前的四五月份开始。这是为了利用雨季时河道水量充沛，行船便利。另一方面，南方人不习惯寒冷，所以希望会战发生在夏季，从而在冬天来临前结束战争。刘裕当初伐南燕也是这样选择的。

但此次伐后秦，刘裕恰恰反其道而行之。他的考虑是：此战战线宽阔，纵深极大，即使春天出发，也难以在冬天到来前结束战事。所以他把战事分作两个阶段：第一阶段攻占河南；第二阶段攻占关中。

入秋时开始第一阶段的进攻，这使得晋军北上的步伐恰好与冬季的到来同步，士兵们可以在进军中逐步适应北方的寒冷。待攻克洛阳、占领河南后，士兵们能够在休整中度过冬季，来年春天正好乘势攻入关中。他上次攻灭南燕时，也是有意把广固围城战放在秋冬季节，甚至拒绝用谈判等诡计夺取城池，都是为了锻炼士兵们在北方冬天作战的能力。

这样做的风险也最小。因为羌人的根据地在关中，应不会全力死守河南，所以第一阶段的战事不会太惨烈，正好给晋军提供适应北方冬季的机会，万一战事不利，也可以及时撤退，不至于满盘皆输。至于攻入关中的最关键战役，将在晋军最适应的夏季展开，希望能以天时抵消敌军的地利优势。

刘裕的另一个优势，就是拥有一批经验丰富的军官。这些人大都是他京口起兵的旧部，参加过平南燕，灭卢循，除刘毅，逐司马休之，经历了多次战争的锻炼，经验胆识一流。他的多数士兵也久经沙场，这种经验比数量优势更重要——因为缺乏机动性，晋军在局部战场上从来都处于数量劣势，只有依靠兵员素质和将领的头脑。

这次西征是举国动员，军队中也增添了不少新兵，但有经验丰富的军官指挥，有足够的老兵做示范，这些新兵应该能很快适应残酷的战斗。

此时，宁州（今广西）刺史给刘裕送来一个整块琥珀做成的凉枕。刘裕平生不喜宝物，得到这个枕头却很兴奋。因为琥珀粉末可入药治疗外伤，特别是头部创伤。他命人将其研磨成粉末，分发给各部队。

九月，刘裕水军行至彭城，他在这里驻扎，观察前线各路军队的战况。

初战河南

进攻开始后，东线的王仲德部最顺利。

北魏拓跋人在黄河南岸的据点是滑台城，与北岸的枋头隔河相对。这里是黄河上的重要渡口、南北行旅的必经之路。北魏在这里设了兖州府，由刺史尉建领兵驻防。

王仲德率步兵先攻克了魏军驻守的凉城，朝滑台进发。[①]尉建看晋军来势凶猛，自感不敌，率部弃城逃到黄河以北。王仲德顺利进占滑台，控制黄河南岸。按照刘裕的部署，他命部下朱牧、竺灵秀、严纲率兵到巨野泽入黄河处，开挖当年桓温北伐故道。

        对晋军北上，北魏政权十分紧张。此时北魏都城在平城（今山西大同），皇帝是拓跋珪之子、明元帝拓跋嗣。他担心刘裕此行的目标是北魏，下一步就要北渡黄河、攻入河北，急忙派叔孙建、公孙表带兵南下侦察情况。魏军渡过黄河，到达滑台城下，先将尉建拖到阵前斩首，尸体投入黄河中，又向城头的晋军喊话，质问为何突然来侵。

        王仲德命部下出城会见北魏将领，解释说："我朝刘太尉要驱逐羌人，光复旧都洛阳。我军这次北来，本来准备用七万匹布帛向魏军买路。没想到魏军守将弃城逃跑，我军借空城驻扎，马上就要继续西征，两国依旧交好，贵军何必示威？"

        魏军看晋军的目标不是河北，滑台等地也设防严密，无机可乘，遂退回黄河北岸。

        沈林子和王镇恶、檀道济两路也在按计划进军。沈林子部沿汴水故道而上，攻占控扼汴水的重镇仓垣，驻防此地的后秦兖州刺史韦华投降。沈林子在北上的过程中发现，由

[①] 按，据《宋书·刘裕本纪》："公又遣北兖刺史王仲德先以水军入河。仲德破索虏于东郡凉城，进平滑台。"则王仲德部似为水军进兵。但这时巨野泽入黄河故道尚未开通，无法动用水军。《魏书·帝纪第三·太宗纪》："司马德宗相刘裕溯河伐姚泓，遣其部将王仲德为前锋，从陆道至梁城（当为凉城）。"可见王仲德进兵亦是从陆路。《资治通鉴》同晋书，误。

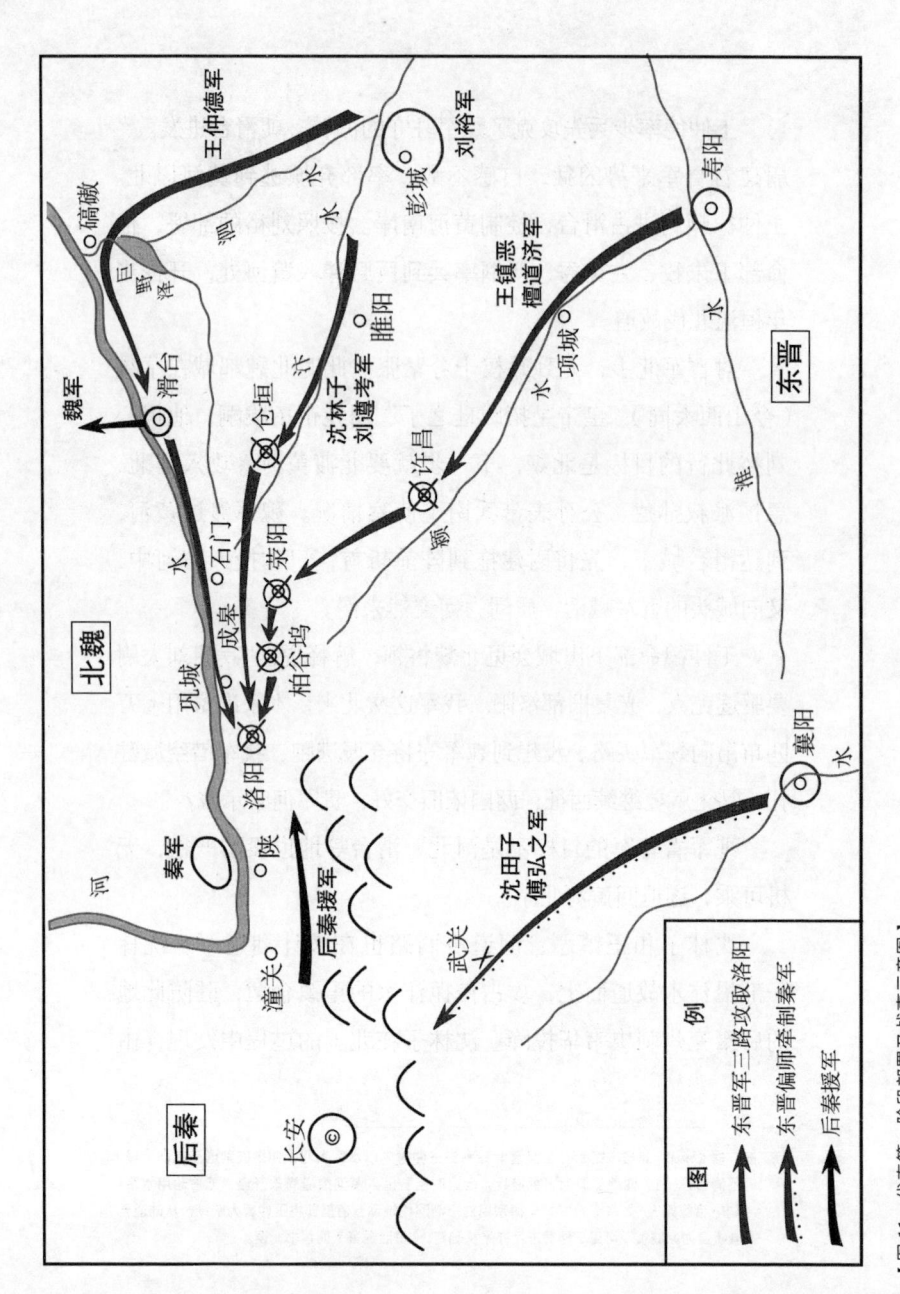

【图11：伐秦第一阶段部署及战事示意图】

于汴河故道多年荒废，如今长满了树木，七百里河道已成荒林——这意味着即使掘通石门水口，汴河依旧不能通航。他遣使报告刘裕，要后方尽快派兵砍伐河道中的树木。

檀道济、王镇恶部沿颍水北进，驻防项城的后秦徐州刺史姚掌投降。许昌、新蔡二城坚守，被攻克。新蔡太守是汉人董尊，被俘后绑送檀道济行营。檀道济问他为什么不及早投降。董尊厉色说："古代圣王征伐，对待士人都很有礼貌。你们怎么敢这么侮辱我！"这是激将法，用礼贤下士的道义镇住对方，当时往往有效。但檀道济不理会这一套，下令将董尊斩首。

十月，沈、檀、王进抵洛阳百里之内。姚泓派出三千骑兵和一万步兵，正从关中赶赴洛阳增援。

此时镇守洛阳的是后秦征南将军、陈留公姚洸。有人建议他集中兵力，固守洛阳西北角的金墉城等待援军。姚洸不从，派出两支千余人的部队，一支向南据守柏谷坞，一支向东支援黄河岸边的虎牢城。虎牢守军已投降檀道济，援军行至半路才获悉，又匆忙撤回洛阳。

固守柏谷坞的秦军由赵玄率领。柏谷坞建在洛水边一块十余丈高的台地上，北面临水，控扼航道，南面是一条峡谷，谷中密集生长着柏树，幽暗不见日光，只有一条曲折的小路通到坞前。王镇恶派毛德祖力战破坞，赵玄战死。晋军进抵洛阳城下。

姚洸看诸军尽没，援军无望，只好举城投降。城内有羌人官兵及家属四千余人。晋军将领想杀掉这些人，筑成高台记功立威。但檀道济为瓦解羌人的抵抗，命将这些人都释放，任其返回关中。

檀、王和沈林子两路晋军都开进了洛阳城，他们一面加固城防，一面肃清周边残余的羌人军队。

此时，后秦赶来支援的骑兵已进至洛阳以西不足百里的新安县，步兵进抵三百里外的湖城。得知洛阳已经陷落，他们只好原地驻防固守。

按照刘裕部署，沈林子派刘遵考开挖石门水口，开通黄河流入汴水的通道。这段水口在黄河南岸的两座小山之间，春秋时为邲地，当年晋、楚两国曾在这里发生大战，结果晋军战败，士兵争相上船逃命，上船者用刀砍攀住船舷的人手，舱底被砍落的手指成堆。

秦汉之际，汴水的此段被称为鸿沟。项羽、刘邦分据东西，战争持续多年。项羽后方根据地是彭城，通过汴水进行粮运；刘邦的后方是关中，靠黄河航运获得粮食。双方也都以骑兵部队渗透敌后，破坏对方粮运。

从汉代以来，石门水口就时常湮塞，需要人工疏浚才能保证汴河通流。南北分裂后，河政荒废，此处已断流淤塞多年。如今又进入冬天封冻期，开挖工程艰巨。晋军缺乏技术人员，选址不准，曾挖通一条渠道，结果水流汹涌，冲刷作用造成山体滑塌，水口又被重新堵塞。

此时已近年底。汴水、泗水两条水道都未开通，在彭城的刘裕还不太着急。第一阶段克复河南的目标已经完成，现在前锋各军据守洛阳、度过冬天即可。只要在来年雨季前开通河道，就不影响第二阶段的入关计划。

他先派幕僚把克复洛阳的战报带回建康，并让他私下提醒留守的刘穆之：前方取得如此胜利，朝廷应该考虑给刘太尉晋爵、授九锡。刘穆之一贯自命为刘裕的心腹，却没想到刘裕的这个心事，一时颇为尴尬。朝廷急忙以晋安帝名义发诏，任命刘裕为相国，爵位由豫章郡公升为宋公，并加"九锡殊礼"。

诏命传到彭城，刘裕却按惯例推辞不接受。他的计划是在攻灭后秦、北魏后再接受此待遇，现在只是做前期铺垫。

此次出征，除了荡灭羌人、拓跋人的目标之外，刘裕心中隐隐还有一个打算，就是结束早已名存实亡的晋王朝，改朝换代登上帝位。

桓温曾经以北伐为掩护，暗存篡夺之心，但他没有真正北伐的才能和决心，也经不住士族集团对他的消磨，功亏一篑而亡。桓玄面对的士族对手才智更低下，稍施无赖手段就登上帝位，但也更迅速地跌落下来。如今士族政治大势已去，重建皇权的事业，只能由刘裕这种战争中搏杀出来的军人完成。

但这个过程仍颇曲折。虽然曹魏代汉、司马氏代魏都是先例，但那只能提供一些仪式程序上的参考。曹氏、司马氏和平过渡、建立新朝的代价，是对士族阶层的笼络收买，更多地承认其世袭特权，而刘裕的作为正与此相反。京口一干武人的崛起，将门阀士族们排挤到了政治舞台的边缘，不能再像以往一样家族分肥、传承子孙。刘裕主政以来政令严厉，令行禁止，也大大限制了士族的经济特权。士族们虽已无力阻止他，但也不可能主动帮助他废晋自立。

刘裕依靠的是跟随他征战起家的将军们。但他们都是粗疏武人，改朝换代对他们来说几乎是不可想象之事，无法主动帮刘裕走上这一步。此时刘裕最需要的，是善于揣摩上意、逢迎趋合的势利小人。可惜他手下实在缺乏这种角色，竟使他一时颇为踌躇。

受阻潼关

天寒地冻、风雪交加之中，东线巨野泽入黄河的水道终于开通。王仲德又建大功。

西线的石门工程依旧进展缓慢。驻扎在洛阳的诸将已经按捺不住：他们自信，仅凭洛阳这一万多兵力，完全可以直入关中、荡平后秦。

首先行动的是王镇恶。他本是关中人，急于富贵还乡，不顾严寒天气和刘裕的部署，率部开出洛阳向西冲去，接连攻克后秦骑兵据守的新安、渑池县城。

当年苻坚败亡、关中扰乱时，王镇恶还是少年，曾经流落到渑池，被当地人李方母子收留。离别李方时，他说："今后镇恶如果富贵，一定重重报答您。"李方回答："你是王猛丞相的孙子，又有如此人才，何愁不富贵！到时你能让我在本县做个县令就知足了。"此时王镇恶率部开进渑池，直接进入李方家，升堂拜见其母，当场任命李方为渑池县令，又赠送了很多财物。

王镇恶部继续西进，又击败来救援洛阳的后秦步兵，占领弘农郡（今河南三门峡市），俘获后秦弘农太守尹雅。但对方伺机脱逃，又回到了秦军之中。

檀道济、沈林子二人看王镇恶一路西进，杀入潼关在即，担心灭秦之功被他一人独占，也都率部开出洛阳，向关中方向急进。

晋前锋诸将络绎西进之时，后秦内部发生动乱。姚泓之弟、驻防黄河北岸的并州刺史姚懿，本来受命南渡黄河阻击晋军。他觉得晋军威胁尚远，这反倒是取姚泓而代之的好机会，于是乘乱起兵，收集黄河北岸的军队、粮食，回头杀向关中。后秦朝廷顿时一片混乱。

姚泓的叔祖、东平公姚绍受命东渡黄河，进剿姚懿叛军。当姚绍与姚懿激战之时，关中又起事变：负责防御赫连勃勃的齐公姚恢也在西北的安定起兵，率领部下数万人杀奔长安。姚泓急令姚绍火速回师保卫长安。

417年的春节，后秦君臣在长安宫殿举行朝会。此时恰好发生日食。姚泓想到晋军攻势凌厉，国家内部动荡，加之天垂异象，恐是国祚不保、大难临头之兆，不禁泪下。群臣也都泣不成声。这番情景，恍然与七年前广固城头的慕容超酷似。

姚绍扑灭了姚懿叛军，急忙回师入关，与姚恢叛军在长安城南对峙。姚恢命部下展开进攻。从潼关回师入保长安的姚赞部恰巧赶到，与姚绍前后夹击。叛军大败，姚恢被斩。

姚绍又急忙带秦军主力赶赴潼关固守，阻击晋军来袭。

刘裕获悉汴水开通尚遥遥无期，洛阳诸将又都违令杀奔关中，只得于417年一月从彭城出发，率舟师溯泗水开向黄河。此行必然与拓跋人发生冲突，但没有别的选择。

王镇恶部此时已进抵潼关不远处。檀道济、沈林子则北渡黄河，试图趁秦军重点防守潼关之机，从北路的蒲坂关攻入关中。417年二月，沈林子击败后秦河北太守薛帛，攻克襄邑堡，获得兵粮补充后进向蒲坂。但后秦并州刺史尹昭固守蒲坂，晋军几度强攻都未能攻克。

檀道济又分兵进攻后秦在黄河北岸的重要据点匈奴堡，被守将姚成都击败。黄河北岸战局陷入僵持。

此时姚绍率五万兵力进至潼关，又派姚赞率禁军七千增援蒲坂。沈林子和檀道济商议，认为蒲坂城险兵多，一时难以攻克。王镇恶独自面对潼关秦军，形势孤危，不如现在渡河与王镇恶合兵，一起攻克潼关，那样蒲坂将不攻自克。

三月，檀、沈、王在潼关下合兵。姚绍率数万秦军主力开出潼关，列成方阵向晋军开来。檀道济等看敌军数倍于晋军，固守营垒不敢出战。秦军开始逼近晋军垒墙。

沈林子部在晋军前方最右翼。他率部下数百人冲出营垒，与临河的敌军发生激战。后秦军阵人数太多，拥挤不便调动，士兵们听到西北方的厮杀声，开始惊惶起来。檀道济、王镇恶乘机进攻。秦军溃散大败，数千人被杀、被俘。

姚绍逃到三十里外，才收集逃散部队，重新固守潼关。他获悉晋军的粮草全靠洛阳陆路运送，于是命姚鸾翻山潜入

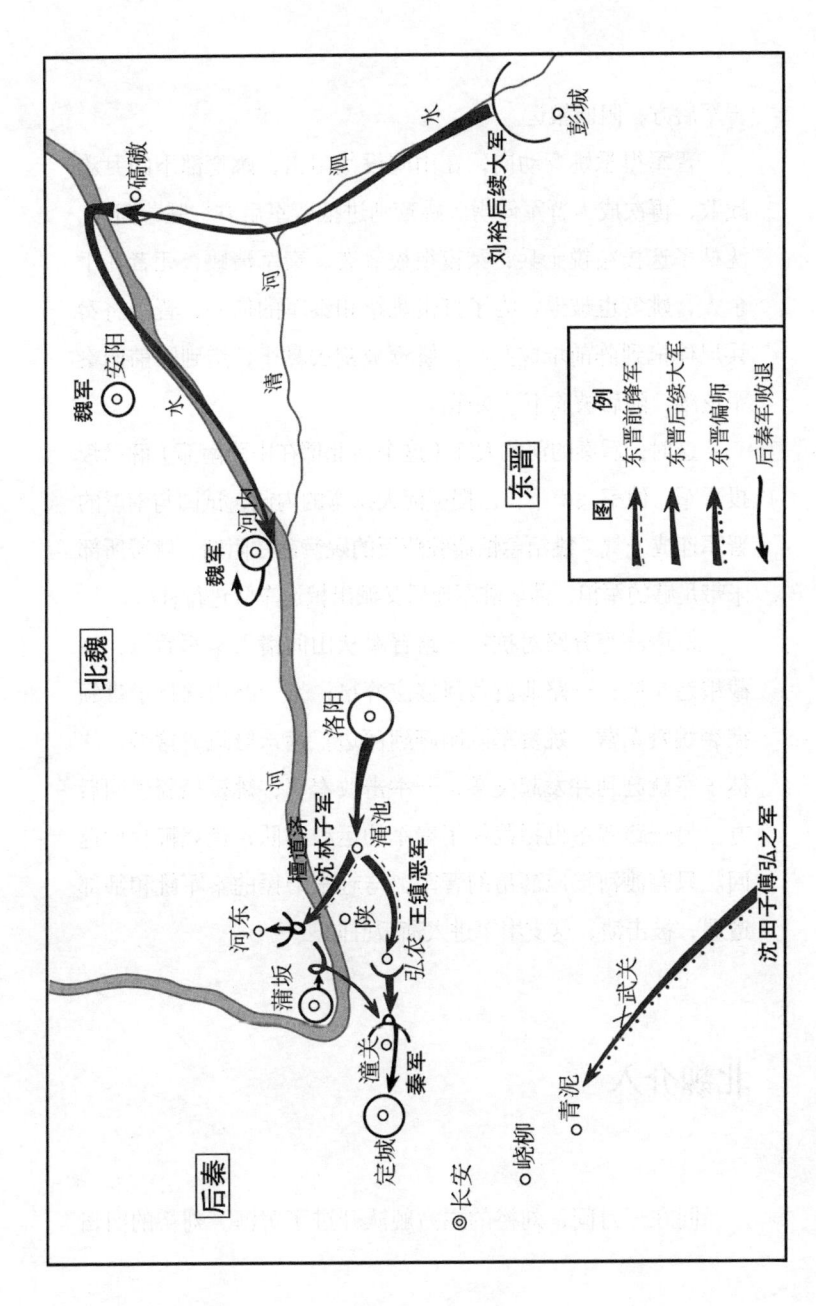

[图12：潼关战事示意图]

晋军后方，阻断粮运。

晋军得悉姚鸾动向，在山间设伏阻击，姚鸾部下的尹雅战败，再次成为晋军俘虏。姚鸾则进抵晋军后方，驻营固守。沈林子选拔精锐士兵，乘夜衔枚偷袭，秦军溃败，死者九千余人，姚鸾也被俘。为了打击姚绍和秦军的信心，晋军将秦兵尸体拖到阵前堆成高丘。姚鸾被割去鼻子，送到阵前向秦军炫耀，随后被砍下了头颅。

这时，后秦的河北太守（这个河北郡在山西南部）薛帛叛投晋军。他率兵南下，占据黄河大拐弯的内侧，试图与南岸的晋军连成一气。姚绍急忙命驻蒲坂的姚赞前往阻断。姚赞所部未带足够的军粮，蒲坂驻军随后又派出粮运车队进行补给。

檀道济等分路对抗：一路晋军从山间潜入秦军后方，拦截粮运车队；一路北渡黄河接应薛帛；另一路由沈林子带领突袭姚赞军营。姚赞军队刚赶到河边，尚未修筑成营垒，沈林子军就赶到并发起突袭，一举击败秦军，姚赞轻骑逃回后方。另一路晋军也拦截住了秦军的运粮车队，焚烧粮食后返回。只有渡河接应薛帛的晋军，与赶来增援的秦军姚和都部遭遇，被击溃，这支秦军进入蒲坂驻防。

北魏介入

同在三月间，刘裕的主力舰队开进了黄河。刘裕的旧日府主刘牢之,当年也是从此路进入黄河,与鲜卑慕容垂展开厮杀。刘裕希望避免与魏军发生冲突,先派使节赶赴平城,宣称此次进入黄河下游河段,是向北魏方面借道,西行征讨后秦,对北魏没有威胁。

姚泓向北魏求援的使臣此时也赶到了平城。后秦和北魏皇室有联姻之好,所以魏主拓跋嗣颇为踌躇。考虑再三,他决定先不招惹刘裕,以免引火烧身、刺激晋军渡河北上。拓跋嗣派长孙嵩负责黄河以北的军事防务,又派振威将军娥清、冀州刺史阿薄干率步骑十万(这个数字肯定有夸张)驻扎黄河北岸监视晋军,防范其突然登陆北上。

刘裕水军进入黄河后,留军驻防入河口处的碻磝城,带主力继续西进。这个季节,上游山地的冰雪消融,黄河中水量大增。山间桃树、杏树的缤纷落花汇入浑浊的河水,时人称为"三月桃花水"。这是黄河很容易发生溃堤决口的季节。由于河流湍急,舟舰难以逆流而上,只能靠士兵们在南岸河滩上用纤绳拖曳,艰难前行。

北岸魏军派出数千骑兵,隔河监视刘裕船队。河中风急浪大,波涛汹涌,一旦有晋船被冲到北岸,魏军骑兵立刻冲上船,杀掉其中的晋军,抢掠船中物资。

一次,胡藩所部一艘大舰被冲到北岸,拓跋骑兵冲到船上杀死了军人,搬运船中的物资。胡藩见状愤怒,带部下十二人乘一条小船驶向北岸。拓跋骑兵见这样一条小船独来,都站在岸上观望取笑。胡藩擅射,登岸后用弓箭射死十余人,北魏骑兵急忙退走,胡藩率部下又夺回了大舰。此后拓跋骑兵只抢掠漂到北岸的船只,不再与晋军发生正面冲突,看到晋军登岸就跑远,待晋军上船后又回来。晋军缺少骑兵,无法解除拓跋人的威胁。

刘裕决心给拓跋人一个教训。他派丁旿率七百士兵、一百辆辎重车登上北岸,七人拖曳一辆车,沿河岸首尾相连,排列成一道弧形的防线"缺月阵"。拓跋骑兵看到晋军士兵和车辆登岸,不明底细,都站在远方观望。

丁旿排列好车辆后,按计划竖起一面白旗。朱超石已受命率二千士兵乘船靠近,看到白旗后迅速登陆,每辆车上增添二十名士兵和大弩一张,朝外一侧的车辕上架设木墙掩体。

魏军骑兵逐渐策马跑近试探。朱超石部先用软弓小箭射击,引诱敌军发起攻势。北魏骑兵看晋军弓不能射远,箭不能穿甲,便开始围拢进攻。

这时魏军统帅长孙嵩、阿薄干闻讯,又率三万名骑兵赶到,投入进攻。晋军士兵站在车上,以木墙为依托,用强弩射击蜂拥而来的敌骑兵。魏军骑兵人多拥挤,无法冲开车辆形成的临时壁垒,都下马持短兵肉搏,拥挤在车下与晋军对砍,他们还试图搭人梯翻过木墙。

晋军当初进攻南燕时就遇到过这种局面,此次早有准备:朱超石部登岸时,携带了长槊千余支,大锤数百柄。此时陷入肉搏,长槊难以发挥,他们就把长槊截短为三四尺,插入木墙缝隙间,挥舞大锤砸击。魏军密集拥挤在墙外,像钉钉子一样被瞬间刺穿。每支槊都能穿透数人。车下顿时堆满了尸体和垂死挣扎的拓跋士兵。

晋军乘机发起攻击，魏军溃散。胡藩、刘荣祖等也率部登岸追杀。阿薄干在乱军中被斩首。晋军一直追到魏军固守的畔城，来不及逃入城中的数千魏军被杀死。城中魏军发现晋军追兵并不多，又涌出城包围了晋军。朱超石率众奋战，再次杀退魏军，才返回黄河舟中。

从此，魏军只是隔河远远观望晋军，不敢再靠近河岸。

刘裕在黄河中与魏军鏖战时，潼关诸军正面临粮荒。此时正是青黄不接的季节，洛阳一带本来居民稀少，能征收的粮食有限，更难从山路辗转运送到数百里外的战场。檀道济、王镇恶、沈林子召集众将商议，很多人主张抛弃营垒辎重，回东方与刘裕主力会合。沈林子怒道："此行是要荡平关陕、恢复北方。如今河南已克，大事能否成功，全靠我等前锋尽力。现在敌军虎视眈眈，想回东方谈何容易！我肯定不撤退，不知想撤的诸位，还有没有脸面再见到刘太尉！"

众人决心苦战到底。他们派信使奔驰东下，找到正在逆流而上的刘裕主力，希望能从黄河上为潼关提供粮援。刘裕在楼船中听完报告，打开朝北一面的窗户，指着北岸上的拓跋骑兵对信使说："出发前，我已经告诫诸将，攻克洛阳后不要急于进兵。现在你自己看，北岸如此形势，我怎么提供援助！"

看到后方粮援无望，王镇恶亲自回弘农，动员当地百姓提供军粮，甚至进入豫西山地的荒村中搜罗粮食，潼关晋军勉强得以维持。

在潼关的相持进入四月时，刘裕舰队终于驶过受拓跋人威胁的河段，开向洛阳。他派王仲德部护送粮船前往潼关，檀道济等此时才得到了主力增援。

刘裕通知潼关诸将,先减缓进攻步伐,抓紧时间休整,准备主力赶到时再发起总攻。他还传令襄阳方向,命沈田子、傅弘之率千余晋军从武关北上,进攻蓝田、青泥方向;汉中方向的两支千余人小部队,也分别沿子午谷、洛谷北上,对关中形成合击态势。这几路兵力都不多,目的是分散秦军兵力,减轻潼关檀道济诸军压力。至此,西征终于挺过了最困难的时节。

第十二章 故国往事

- 时空之旅
- 探秘桃花源
- 长安克定
- 失关中
- 残年帝业
- 南朝余波

时空之旅

刘裕舰队从黄河驶入支流洛水，溯流西行，逐渐驶近洛阳城。再进入洛水的一条支流——阳渠水，它通往环绕洛阳的护城河。

洛阳，是周武王灭商后营建的新都，东汉、曹魏、西晋三百年建都之地。中原倾覆百余年来，匈奴人、羯人、鲜卑人、氐人、羌人相继成为它的主人。这是东晋军队第三次开进洛阳：第一次是五十余年前后赵王朝瓦解，第二次是三十余年前苻坚兵败淮南。

距离洛阳七里远，有石桥横亘渠水之上，名"七里桥"。这座桥用大块的条石砌成，巍峨壮观，桥拱是高大的半圆形，大型船只放倒桅杆后也能驶过。昔日洛阳人送亲友东行，经常到此话别分手，所以也称"旅人桥"。

担任舰队前锋的朱超石仔细察看了石桥，桥上刊刻着建造时间和用工量：太康三年（282）十一月初开工，次年四月底完工，每日用工七万五千人。[①]当时西晋王朝刚刚平定东吴，天下一统，国势正如日中天，方能兴建如此规模的工程。屈指算来，已有一百三十五年。

舰队继续西行。洛阳城头的堞雉逐渐浮现在树木掩映间，上面飘扬着晋军的旗帜。数千晋军正在毛修之统领下修缮城垣。

[①]《水经注》卷十六引朱超石《与兄书》。

渠水直通向洛阳朝东三座门中最北面的一座——建春门。舰队又驶过两座巨大的石桥，抵达门下。昔日承平岁月，建春门下有朝廷的储粮仓库"常满仓"。每年缴纳贡赋的时节，各地络绎驶来的运船上千艘，都停泊在仓下码头卸载粮食。[1]

昔日建春门外路北有牛马市，"竹林七贤"之一的名士嵇康，因触怒司马昭在此处被斩首示众。当时他看到阳光的影子还未到正午，离行刑尚有片刻，遂向市人索琴一张，在万众围观和牛嘶马鸣的腥臊喧闹中从容弹奏一曲《广陵散》，然后引颈就死。[2]

刘裕舰队停泊在建春门下，士兵们登岸列队入城。刘裕要视察城垣防务，将士们要换防休整，幕僚文士们则乘机怀古凭吊。

汉末董卓之乱，洛阳全城都被焚毁，此时洛阳城中的宫殿，多是曹魏文帝、明帝两代所建。朱超石率部登上洛阳城北的邙山驻扎，防范北魏骑兵渡河来袭。站在邙山向南俯瞰，萧条的洛阳城宫阙巍峨，道路整齐如划，沿街遍植槐树，红墙灰砖点缀在一片绿海之中。

这里北临黄河的孟津渡，也称盟津渡。当年周武王伐商，从关中行军至此，天下诸侯不期而来者八百余国，盟誓同心灭商，因此得名盟津。《丁督护歌》所唱"洛阳数千里，孟津流无极。辛苦戎马间，别易会难得"，至此竟然言中。

---

[1] 《太平御览》卷一九十引郭缘生《述征记》。
[2] 《艺文类聚》卷三十九引戴延之《西征记》。

数百年来，邙山都是洛阳皇室、权贵的墓地。太平岁月这里尺土千金。自汉末兵乱以来，这里的陵墓大都被盗掘，富有四海的天子，奢华豪举的王侯，庙堂谋谟的衮衮公卿，凌云功业的封侯将相，最终都难免曝骨扬尸，沦为狐鼠狼獾的玩物。只有荆棘间断碑残碣上的文字，依稀透露出往日的箫鼓繁华。

此时已至夏初，桃、杏果实开始成熟，东汉光武帝刘秀坟墓边有杏子树，果实酸甜可口，晋军士兵争相采摘。朱超石给留守建康的哥哥朱龄石写信，详细描述了他在洛阳的所见，随信还寄上几枚杏核，让哥哥种植在江南。①

和桓温一样，刘裕军府中也有一些士族文人，负责处理往来文书事务。他们将一路行军见闻写入信中，寄给后方的亲人和朋友分享。其中有两人的书信被汇集成书，就是戴延之的《西征记》和郭缘生的《述征记》。这两本书后来散失，只在其他书中有零星的摘引。通过这些零章断句，一幅斑驳残缺的洛阳古都风情图画缓缓展示开来。

建春门向南是广阳门。门外二里，有蜀后主刘禅和吴后主孙皓的宅第。他们在国破之后被押解到此，度过了后半世的臣虏生活。戴延之至此凭吊时，宅第已经寥落倾颓，无言地诉说着百余年来的兴替沧桑。②

洛阳西门中，最南面一座名广阳门，又名西明门。门外有

---

① 《艺文类聚》卷七、《太平御览》卷一百五十八引朱超石《与兄书》。

② 《艺文类聚》卷六十四引戴延之《西征记》。

高台平乐观。东汉明帝时，从旧都长安搬运来铜马及铜飞廉，安放在此。飞廉是一种神鸟，据说可以招来风雨。东汉著名的昏君灵帝喜欢自称"无上将军"，在此阅兵耀武取乐。当时的朝贵子弟曹操、袁绍等人，都在阅兵队伍中担任军官。[1]

平乐观再西，郭缘生看到了匈奴前赵皇帝刘曜修筑的军垒。八十年前，石勒军队攻占洛阳，刘曜自关中倾国出兵来争夺，双方在洛阳城西展开决战，投入兵力二十多万，战线南北绵延十余里。刘曜酒醉落马被俘，前赵大败，被斩首五万多，石勒的后赵因此统一北方。[2]

自洛阳正南的宣阳门入城，有魏文帝曹丕修建的凌云台。台高二十余丈，砖铺道路盘旋而上，不仅能俯瞰全城，还可以南望少室山，北眺黄河孟津渡。[3]更奇怪的是，如此之高的台上居然有一口水井，井内幽深看不到底。朱超石到过此处，向井中投下了一枚石子，许久才听到落水之声。当年台上还建有高楼，每当微风吹拂，楼体都会随着风势轻轻摇摆，但现在只留下一堆瓦砾残柱。

凌云台下有冰井，是汉、魏、晋三代皇宫储藏冰块的窖库。每年隆冬时节，工人从洛水中切割出巨大的冰块，藏到冰井中保存，盛暑时再运入皇宫，供居室降温及冰镇食物。戴延之在六月里进入冰井，取出一块冰，半日还未化尽。[4]

---

[1] 《水经注》卷十六引《东京赋》。

[2] 《太平御览》卷一百七十七引郭缘生《述征记》。

[3] 《太平御览》卷一百七十七引杨龙骧《洛阳记》，卷一百七十八引郭缘生《述征记》。

[4] 《太平御览》卷六十八引戴延之《西征记》。

宣阳门向北，遥遥正对皇帝宫城的南门。这条道路两侧都是朝廷官署。魏明帝时在街两侧安放了各种铜铸兽像，其中太尉府外的铜驼高九尺，甚至高过府墙，此街因名铜驼街。

自铜驼街向北进入宫城，是魏明帝修筑的正殿太极殿。殿前种植着四畦来自异域的芸香，散发出浓郁的药香味。郭缘生在殿前看到六只巨大的铜钟。洛阳老人说，兵乱以后，曾有人试图搬走这些铜钟，数百人用长绳拖曳，铜钟发出巨大声音，地面都为之震动。众人胆怯不敢再动，这些铜钟遂留存至今。[1]

南出宣阳门，有汉、魏、晋三朝的太学和国子学遗址。郭缘生看到太学中的残碑，上面记载洛阳太学始建于东汉光武帝时，后来曾扩建学生宿舍达千余间。[2]太学西边二百步是国子学。汉魏时朝廷只有太学，平民子弟都可以到太学读书。但到西晋时候，门阀士族兴起，他们的子弟不屑与平民为伍，于是朝廷又建立专门的国子学，只招收高级官员子弟。

曹魏时期，朝廷为了提供儒家经典的范本，用大篆、隶书、蝌蚪文三种字体刊刻了"六经"。戴延之在国子学前面看到了三十五座这种石经碑，每座高八尺，只有十八座完好，其余已经断裂残损。太学前面则有东汉时刊刻的隶书石经碑四十座，多数已经损坏。还有魏文帝曹丕作的《典论》石碑

---

[1] 《太平御览》卷五百七十五引郭缘生《述征记》。

[2] 《太平御览》卷五百三十四引郭缘生《述征记》。

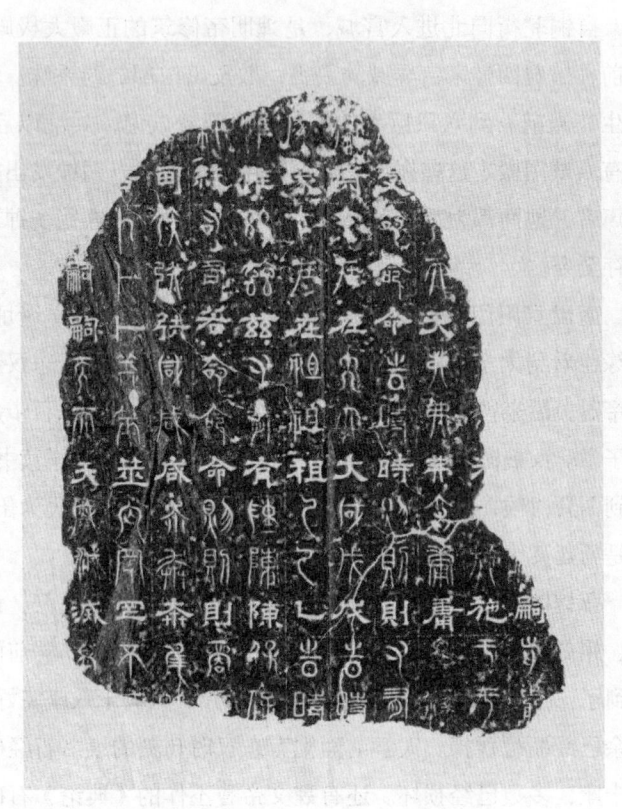

【图13：太学三体石经残片】

六座，其中四座尚完整。①

洛阳西南郊的山中有一种青色石头，质地细腻润泽，可以雕琢打磨为棋子。郭缘生等文士们都获得了些这种石头棋子，做礼物寄给江南的朋友同僚，花费不多但颇为风雅。②

探秘桃花源

刘裕此时尚无心访古。洛阳城已在战乱中废弃多年，城垣倾颓，坊市萧条。如今要西征羌人，北伐拓跋，需要把这里建设成新的战略基地。他视察洛阳城防，发现数月之间，毛修之部已经将城垣修缮一新。他非常满意，把很多缴获的后秦军财物赏赐给毛修之，价值上千万。

西边数百里外的潼关，诸军仍在苦战。

看到晋军从黄河获得粮运，姚绍派姚洽、安鸾、唐小方三将，带三千骑兵沿黄河北岸而下，试图偷袭晋军逆流而上的粮船。晋军在南岸设伏，趁秦军渡河时发起攻击，全歼这支部队，姚洽等三将也都战死。晋军带俘虏巡游营地，展示营中的粮储很多，士兵斗志正盛，然后让俘虏带着战死诸将的头颅返回秦营。姚绍看到人头又急又怒，发病呕血而死，

---

① 《太平御览》卷五百八十九引戴延之《西征记》。
② 《太平御览》卷七百五十四引郭缘生《述征记》。

由姚赞接任潼关主帅。

洛阳的刘裕在思考如何跨越潼关、蒲坂关天险攻入关中。他想：洛水也是自西向东而来，如果溯洛水而上，不知能否发现一条通向关中的新水道。如果此举成功，晋军主力将绕开潼关天险，出人意料地出现在敌军后方。他命令戴延之率领一支小部队，乘船前往洛水源头，探察能否从此路进入关中。

戴延之受命，到城南的柏谷坞准备舟船。这里现在是晋军舰队的集结地，大大小小的战舰运船密集停泊，沿着洛水绵延数十里。对着柏谷坞的北岸上有一个洞穴，其中有一具僵尸，已经不知经历多少年月，戴延之曾到此洞边观看。

点选完士兵，戴延之等乘几条轻舟溯洛水西上，行进数十里后逐渐进入山区。这里居民稀少，洛水在山谷间辗转流淌，林木幽深山势崎岖。百年前的太平岁月里，洛阳是冠盖云集的都城，各地士人寻觅机会的繁华场，也时常有隐士到这里的山中隐居。因为这里距离洛阳近，名声容易传到都城，受到朝廷和高官的礼聘。兵乱以来，洛阳几经焚掠，又有不少人躲避战乱，结伴逃入山中自保，在险峻的山岩间修筑坞堡，在贫瘠的山坡上种植庄稼，过着半原始人的生活。

进入山区不久，船队经过一座"石墨山"。这座山上不生草木，只有黑色的片状石墨，可以用来写字，因此得名。

入山渐深，到宜阳县境后，左侧山上有一个坞堡，依托石壁而建，高踞在山崖之上，云雾缭绕其间。这是当年逃避北族之乱的难民所建，名云中坞。据说西晋太平时，此地曾有一位烧炭人，精神脱俗似仙人，名声远扬，甚至晋武帝也派名士阮籍前来探问。但此人从未开口说话，外人连其名字都不知晓。后来阮籍写了篇著名的《大人先生传》赞颂此人。

继续西行，洛水右侧又有一个坞堡。当年匈奴袭破洛阳，西晋官员魏该等人逃奔此处，在绝壁上筑堡隐居，这个坞堡建在断崖上的一个凹进处，距离河岸二十丈高，南、北、东三面都是绝壁，只有西面可通向下方，因此得名"一全坞"，即只要防守住西面，就可万全。但也有人说这里叫"一泉坞"，因为坞中有一眼泉水。

一全坞其实预示着戴延之此行的失败：当年建造此坞的魏该等人是关中籍贯，他们在战乱中逃入山区之后，也曾试图溯洛水找到入关回乡的新路，但没有成功，才在这里建堡定居。

行进数日后，戴延之等发现水边有一座新修的军垒。当地人给这个军垒取名叫"龙骧城"，据说是不久前一位晋军的龙骧将军带兵到此所建。戴延之猜测这位龙骧将军就是王镇恶，他大概曾率部到此清剿逃散的后秦军，同时征收军粮，修建了这座营垒。

戴延之最后到达一座檀山，山上有座坞堡遗址。这里洛水水量已经很小，所以居民都从未见过船。看到晋军的船只行来，男女老幼呼朋引伴，站在水边观看，甚至笑得前仰后合。这里距离洛阳已经有五百三十里。戴延之从居民口中得知，再往上的河道很窄，且要翻过险峻山脉才能到关中。

看到这条水路不能通行，戴延之等失望而还。[①] 但他给后方的书信里，报告了这次探寻洛河源头的行程，作为故事在江南流传。陶渊明受这个传闻的影响，写下了名作《桃花源记》，洛水尽头的荒村，被描绘成了远离人间纷扰战乱的世外桃花源。

从洛水出奇兵入关的希望落空，刘裕只得走常规路线。七月，他率舰队进入黄河，逆流进至弘农郡。他计算从襄阳出发的沈田子奇兵即将进至关中入口——峣柳城，又命潼关的沈林子率部翻山前往峣柳接应。

这时，驻防柏谷坞的将领王智先忽然派骑兵送来一份报告，称有河北冀州僧人惠义，在洛阳南郊的嵩山中发掘到黄金和玉璧，据说是嵩山神"嵩高皇帝"显灵，称江东刘将军是汉高祖刘邦的后人，当受天命，故有此祥瑞。刘裕命人将金、璧送到行营来，在黄河岸边筑坛祭天，向上天答谢。一百年来，北方各族的政权更迭频繁，每朝都喜欢以祥瑞标榜自己负有天命，在民间催生了一批靠制造和汇报"祥瑞"发家的人，刘裕此时又成了他们的新主顾。后来此事传闻更详细，说惠义发现的是黄金一饼、玉璧四十二枚，玉璧数代表着刘家天下的年数。[②]

[①] 《水经注》卷十五"洛水"条、《太平御览》卷七百七十引戴延之《西征记》。

[②] 《太平御览》卷八百零六引戴延之《西征记》。

长安克定

　　主力舰队逐渐驶近潼关。刘裕派朱超石、胡藩、徐猗之到黄河北岸，与薛帛合兵进攻蒲坂。晋军初战攻克蒲坂，守将姚业旋即反攻，姚赞也率秦军主力来援，又将晋军逐出。徐猗之战死，朱超石和胡藩艰苦转战数日，才退回南岸。两军依旧在潼关相持不下。

　　两军对峙之中，各自都在试图寻找敌军薄弱处，试图给予出其不意的一击。姚赞命投降的东晋宗室司马国璠沿黄河北岸而下，争取北魏援兵，然后渡河攻击洛阳。

　　晋军中，此时又是王镇恶剑走偏锋：他要乘船从黄河进入渭河，溯流直抵长安城下。两个月来，他一直让部下偷偷伐木造船，为此做准备。此时正当盛暑，连降大雨，渭河水势汹涌，王镇恶部乘机登舟西进。

　　姚赞带秦军主力在渭河北岸，眼睁睁看着王镇恶溯流而上，却无法向南渡河救援长安。

　　秦帝姚泓看到潼关苦战危急，本想率禁军赶往增援，但蓝田方向的驻军报告：晋军沈田子、傅弘之部从南攻来，已经进至峣柳。姚泓只好先带禁军赶往峣柳防堵。

　　此时从潼关出发的沈林子部援军尚未到达。傅弘之担心人少难以对抗秦军，一度想撤退。沈田子则决心趁秦军初到之际发起攻击，独自带数百人列队击鼓前进。上万秦军将这支晋军小部队重重包围。沈田子鼓励部下说："诸君抛家别子，远行万里，正是为了今天建立封侯功业！"士兵们被他的情绪感召，都跳跃大呼，挥舞短兵冲向秦军，傅弘之也率部赶来参战。秦军全线溃败，晋军一路追杀，斩首万余，姚泓仓皇逃奔长安，他的天子车辇、器物都被晋军缴获。

逃回长安后，姚泓忙于收集败兵，旋即又获悉王镇恶溯渭水而来的消息，急忙屯兵长安城北的逍遥园准备迎战。

此时，刘裕主力已赶到潼关与诸军会合，一起沿陆路向西进发。潼关西面是一条长十余里的连续下坡道，左依山崖，右临渭水，名黄卷坂。由于王镇恶浮舟西上，潼关、蒲坂的后秦守军都已放弃营垒撤退，希望追赶、阻拦住王镇恶，两处天险都成了虚设。刘裕主力进占潼关，循黄卷坂而下，紧追秦军进入关中。①

王镇恶部一路逆渭水而上。他造的都是吃水浅的小舰，用木板密封顶部，士兵在舱内操帆、划桨，从外面根本看不到船上的人影，也不怕敌军射箭。岸上的秦军都觉得不可思议。

八月二十三日清晨，王镇恶舰队抵达长安北门下的渭桥。他命士兵在船内吃完早饭，等号令一发，同时持兵器登陆列队，动作迟缓者斩。士兵上岸后，湍急的流水冲走了舟舰，顷刻间不见踪影。前方，秦军数万人列成队伍，正向河边开来。

王镇恶对将士训话："这里就是长安城的北门。我等家眷都在江南，离此地万里。现在船、粮都已经被水冲走，此战如果胜利，是功名富贵；如果失败，就连尸首也休想还乡！

---

① 《太平御览》卷四十四。

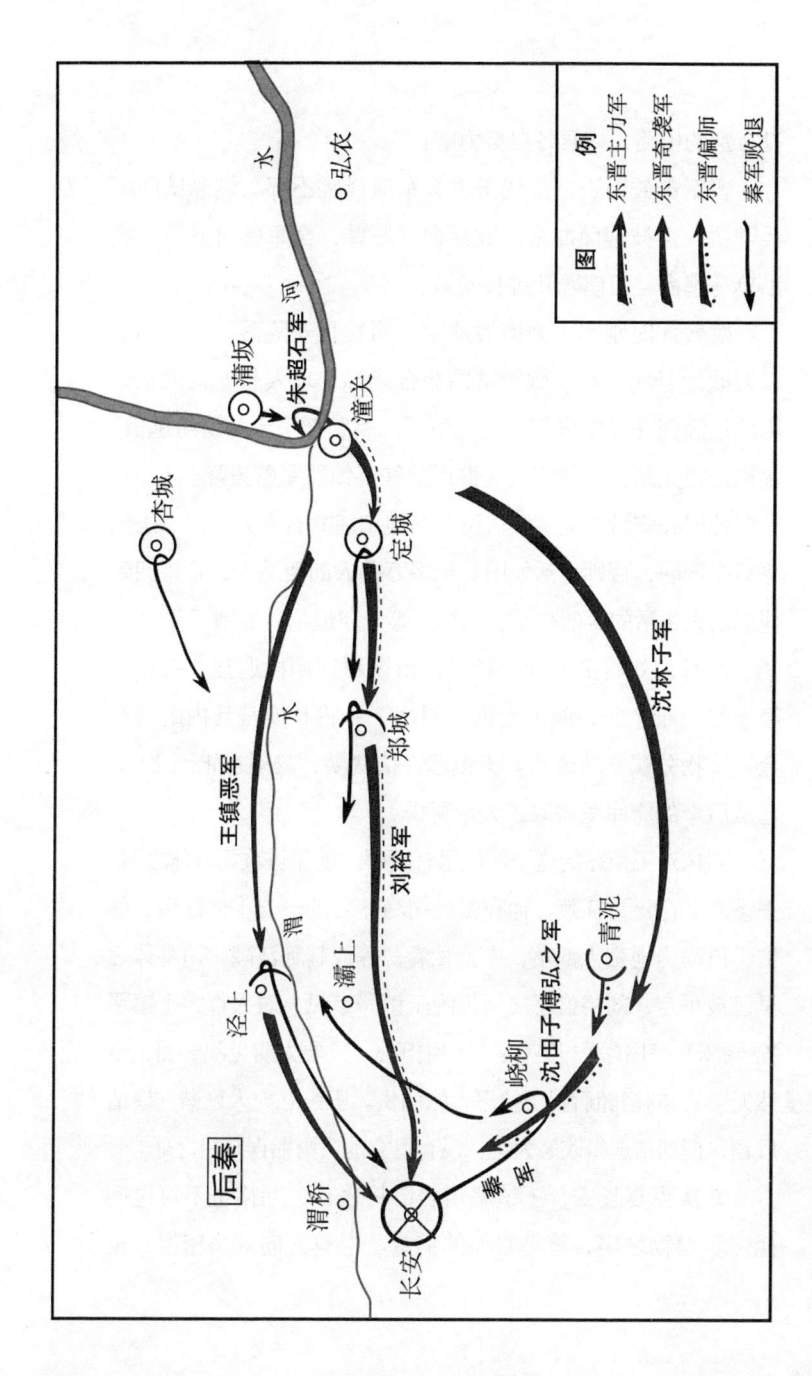

【图14：攻入关中之战示意图】

没有别的出路，诸君各自努力吧！"

晋军击鼓而进，首战击破秦军前锋姚丕部。姚泓试图率兵增援，但被迎面冲来的败兵拥挤踩踏，全军顿时崩溃，姚泓单马逃命。王镇恶开进长安城。

姚赞此时刚率主力南渡渭水，闻知长安陷落，士兵们都以刀砍地号啕大哭。姚赞试图会合姚泓、攻入长安，但王镇恶部已经固守长安城门，无处下手，姚赞部下士兵纷纷逃散。姚泓走投无路，率领家人、群臣前往王镇恶军营投降。

此时长安城中羌、汉居民及其他杂胡共有六万余户。王镇恶军令严明，百姓生活如旧。十多万羌人向西逃去，希望回到他们祖先生活的西部高原。沈林子等一路追杀，控制了关中。

九月，刘裕主力开到长安，王镇恶到灞桥迎接。关中已经承平二十余年，颇为富庶。刘裕下令将长安宫廷内的所有金银宝物分赐立功诸将。王镇恶性情贪婪，趁刘裕未到之际，已从后秦的府库里盗取了大量财物。

刘裕对王镇恶的这个作风早有了解。前年进攻司马休之时，王镇恶受命进讨江陵。他在击破司马休之的一支小部队后，就忙于抢劫当地蛮人部落，中饱私囊，等他赶到江陵，司马休之早已被平定，刘裕盛怒之下拒绝王镇恶参见。时人都为王镇恶捏一把汗，王镇恶却笑称："不用担心，只要太尉见我一面，定然无事。"刘裕随后召王镇恶入帐问责。王镇恶为人诙谐，谈话风趣，把刘裕逗得改怒为笑，没有追究他贪财贻误战机之罪。

此次克复长安，王镇恶功居诸将之首，刘裕也不再过问他侵吞财物之事，算是对他的犒赏。但有人向刘裕密报：王镇恶将姚泓乘坐的御辇（轿子）偷运入宅中，似乎是隐有不臣之心。刘裕派人到他宅中悄悄探察，见御辇扔在墙下杂物堆中，上面的金银装饰都被剔刮了下来，刘裕这才安心。

长安是秦和西汉旧都，城内有汉代的长乐宫、未央宫。此时长乐宫已化作丘墟，未央宫历经符氏前秦、姚氏后秦的修缮，尚在使用。刘裕率文武诸人在未央殿中举行庆功大会，光复中原的百年希冀，此时终于实现。

但喜悦之外，刘裕诸将更感到历史的沉重和变幻无常。郑鲜之陪伴着刘裕游览未央宫和秦阿房宫遗址，到汉高祖刘邦陵前拜谒。长安城西北，有符坚时建造的逍遥园，濒临渭水，景色秀美，园门内有一铜澡盆，直径一丈二尺。西域胡僧鸠摩罗什来长安，深受姚兴礼敬，在逍遥园中召集僧众翻译佛经。鸠摩罗什已在八年前病死，在此园中焚化。园西有姚兴仿照佛祖鹿野苑建的鹿子苑，饲养麋鹿数百头。

在未央宫门内，郭缘生看到了指南车和记里车。这都是皇帝出行时车队中的仪仗。指南车上有一木刻仙人，手持令旗直指南方，无论车辆如何转向，木人指向总是不变。记里车上是一木人对着一面鼓，车每行一里，木人就敲鼓一声。西晋朝廷覆亡以后，这种制造技术已失落多年。郭缘生还到了长安城南的灵台（观象台），这里有东汉张衡制造的铜浑天仪，上面的日月五星已经失落。[①]

---

① 《初学记》卷一、《太平御览》卷七百七十五引郭缘生《述征记》。《宋书》卷十八《礼志五》，《宋书》卷二十三《天文志一》。

这些指南车、浑天仪和后秦朝廷的各种典册礼器,都被装箱搬运上船,和俘获的姚泓等后秦君臣一起运往建康。王仲德负责统领这支运送战利品的队伍。和慕容超一样,等待姚泓的是建康街头的斩首示众。形形色色的臣虏之中,自然有那个历经颠沛的宫廷乐团,经历了一个百年轮回的时空之旅,他们又回到了晋王朝。

但他们为晋王朝演奏的时间只有两年多,就要投入一个新王朝建立的庆典了。

失关中

灭秦占领关中后,思乡的情绪在晋军中蔓延。他们已经离家一年多,看够了北方的荒寒,更怀念和暖安逸的江南,也急于把掳获的财物带回家中。虽然他们祖籍大多在北方,但在南方过了一百年侨民生活,已经习惯了做一个江南人。

刘裕坚持远征军留驻关中。中原已经恢复,王朝的重心应该回到北方了。他一度考虑将都城迁回洛阳,但看到将士中弥漫的乡思,只得推迟这个计划。他灭秦后的首要目标,是要建立一支完全北方化的军队:适应北方的天气和地形、拥有强大的骑兵打击力量,下一步是征服拓跋人的北魏王朝。

北魏人占据着黄河北岸的并、幽、冀三州故地(今山西、河北两省范围)。对目前的刘裕来说,要恢复这三州并不困难,用对付羌人的战术就可以驱逐拓跋人。而且这里的百姓多数是汉人遗民,只要他的军队出现在河北,汉人肯定会揭竿而起响应。但这样难以根除拓跋人,他们完全可以从容撤回北方草原。刘裕从不给对手喘息养伤的机会,他习惯一击致命,所以他需要一支能够驰突草原大漠的骑兵,彻底解除北方民族对汉地的威胁。

此时与关中接境的,是两个匈奴人小政权:西部是自称河西王、建都姑臧(张掖)的沮渠蒙逊,北部是自称夏王、建都统万的赫连勃勃。他们对刘裕灭后秦十分惊骇,担心自己成为下一个目标。但在刘裕的计划里,他们都排在北魏之后,现在先要稳住他们。他派使者到两国表达善意,相约互不侵犯。

使者到达统万时,赫连勃勃颇想借此炫耀一下文采。他本来不识字,就让部下先写好了给刘裕的答书草稿,自己背诵下来,面见刘裕使者时,他当即口授回信,由文书官执笔记录。刘裕读到此信,听说是赫连勃勃亲自口授,果然赞叹比自己文采好。

平秦之后仅三个月,留守建康的刘穆之病死,时年五十八岁。消息传到长安,刘裕为之痛哭数日,不能理事。目下刘裕最缺的不是能征善战的武将,而是能为之经纶政务的萧何式人才。他任命自己的亲家徐羡之代替刘穆之主政,但徐的才智远不能与刘相提并论。

刘裕考虑再三,只能暂时放弃灭魏的计划,返回后方。

他留下十二岁的次子刘义真为雍州刺史,镇守关中。实际主持雍州政务的是长史王修,武将则有王镇恶、沈林子、沈田子、毛修之诸将。

417年底,刘裕率部沿黄河而下。此时石门水口刚刚开通,汴水航道内的林木也都砍伐完毕。刘裕舰队顺汴水而下,驶向彭城。

经过仓垣故城时,王恢等几名僚属登岸游览,到达一所破败的禅寺。王恢等入寺,看到三位打坐的僧人,正在禅息入定,对诸人的到来浑然不觉。王恢弹一响指,三人缓缓睁开眼睛,随之又闭目入定。诸僚属问话,僧人也没有反应。禅寺周围的百姓说,这三位僧人长期在此修行,生活清贫。王恢将此事报告刘裕。刘裕对长安的奢华僧人们不感兴趣,但听说有这样几位苦行僧,决定将他们带回建康。三位僧人都不情愿,在军官们的劝说下,才推举其中一老僧智严随刘裕南行。

舟中言谈之时,刘裕才知道,当初他在江陵遇到过的高僧佛驮跋陀罗,和智严是旧交。跋陀罗就是智严从西域聘请到关中的,他们在长安受到鸠摩罗什僧徒的迫害,只好分散各自逃难。跋陀罗去了东晋,智严则一直在此修行。

不久,舰队进抵彭城。刘裕要留在此地驻扎,他派人送智严到建康。智严与佛驮跋陀罗再次聚首,此时法显也在建康,他们一起投入到翻译梵经的工作。

次年(418年)初,割据陕北的赫连勃勃得知刘裕离开关中,觉得机会到来,率兵南下试图占领关中,当地羌胡纷纷投奔。沈田子、傅弘之带兵北上阻击，获悉夏军兵马众多，沈田子胆怯回撤。王镇恶此时也率部赶来会合，他批评沈田子畏敌退却，相约一起北上。

沈田子与王镇恶素来不和，此时感觉受到羞辱，趁一次会议时埋伏部下杀死了王镇恶。王镇恶有兄弟七人同在军中，都被杀死。之后沈田子更加仓皇无措，他丢下军队单人匹马奔回长安，想告发王镇恶谋反，解除自己的罪责。

傅弘之当时在军中，被这场事变惊呆，急忙派人报告长安，一边率部继续北上抗击夏军。镇守长安的刘义真、王修命人逮捕沈田子，斥责他肆意杀害大将，将其斩首。傅弘之在前方连续击败夏军，关中形势终于稳定下来。

消息传到彭城，刘裕惊愕又无计可施。王镇恶是关中人，和京口起事的南方诸将渊源不同，此次克定关中立了首功，也招致一些妒忌，这已不是什么秘密。但在大敌当前之际，沈田子何以做出这种完全丧失理智的行为，用常理难以解释。沈氏家族世代信奉天师道，沈田子少年时也是虔诚的道徒，这也许是他精神失常的一个诱因。刘裕给建康朝廷书面汇报此事，也只能归因于沈田子精神错乱。

关中经此动荡，伐魏的计划更难在近期实行。刘裕决定派人出使北魏，相约两国和好。他很务实，深知在必要的时候和对手维持好关系的重要。

东晋内部形势稳定，但关中的局势还在恶化。刘义真年少无知，经常给予左右亲信大量赏赐。长久以来他都被父亲节俭的作风管束着，如今一旦独掌一方大权，奢靡贪婪的欲望难以遏制。王修经常约束他的行为，引起刘义真憎恨，派人暗杀了王修。关中陷入动荡。刘义真将所有军队都集中到长安城中。夏军顿时横行关中，长安成为孤城。

刘裕闻讯，才醒悟让刘义真守关中是大失误，他连续派蒯恩、朱龄石率兵北上，要他们速送刘义真回江南，由朱龄石继任雍州刺史。

年底，朱龄石部到达长安，传达了刘裕命令。刘义真命部下在长安城中大肆抢掠，然后在蒯恩、傅弘之、毛修之等护卫下，运载着抢来的财物东归。进至青泥关时，夏军追兵赶到，合围了晋军，蒯、傅、毛诸将都被俘，傅弘之不屈而死。刘义真藏身草丛，侥幸逃脱。伐南燕时投诚的鲜卑将领段宏寻找到了刘义真，一起逃奔到洛阳。

长安百姓痛恨刘义真，都起兵反抗晋军。朱龄石只得撤出长安，向潼关方向撤退。此时朱超石又率部赶来增援，兄弟二人合兵，据守黄河岸边的曹公垒固守。夏军包围晋军营垒，切断水道。晋军饥渴之下丧失战斗力，全部被俘，朱龄石、朱超石兄弟被杀。赫连勃勃下令将斩获的晋军头颅堆成高台，号称"髑髅台"。

刘裕闻知青泥关大败，刘义真存亡不测，大为震怒，要率全军征伐赫连勃勃。下属都认为前度西征伤亡太大，而且赫连勃勃已经占领潼关要地，一时难以再度举兵。此时段宏和刘义真逃到洛阳的消息传来，刘裕才放弃了兴兵念头。关中惨败的损失太大，许多跟随他征战多年的将士都亡于此役，刘裕只能登上彭城城头北望，慨然流涕而已。

残年帝业

关中失守后，刘裕的北伐事业只得告终。他此时已经五十六岁，开始考虑后事问题。他早已掌握东晋实权多年，代晋称帝改朝换代只是时间问题。历史上曹魏代汉，用了曹操、曹丕父子两代人；晋代魏，则用了司马懿、司马昭、司马炎祖孙三代人。但刘裕的问题是他的儿子们还都年幼，长子刘义符今年才十五岁。刘裕担心等不到儿子们有能力掌控朝政，所以他急于废晋自立。

当时流传着"昌明之后尚有二帝"的谶语。东晋孝武帝名司马昌明，现在的白痴晋安帝司马德宗是他的儿子。这意味着司马德宗之后，晋朝还应该有一代皇帝。刘裕便命部下杀死了安帝，改立其弟司马德文。司马德文在位时间只有一年多。这期间，刘裕爵位从宋公升为宋王。他离开了彭城，驻扎到淮河中游的寿阳。这次移镇的原因不详。可能是洛阳方向受到北魏压力，需要从寿阳方向提供援助；也可能是受当时占星家的建议，适应某种废旧立新的星相。

但臣僚们尚无人了解刘裕的心事。420年的春天，刘裕和僚属们聚会宴饮。酒酣之际，刘裕感慨道："十五年前桓玄篡位，晋朝的命数已终。我带诸将起兵，兴复晋室，又南征北战多年，才有如今四海平定，我也位极人臣。但盛极则衰，难保长久。我打算辞去爵位回江南养老。"臣僚们一时不解其意，只是称颂刘裕的功业隆盛，劝他安享富贵。

深夜时分，宴会结束，诸人散去。中书令傅亮在回营舍的路上，忽然明白了刘裕的老年心境，急忙回马。刘裕府门已关，傅亮叩门求见，见到刘裕后，他只说："臣应该临时回一趟京师。"刘裕心知其意，只问："你需要多少兵力护送？"傅亮说："数十人就可以。"刘裕首肯后，傅亮告辞而出。

这时已是深夜，傅亮忽然望见满天流星划破夜空，时人认为这是"驱除之征"，即象征新王朝要取代旧王朝，他拍大腿长叹："我平生不信天文星相，如今居然应验了！"（按：东晋和北魏的灵台都没有记载此次星变。）

傅亮到建康后，立即与徐羡之及诸重臣密谋，为刘裕称帝做准备。朝廷发诏书征宋王刘裕入朝。六月，刘裕到达建康。傅亮为司马德文起草好了禅位诏书，让他自己抄写一遍。司马德文没有任何留恋，一边提笔抄写，一边对左右说："当初桓玄篡位，司马氏已经失去天下，因为刘公举义，才又延续了近二十年。今日之事我完全甘心。"

六月，刘裕建坛祭祀上天，正式即位，年号永初。这个年号用了三年，但他实际在位的时间不到两年。刘裕之前已经被封宋公、宋王，他建立的王朝也叫宋。这个王朝存在了五十九年时间，最后因内乱被外戚、武将萧道成取代。

即位第二年，刘裕准备除掉司马德文。司马德文此时的爵位是零陵王，生活在军人的严密监视下，而且司马德文的女儿嫁给了刘裕太子刘义符，两人是亲家。但刘裕从不留下任何潜在的对手，他找来曾担任司马德文僚属的张伟，给他一坛毒酒，让他送给司马德文饮下。张伟不忍害死旧君，在路上踌躇良久，最后饮下毒酒身死。

　　自愿承担这项任务的是司马德文的妻兄、侍中褚淡之。褚氏也是士族高门，他一直受命监视司马德文。以往司马德文的妻妾每生下男孩，褚淡之都要寻机将其杀死。但德文夫妇对自身安危的警惕性很高，两人共居一室，所有食物都经褚氏之手烹煮，褚淡之一时难以下手。他就借探望妹妹的机会，将褚氏引到外室。军人们乘机跳墙进入内室，逼德文服下毒药。按照佛法，自杀之人来世不能得人身，司马德文信奉佛教，拒绝服毒。士兵们于是用被子闷死了他。

　　伐灭后秦时，俘虏中有姚泓的一个堂妹，被刘裕看中纳入后宫。刘裕平生妃妾不多，且没有士族高门出身的女子。姚秦皇室汉化很深，文化程度颇高，因而这个异族女子深受刘裕宠爱，甚至使他一度疏于政务。谢晦为此劝谏，刘裕省悟，当即将姚氏送出宫嫁人。

　　当了皇帝的刘裕生活变化并不大，朴素简单，还保留着穿木屐出城散步的习惯，身边只有十来人步行跟随。他死后数十年，其孙孝武帝刘骏扩建宫室，拆毁了刘裕生前起居的卧室。当时刘骏带着群臣去观看，只见睡觉的床前是泥灰抹砌的桌台，墙上挂的灯笼用葛布做罩，蝇拂用麻线扎成，以至奢华的刘骏颇为尴尬。

　　刘裕晚年很信赖的是沈林子。从十三岁投奔刘裕以来，沈林子一直追随他转战南北。两人性格也颇相似：都是少年轻侠落拓不羁，成年后却逐渐内敛，简朴恭恪。422年五月，沈林子病逝。此时刘裕也已身患重病，诸臣担心刘裕闻讯伤恸，每次刘裕召唤沈林子，臣僚都声称他在家养病。刘裕有时派人向沈林子询问一些情况，臣僚们也按沈林子的语气做答。

不久后，刘裕也病逝。遗诏徐羡之、傅亮、谢晦、檀道济辅佐太子刘义符即位。沈林子之外，和刘裕一同起兵的旧将虞丘进、刘钟、臧焘、孔靖等，也都在这一年先后过世。刘裕时代至此终结，江左政治也翻开了新的一页。

南朝余波

420 年，刘裕终结了东晋，南中国又经历了宋、齐、梁、陈四个朝代，合称南朝，到 589 年，陈被北方的隋攻灭，中国才进入新一轮大统一时代。

刘裕通过几场战争构建的北方边界，在南朝时逐渐退缩。他死后，刘宋朝廷一度发生继承人纷争，北魏皇帝拓跋嗣乘机夺回了黄河南岸的狭长地带，这是十来年前王仲德从北魏手里夺下来的。在刘裕的儿子刘义隆（宋文帝）在位的近三十年时间里，宋、魏为争夺这一地带发生过两次大战，刘宋都没占到优势，但还能保有河南大部和山东（青州）地区。

这种形势持续了四十多年。到刘宋末年（460 年代），再次因为宗室争夺皇位引发全国内战，北魏乘机攻占了山东半岛和河南淮北之地，南北政权又恢复到基本以淮河为界。这也是刘裕伐南燕之前的边境态势。

此后南北朝的一百二十余年时间里，南北双方基本维持这种局面，直到陈朝的末期，北周、隋把边境推进到了长江沿线，然后隋攻灭了陈，中国再度统一。

刘裕之后八百年，北宋中叶，一个秋日的黄昏，王安石登上了建康城外的石头城小山。

建康此时已改称江宁府。晚秋时节，西风吹拂，天色高远澄清，云朵点缀天际。滚滚长江如一条无比宽阔的闪亮丝带，向东北奔流而去。白帆点点漂浮在江上，映出夕阳的金黄色光晕。江中几座洲岛若隐若现。江边远近数座小山起伏，在丛林灌木的掩映下依旧翠绿。村野酒家的招幌飘摇于风中，几只白鹭翩然飞过。当年建都于此的东吴、东晋、宋、齐、梁、陈六朝，数百年间几度兴亡，多少风流人物，兵戈战事，如今都已踪迹难觅。只有草木山川依旧，江水奔流不息。王安石于此写下一曲《桂枝香·金陵怀古》：

> 登临送目，正故国晚秋，天气初肃。千里澄江似练，翠峰如簇。归帆去棹残阳里，背西风、酒旗斜矗。彩舟云淡，星河鹭起，画图难足。
>
> 念往昔、繁华竞逐，叹门外楼头，悲恨相续。千古凭高对此，谩嗟荣辱。六朝旧事随流水，但寒烟、芳草凝绿。至今商女，时时犹唱，后庭遗曲。

附录一 部分人物及其家族简介

东晋后期皇室

废帝司马奕（365—371年在位），被桓温废黜。

简文帝司马昱（372年1月—372年9月在位），废帝司马奕的从祖父，长期掌握朝政，后被桓温改立为帝。

孝武帝司马昌明（372—396年在位），简文帝之子。

安帝司马德宗（397—419年在位），孝武帝之子，白痴，403—405年间被桓玄废黜，又被刘裕拥立。

恭帝司马德文（419—420年在位），安帝之弟，被刘裕拥立、废黜、处死。

司马道子（364—403年），孝武帝之弟，一度执掌朝政。

司马元显（382—402年），司马道子之子。桓玄掌控朝政后，父子二人都被杀。

刘裕家族成员

刘裕（363—422 年）

父亲：刘翘

继母：萧文寿

二弟：刘道怜

三弟：刘道规

妻子：臧爱亲

妻兄：臧焘

妻弟：臧熹

长女：刘兴弟

女婿：徐逵之

儿子：

刘义符（406—424 年）

刘义真（407—424 年）

刘义隆（407—453 年）

桓温家族

桓温（312—373 年），东晋权臣，爵南郡公。

南康公主：桓温正妻，晋明帝之女。

桓豁、桓冲：桓温之弟。

桓石虔：桓豁之子，曾参加对苻坚作战，早卒，未经历桓玄篡位。

桓玄（369—404 年），桓温幼子，袭爵南郡公，篡晋建楚，后被刘裕攻灭。

桓修：桓玄堂兄，桓冲三子，桓玄篡位后任徐州刺史，驻京口，被刘裕攻灭。

桓弘：桓修之弟，桓玄篡位后任青州刺史，驻广陵，被刘裕攻灭。

桓石康：桓玄堂兄，桓豁之子，桓玄篡位后任荆州刺史，被刘裕攻灭。

桓升：桓玄之子，与桓玄同时死。

桓谦：桓玄堂兄，桓冲次子。桓玄篡位后任尚书令，桓玄败亡后逃亡后秦。410 年借助谯纵武装攻击荆州刺史刘道规，兵败死。

谢安家族将领

谢安（320—385 年），曾在桓温幕府任司马，桓温死后执掌东晋朝政，部署应对前秦威胁，安排子侄担任各地刺史，淝水之战中任司徒、扬州刺史。

谢万（320—361 年），谢安之兄，任豫州刺史，与荆州刺史桓温争功，359 年北伐前燕，兵败被免职，卒。

谢石（327—389 年），谢安之弟，淝水之战中任征虏将军，击败前秦军。

谢玄（343—388 年），谢安之侄，淝水之战中任兖州、徐州刺史，扩充北府兵，击败前秦军。

谢琰（352—400 年），谢安次子，淝水之战中任辅国将军，击败前秦军。后与天师道军作战，兵败被杀。

前秦苻坚等皇族

苻健（317—355 年），氐人酋长苻洪之子，后赵石虎朝将领，前秦开国皇帝。

苻生（335—357 年），苻健之子，继位后被堂弟苻坚夺位，卒。

苻坚（338—385 年），苻雄之子，苻健之侄，前秦皇帝。

苟太后：苻坚之母，苻坚夺权为帝的策划者。

苻融：苻坚之弟，爵阳平公，383 年死于淝水之战。

苻熙：苻坚之子，淝水之战后守长安，被慕容冲军攻杀。

苻诜：苻坚幼子，淝水之战后守长安，与苻坚一同被姚苌俘获、杀死。

苻丕（354—386 年），苻坚庶长子，淝水之战后守邺城，与慕容垂作战，后在流窜中被晋军攻灭。

苻登（343—394 年），苻坚侄孙，在苻坚死后称帝，与姚苌、姚兴作战，被攻灭。

苻宏（356—405 年），苻坚太子，苻坚败亡后逃亡东晋任职，后投靠桓玄，对抗刘裕军被攻灭。

后秦姚氏皇族

姚苌（329—393 年），羌人首领姚弋仲之子，姚襄之弟，其家族在后赵、前秦相继为将领。淝水之战后反叛，俘杀苻坚，建立后秦为帝。

姚兴（366—416 年），姚苌之子，继任者，后秦武昭帝，攻灭苻登。

姚泓（388—417 年），姚兴之子，后秦末帝，被刘裕俘获、处死。

姚绍、姚赞两名后秦宗室是抵抗刘裕军的统帅，但史书中没有两人的传，难以进行介绍。

前、后、南燕慕容氏皇族

前燕

前燕幽帝慕容暐（350—384年），360—370年在位，前燕亡后在前秦为官，淝水之战后谋反，被前秦处死。

前燕太傅慕容评：幽帝慕容暐叔祖，前燕亡后在前秦为官，卒。

济北王慕容泓：慕容冲之兄，前燕亡后在前秦为官，淝水之战后，在关中起兵反苻坚，慕容暐死后称燕帝（西燕），384年被部属所杀。

中山王慕容冲（359—386年），前燕亡后受苻坚宠爱，在前秦为官，淝水之战后，在关中起兵反苻坚，慕容泓死后继为西燕帝，被部属所杀。

后燕

吴王慕容垂（326—396年），幽帝慕容暐之叔，受慕容评猜忌，逃亡前秦为官，苻坚淝水兵败后，慕容垂返回河北起兵反前秦，创立后燕王朝，386年即位称燕帝。

可足浑氏，慕容垂正夫人。

段夫人，慕容垂侧室，随慕容垂逃亡前秦，与苻坚有染。

慕容宝（355—398年），慕容垂之子，随父逃亡前秦，后继慕容垂位为后燕皇帝，396—398年在位，受拓跋魏攻击，从河北中山逃往辽西龙城后被杀。

南燕

慕容德（336—405 年），慕容垂之弟，前燕亡后在前秦为官，淝水之战后，随慕容垂创建后燕王朝。拓跋魏攻占河北后，慕容德逃至青州创立南燕王朝，398—405 年在位。

慕容超（384—410 年），慕容德之侄，生于前秦，长于后秦，后潜逃至南燕，被慕容德立为继承人，405—410 年在位，刘裕灭南燕，被俘处死。

北府兵和刘裕的将领团体

北府兵旧将群体：刘牢之、孙无终、高素，以及刘轨、刘袭、刘季武兄弟。

这些人多是在谢玄备战苻坚、扩充北府兵时招募从军，不属于士族高门，所以史书对其家世、事迹记载较少，他们多数参加了淝水之战和之后在北方边境的战事，399 年开始参与对天师道的战事，最后在桓玄当权时被清洗。他们幸存的子侄多聚集在刘裕周围，起兵推翻了桓玄的楚朝。

刘牢之（？—402 年），在谢玄备战苻坚时加入北府兵，参与淝水之战及之后的北方边境战事。王恭、殷仲堪、桓玄联合对抗主持朝政的司马道子时，刘牢之是王恭部属，但他投降司马道子，造成王恭败亡。399 年开始对天师道军作战。402 年桓玄与朝廷再度开战，刘牢之投降桓玄，又发现桓玄准备除掉自己，被迫自杀。刘牢之前半生军功虽高，但始终受到士族高门的压制和歧视，造成其多次负气叛变，最终身败名裂而死。

刘敬宣（371—415年），刘牢之长子，随刘牢之对天师道军作战，与刘裕共事。桓玄篡权后，与高雅之、刘轨、司马休之逃奔后秦，又转奔南燕，404年返回东晋，406年伐西蜀谯纵，失利。409年参与灭南燕战事，后被司马宗室成员暗杀。

高雅之（？—404年），高素之子，刘牢之的女婿，参加过对天师道的早期战争，桓玄篡权后逃奔后秦、南燕，试图逃回东晋时被南燕追杀。

刘轨（？—404年），北府旧将，参加过淝水之战、天师道早期战争，桓玄篡权后逃奔后秦、南燕，颇受慕容德礼遇。刘敬宣、高雅之等密谋逃回东晋，刘轨不愿同行，被杀死灭口。

何无忌（？—410年），刘牢之外甥，其母为刘牢之姊。参与刘裕反桓玄的京口起兵。刘裕伐南燕时，何无忌任江州刺史，410年防堵天师道军北上，兵败而死。

孔靖（347—422年），会稽士人，家富，曾资助刘裕军对天师道前期作战，与刘裕密谋反桓玄。416年随刘裕北伐后秦。

孟昶（？—410年），刘裕旧友，参与反桓玄起兵，后在朝廷任职，赞同刘裕的伐南燕计划，410年的后期天师道军威胁建康时，引咎自杀。其妻周氏家富，京口起兵前赞助义军财产。

刘迈（？—404年），参与反桓玄密谋，但向桓玄泄露了计划，被桓玄处死。

刘毅（？—412年），刘迈之弟，参与反桓玄起兵，刘裕伐南燕时，刘毅任豫州刺史，防堵天师道军北上，兵败。天师道平定后任荆州刺史，与刘裕不睦，被刘裕攻灭。

刘道怜（368—422年），刘裕异母二弟，刘裕灭桓玄、迎立晋安帝后，刘道怜长期在北方边境驻防，防御北魏、南燕军。406年出征割据西蜀的谯纵，失利。参与刘裕伐南燕战事。之后刘裕出征时，多负责后方留守。

刘道规（370—412年），刘裕异母三弟，参与反桓玄起兵，之后长期担任荆州刺史。410年卢循天师道军北上，分兵攻击荆州，刘道规指挥防堵。天师道平定后不久病卒，由刘毅继任荆州刺史。

王仲德（367—438年），与其兄王元德参与反桓玄密谋，二人在建康内应，因刘迈泄密，王元德被处死，王仲德逃脱。后参与刘裕灭南燕、平定卢循天师道军、灭后秦。参加过宋文帝元嘉七年（430年）与北魏的战争。

檀凭之（？—404年），北府兵军官，带檀韶、檀祗、檀道济等五个侄子参与刘裕反桓玄的京口起兵，途中战死。

檀韶（366—421年），檀凭之侄子，参与刘裕京口起兵，以及攻灭南燕、灭卢循天师道战争。

檀祗（369—419年），檀韶之弟，参与刘裕京口起兵，伐南燕时任中书侍郎、留京师，参与对后期天师道战事。

檀道济（？—436年），檀祗之弟，参与刘裕京口起兵，后在荆州刺史刘道规部下任职，在荆州参与对后期天师道军的战争。参与对荆州刺史司马休之的战争、灭后秦战争。参加过宋文帝元嘉八年（431年）与北魏的战争。被宋文帝刘义隆猜忌处死。

臧熹（375—413年），刘裕妻弟，侄子臧穆生，叔侄参与刘裕京口起兵。刘裕伐南燕时负责留守，参与对后期天师道、对刘毅的战争，413年参与朱龄石伐蜀，病死于途中。

刘穆之（360—417年），参与刘裕京口起兵，之后一直为刘裕经营后方。

诸葛长民（？—413年），参与刘裕反桓玄起兵、对后期天师道的战事。后密谋反对刘裕，被逮捕处死。

吴兴沈氏家族的五兄弟：沈渊子，沈云子，沈田子，沈林子，沈虔子。原为天师道军，后避仇投奔刘裕，都参与了刘裕京口起兵。

沈渊子（381—415 年），刘裕伐南燕时，在荆州刺史刘道规部下任职，在荆州参与对后期天师道军的战争。参与征讨司马休之，战死。

沈林子（387—422 年），参与伐南燕，对后期天师道军作战，参与讨伐刘毅、司马休之，攻灭后秦，病卒。

沈田子（383—418 年），参与伐南燕，对后期天师道军作战，攻灭后秦。负责驻守关中，因私愤擅自杀害王镇恶，被处死。

王镇恶（373—418 年），偷袭刘毅的战事中崭露头角，灭后秦战争中立首功，后驻防关中，被沈田子暗杀。

朱龄石（379—418 年），参与刘裕京口起兵，参与伐南燕战事、对后期天师道军战事，讨伐刘毅，攻灭割据蜀地的谯纵。刘裕伐后秦时负责留守。赫连勃勃军攻击关中晋军时，朱龄石受命前往增援，战败被俘处死。

朱超石（382—418 年），朱龄石之弟，参与刘裕京口起兵，刘裕伐南燕时，在江州刺史何无忌部下任职，与天师道军作战失败被俘，又逃归刘裕，参与讨伐司马休之、征后秦，沿途与北魏军队作战。灭后秦后驻防关中，与赫连勃勃作战失败，被俘处死。

胡藩（372—433 年），桓玄旧部，桓玄亡后投降刘裕，参与伐南燕、灭卢循天师道军、征讨刘毅、征讨司马休之、北伐后秦。

刘裕的其他对手

孙恩（？—402年），继承其叔父孙泰为天师道教主，399年起兵反东晋，以舟山群岛为基地多次袭掠江浙沿海，作战失利身亡。

卢循（？—411年），北方士族范阳卢氏家族南渡后代，孙恩妹夫，随孙恩起兵，孙恩死后继任天师道教主、军队统帅。404年泛海南下占领广州。410年趁刘裕伐南燕之机起兵北上，击败何无忌、刘毅所部，威胁建康，后兵败自杀。

徐道覆（？—411年），卢循的姐夫，追随孙恩、卢循起兵，长期辅佐卢循，兵败被杀。

谯纵（？—413年），益州军府参军，405年桓玄楚朝瓦解，益州发生兵变，谯纵被推举为首领，自称成都王，建立割据政权。后被朱龄石远征军击败，自杀国灭。

司马休之（？—417年），东晋宗室，早年追随司马道子、司马元显父子，对抗王恭、殷仲堪及桓玄势力，失败后与北府军官高雅之、刘轨、刘敬宣等逃亡后秦，受秦帝姚兴命去东方（后秦、北魏、南燕、东晋—桓楚势力之间的河南地区）募兵，反桓玄。后与高、刘等投奔南燕慕容德。404年南下返回东晋，当时刘裕刚驱逐桓玄、重建东晋。刘裕对东晋宗室颇为忌惮，但碍于司马休之资历不得不授官。412年，刘裕伐灭荆州刺史刘毅，由司马休之继任，后与刘裕日趋对立，415

年刘裕再伐荆州，司马休之兵败，再次逃亡后秦。刘裕伐后秦时，司马休之受后秦前线统帅姚赞指令，试图在黄河沿岸联系北魏军、组织抵抗。后秦亡后，司马休之与在后秦的东晋宗室、桓温后人及逃亡官员数百人逃奔北魏，不久病死。

赫连勃勃（381—425年），匈奴铁弗部首领，其父刘卫辰曾被前秦征服、仕苻坚。前秦乱后重新发展势力，占据河套及北部地区，长期与拓跋珪部—北魏作战，后兵败而死。刘勃勃受后秦姚兴支持，继续与北魏作战，并与后秦反目，407年自称大夏天王，后改姓赫连，建都统万城（今陕西靖边北）。417年刘裕灭后秦，418年赫连勃勃南下，消灭驻防晋军占领关中。死后太子赫连昌继位，被北魏太武帝拓跋焘攻灭。

拓跋嗣（392—423年），409年继位，拓跋珪之子，北魏第二任皇帝，与刘裕当权时间基本同步。拓跋珪被暗杀后，拓跋嗣在混乱中登基，北魏上层动荡，所以对410—411年刘裕攻灭南燕未做出反应。416—417年，刘裕北伐后秦时占领了北魏一些沿黄河地区，双方爆发了短暂而激烈的战事，但并未升级；拓跋嗣试图挽救姚泓的后秦，未果。423年，刘裕死后第二年，拓跋嗣趁刘宋无暇外顾之机南征，占领黄河南岸的虎牢等三百里地带，当年年底拓跋嗣病卒。后宋文帝刘义隆试图夺回这一地带，引发宋、魏间一系列大战。

附录二 战事年表

301年，西晋惠帝　永元元年
赵王司马伦控制洛阳，正月，司马伦废黜晋惠帝、称帝；四月，司马伦败死，惠帝复位。宗室齐王、成都王、河间王、东海王等为争夺朝政，逐渐开始一系列内战，西晋政局失控。

304年，西晋惠帝　永兴元年
匈奴北单于刘渊在并州起兵反晋，自称汉王；巴人（賨人）李雄割据成都称王。之后数年，刘渊称帝建立前汉政权，定都并州平阳；李雄称帝建立成汉政权。羯胡石勒组织流寇武装，后向刘渊政权称臣。

306年，西晋惠帝　光熙元年
东海王司马越控制洛阳朝政，害死晋惠帝，扶植司马炽即位，是为晋怀帝。

307 年，西晋怀帝　永嘉元年
琅琊王司马睿到江南建邺（后改名建康）立足。

311 年，西晋怀帝　永嘉五年
各地叛乱蜂起，全面失控。东海王司马越病死。四月，西晋禁军主力在谯郡苦县被石勒军包围，全军覆没。六月，刘渊侄子刘曜及石勒等武装攻破洛阳，将晋怀帝俘虏到平阳。

313 年，西晋愍帝　建兴元年
秦王司马邺在长安称帝，是为晋愍帝。

316 年，西晋愍帝　建兴四年
刘曜攻陷长安，俘获晋愍帝。西晋灭亡，北中国陷入全面战乱，匈奴刘汉政权控制西部的并州、雍州等；石勒在河北立足，逐渐扩张。
忠于晋朝的刘琨在并州晋阳顽抗，祖逖在河南立足，之后相继败亡。
凉州刺史张轨在河西自保，维持时间较长。

317 年，东晋元帝　建武元年
琅琊王司马睿在建康称晋王，初创东晋政权，是为晋元帝。大量北方汉人逃到淮河、长江流域定居，但仍保留故乡籍贯乃至州郡地名，被称为侨民、侨州郡。

318 年，东晋元帝　太兴元年
司马睿在建康正式称帝（晋）。匈奴刘汉政权内乱，刘曜夺位称帝。

319 年，东晋元帝　太兴二年
汉帝刘曜改国号为赵，建都长安，史称前赵。石勒在河北自称赵王，定都襄国（今邢台），史称后赵。

329 年，东晋成帝　咸和四年
石勒灭前赵，俘获刘曜；后赵王朝基本统一北中国。

333 年，东晋成帝　咸和八年
石勒死，其侄子石虎杀石勒诸子，自立为（后赵）帝。后迁都邺城。

337 年，东晋成帝　咸康三年
鲜卑慕容皝在辽西称燕王，史称前燕，建都龙城。

345 年，东晋穆帝　永和元年
东晋朝廷任命桓温为荆州刺史、安西将军。

347 年，东晋穆帝　永和三年
东晋荆州刺史桓温攻灭李氏成汉政权，进占成都、益州，俘获汉主李势。

349 年，东晋穆帝　永和五年
后赵帝石虎死，后赵陷入内战。石虎养孙冉闵一度控制邺城。
此后数年内，趁北中国动乱，东晋朝廷重臣褚裒、殷浩等相继领导东线（扬州）的北伐，号称要恢复中原，但都无太大建树。

350 年，东晋穆帝　永和六年
氐人苻健率领族人从河北西归，占领关中及长安，之后称帝建立前秦政权。冉闵在河北建魏称帝。

352 年，东晋穆帝　永和八年
前燕主慕容儁攻灭冉闵，占领河北地区。北中国出现前燕与前秦东西对峙局面。

354 年，东晋穆帝　永和十年
桓温从荆州北伐前秦，在长安近郊失利撤退。

356 年，东晋穆帝　永和十二年
乘河南地区战乱，桓温从荆州对河南方向进行北伐，战果寥寥。

357 年，东晋穆帝　升平元年
苻坚夺取前秦帝位，自称大秦天王，任命王猛主持政务。

359 年，东晋穆帝　升平三年
为了和桓温争功，东晋重臣谢万（谢安之兄）从东线北伐，被前燕军击败，免职为民。

363 年，东晋哀帝　兴宁元年
刘裕出生。其母去世。

369 年，东晋海西公　太和四年
桓温掌控东晋政权，从扬州北伐前燕，惨败。

370 年，东晋海西公　太和五年
苻坚前秦灭前燕，基本统一北中国。

373 年　东晋孝武帝　宁康元年
桓温病死。谢安家族逐渐掌控东晋朝政。前秦攻占东晋的梁、益二州（汉中与蜀地）。

375 年　东晋孝武帝　宁康三年
前秦丞相王猛病死。

376 年　东晋孝武帝　太元元年
前秦攻灭割据河西的张氏前凉政权。

377 年　东晋孝武帝　太元二年
为应对前秦日益强大的威胁，东晋开始备战。谢玄（谢安之侄）任兖州刺史，镇广陵。

379 年　东晋孝武帝　太元四年
前秦攻占东晋重镇襄阳，虏获释道安、习凿齿。谢玄兼任徐州刺史，镇京口，重点经营东线对前秦的防务。以京口城和侨徐州为基础的"北府兵"获得扩充、壮大。

383年　东晋孝武帝　太元八年
前秦全面进攻东晋。十一月，淝水之战，前秦惨败。

384年　东晋孝武帝　太元九年
鲜卑宗室慕容垂背叛苻秦，在河北略地扩张。羌人姚苌起兵关中，称秦王，史称后秦。前秦境内陷入全面战乱。释道安等胡汉僧人在长安翻译佛经。

385年　东晋孝武帝　太元十年
西燕主慕容冲占据长安。苻坚被姚苌俘获处死。东晋将领刘牢之率北府兵到河北，与苻坚之子苻丕联合对抗慕容垂，最终失利。释道安去世。

386年　东晋孝武帝　太元十一年
慕容垂即位称燕帝，史称后燕。鲜卑拓跋珪在代北复国，创立北魏政权。慕容冲被部属杀死，西燕鲜卑东迁并州，姚苌后秦占据长安。

393年　东晋孝武帝　太元十八年
后秦帝姚苌死，太子姚兴继位。

394年　东晋孝武帝　太元十九年
慕容垂后燕攻灭并州的西燕。

395年　东晋孝武帝　太元二十年
后燕军远征北魏，被歼灭于参合陂。次年后燕主慕容垂病死。

397 年　东晋安帝　隆安元年
北魏拓跋珪举国进攻后燕，占领河北。后燕主慕容宝逃奔辽西龙城。

398 年　东晋安帝　隆安二年
皇叔司马道子掌控东晋政权，引起荆州刺史殷仲堪、徐州刺史王恭不满，两人相约起兵进攻建康。殷仲堪为了壮大势力，提拔了赋闲的桓玄（桓温幼子）。王恭部下的刘牢之倒戈投奔司马道子。

399 年　东晋安帝　隆安三年
桓玄在荆州袭杀殷仲堪，获得朝廷任命为荆州刺史。孙恩天师道军在江南起兵，进攻会稽郡，刘牢之北府兵前往镇压，刘裕三十五岁，在刘牢之军中担任下级军官。后燕宗室慕容德割据青州，定都广固城，史称南燕。法显从后秦去往天竺。

400 年　东晋安帝　隆安四年
孙恩天师道军再次攻入钱塘江口，袭掠江浙沿海。刘裕等北府兵与天师道军作战。

401 年　东晋安帝　隆安五年
孙恩天师道军泛海试图进攻建康，刘裕在陆地防堵天师道军。沮渠蒙逊占据张掖，史称北凉。龟兹名僧鸠摩罗什抵达后秦都城长安。

402 年　东晋安帝　元兴元年
桓玄从荆州起兵占领建康，刘牢之投降。桓玄控制东晋朝政，清洗北府旧将，刘牢之自杀。孙恩战死，卢循继续统领天师道军。

403 年　东晋安帝　元兴二年
刘裕与卢循天师道军作战。十二月，桓玄取代东晋，称帝建楚。

404 年　东晋安帝　元兴三年
刘裕、刘毅、何无忌等北府军官起兵反对桓玄，攻克建康，重建东晋。桓玄西逃、败死。卢循天师道军泛海南下，占领广州。

405 年　东晋安帝　义熙元年
正月，桓氏残余力量被刘裕军彻底消灭。二月，谯纵自称成都王，割据蜀地。三月，晋安帝复位。

406 年　东晋安帝　义熙二年
刘道怜、刘敬宣伐谯纵，失败。

407 年　东晋安帝　义熙三年
匈奴赫连勃勃在陕北自称大夏天王、大单于。在辽西，北燕取代慕容氏后燕。

409 年　东晋安帝　义熙五年
刘裕北伐南燕，两军临朐会战，晋军击败南燕主力，围攻广固城。

410年　东晋安帝　义熙六年

广固城破，南燕帝慕容超被俘，南燕灭亡。卢循天师道军从岭南起兵，水师自湘江、赣江进入长江，东晋江州刺史何无忌战死，豫州刺史刘毅战败，天师道军进逼建康。刘裕从南燕战场返回建康。

411年　东晋安帝　义熙七年

刘裕消灭卢循天师道军，进占广州。

412年　东晋安帝　义熙八年

刘毅任荆州刺史，与刘裕不和。刘裕率军溯江奇袭荆州，攻灭刘毅。

413年　东晋安帝　义熙九年

刘裕返回建康，处死有异心的诸葛长民。刘裕部下朱龄石从荆州溯江进攻蜀地，平定谯纵割据势力。

415年　东晋安帝　义熙十一年

荆州刺史司马休之试图对抗刘裕。刘裕率部奇袭荆州，司马休之出逃后秦，刘裕女婿徐逵之战死。

416年　东晋安帝　义熙十二年

刘裕北伐后秦，先锋军攻占河南地区。

417年　东晋安帝　义熙十三年

七月，晋军攻克长安，俘获后秦帝姚泓，后秦灭亡。十二月，刘裕返回南方。

418 年　东晋安帝　义熙十四年
夏主赫连勃勃击败东晋驻军，占领关中、长安。

420 年　宋武帝　永初元年
六月，刘裕称帝，国号宋，东晋终结，南北朝开始。

422 年　宋武帝　永初三年
五月　宋武帝刘裕卒，少帝刘义符即位。

424 年　宋文帝　元嘉元年
刘宋重臣徐羡之、谢晦等废黜杀死少帝刘义符，迎立荆州刺史刘义隆，是为宋文帝。

479 年　齐高帝　建元元年
萧道成建立齐朝，刘宋朝灭亡。

后记

这本书稿是我2009年秋写的。当时正在写博士论文（即《南北战争三百年》，已由上海人民出版社出版），刘裕的战记，本来是博士论文里面的一章，我就顺便把它扩写成了一本书的篇幅。

中国古代名将几乎多如牛毛，包括很多马背上夺天下的皇帝，刘裕的知名度算是比较低的。为什么专门写一本刘裕的战史？

因为我优先考虑的不是战争的规模，甚至不是战争对后世的影响，而是战争的"可观赏性"。可以用体育比赛类比一下：足球世界杯的决赛，往往不如前面的小组赛精彩；两位战绩显赫的世界级拳王，举行一场巅峰对决，也未必精彩好看，比如当年泰森和霍利菲尔德之战，黏黏糊糊拖泥带水。多数人都是因为"咬耳朵"记住那次比赛的，其实即使没发生咬耳朵事件，那场比赛也没任何观赏性，谁取胜也意义不大。而刘裕，就像一个陌生的新选手登场，接连放倒了几个老拳王，甚至是比他高几个重量级的大块头对手。他的战记的魅力就在于此。

具体到刘裕当时的环境。第一，他生活在分裂时期的东晋——江南的半壁江山里，当时人口很少，而且东晋政权对社会的控制能力很低，军事动员能力也低，所以军队规模都不大。刘裕平生进行的几次重大战争，多数史书都没记载兵力数字，从其他旁证来推测（比如稍早的桓温能够集中的兵力），应该都在三五万人规模，不会超过十万人。在中国古代战争史里面，这确实有点拿不出手。

第二，刘裕立足的南中国缺少战马，他的军队主力是步兵，后勤补给只能依赖缓慢的水牛和舟船。当攻击北方的鲜卑、羌人政权时，他面临的困难更大，因为北方冬春季缺水，河流结冰，无法进行航运，他只能趁短暂的夏日雨季进行北伐。他的对手拥有骑兵优势，军队的集结、攻防速度远高于南军；在战场上，骑兵的冲击威力远远超过步兵，而且可以靠四出抢掠解决补给问题。就在这种劣势对比下，刘裕仍攻灭了鲜卑南燕、羌人后秦两个王朝，他们的皇帝不仅没能抵挡住刘裕迟缓的步兵部队，甚至连逃命的机会都没有，都被俘，然后被处死了。在火药兵器普及以前的人类战争史上，步兵、骑兵相对抗时，这种战局也许是绝无仅有。

了解了刘裕的实力缺陷，才能理解他战略和战术的过人之处。而且在刘裕不算长的战争生涯里，有形形色色的众多对手——除了北方政权，还有靠宗教凝聚力和水战见长的天师道军,有南方的割据政权甚至是王朝篡位者(桓玄),有东晋旧宗室实力派,还有渐生仇隙的同袍战友。和这些对手的战事往往此未落、彼已起,跌宕起伏悬念十足。就像本书"引子"里,刘裕远征南燕时,除了拓跋北魏、羌人后秦两个王朝的虎视眈眈,还有天师道军悄悄从岭南北上,直逼都城建康,刘裕北伐军坚城未克,又受到了后方沦陷的威胁……

刘裕这人性格比较沉稳内向。如果说刘邦有无赖的嚣张本色,李世民有刻意扮演开国雄主的舞台感,刘裕能够被人传扬的言行就实在太少。即使如此,从战争生涯的紧张程度,从实力与战绩的"相对值"来看,刘裕战争生涯的精彩跌宕,绝不亚于靠蒙古骑兵横扫亚欧大陆的成吉思汗。

当然,作为历史人物,刘裕有他不好写的地方,除了他性格颇为内敛、缺少"舞台感"的言行,还因为史书对他在军政领域之外的事迹记载太少,比如亲属和家庭生活的细节等,所以只能为刘裕写一部"战史",而非一部完整的、多角度的人物传记,他个人的生平经历,和当时整个时代的关联纠缠也不算太大。巧妇难为无米之炊,史书阙如的部分,我也只能留白了,因为这毕竟是一部史学作品,而非虚构文学。本书"引子"似乎有点"文学性",但那有点虚晃一枪了,正文还是比较贴近史实,没有什么虚构成分。

这本战记的另一个特点,是对魏晋时代地理、地貌的复原,希望让读者穿越时空、亲临其境。它也有两个来历。其一,战争与地理环境的关系最密切,战事展开的山川地貌、季节冷暖乃至气候的短期变化,都有可能影响战局胜负,统帅必须考虑周全。所以战史不同于一般的历史作品,必须尽可能详细地复原地理、季节、气候因素,这就使作品更有身临其境的"视觉效果"。除了常用史料,我还为此翻检了史书里的《五行志》《灾异志》,发现颇有些收获,有对物候、环境现象的大量记载,以往学者们多不太关注《五行志》,最多是从政治文化的角度使用它,其实它的用处更多。

其二,自导致东汉解体的董卓之乱以来,文人士大夫中逐渐流行一种游记文章"述行记",它们多记载战乱中的颠沛流离,沿途见到的景物、风土人情与古迹。这些乱世行纪,很多被引入了伟大的地理志书《水经注》。刘裕时期,随军的幕僚文人也经常写下行军途中见闻,寄给后方的亲友分享。它们是复原中古山川地理风貌、人文景观的第一手素材,但这些游记大都失传了,只有唐宋类书里面有零星引用。本书中刘裕军队占领旧都洛阳的篇章,就用了很多辑佚而来的时人书信、游记。

军人可以是伟大的旅行家,军事远征也是一种去往未知世界的游历(而且更刺激),我们可以随着他们航行在"潮平两岸阔,风正一帆悬"的浩荡长江;可以穿越暑热夏日里水花四溅、涛声如雷的三峡,感受长江在群山间奔腾的奇丽壮美;还可以进入沦为丘墟荒林的华北平原,在雪野里感受胡马驱驰的战栗,直到开进新占领的古都洛阳、长安,触摸那些残破的周秦汉魏宏大建筑,做穿越时空的怀古追思。

另外,魏晋南北朝时候的民歌,很多都保留下来了,有北方羌胡匈奴等汉译过来的，也有华北和华南汉人的。一般北方的风格粗犷直爽，语言也俚俗；南方的婉约细腻，更多吴侬软语。有些歌谣居然能和当时的历史事件呼应上，因为当时的作者也喜欢大事件、爱拿著名人物当主人公，以往文史学者对这方面关注的还不太够。像本书里出现的几首关于鲜卑慕容氏的歌谣，还有江南的《丁督护歌》，它的名字就来自刘裕的贴身卫士丁旴。这些歌谣放在《乐府诗集》里，读者都不太明白怎么回事，但把它们放到当时的历史事件里，还原到它们的主人公身上，这些诗歌就都"活"了，导致它们产生的那些历史场景历历俱在；它们的主人公也活了，从古书里的"之乎者也"，变成了有悲喜嗔怒、有笑声和泪水的活人，如在眼前。

萨满教的巫师借助咒语通神，召唤死去的先人降临附体；诗歌，也许是古人留给后辈的通灵魔咒。

书稿刚写出时，我请清华大学历史系的王晓毅教授审读过，他提了个意见：为什么要写那个去印度取经的法显和尚呢？他和刘裕的战争好像没什么关系。

确实如此。不过我觉得，军人和僧人，这两个职业截然不同，是两个完全相反的方向：杀戮和超度，但他们又有某种相似——都忽略，或者说超越了饮食男女的正常生活，也许把他们合起来，才能看到人生和时代的全貌。而且，法显走得更远，他是第一个去印度并留下文字记载的中国僧人，比著名的玄奘早二百多年，他的行纪《佛国记》虽然不如玄奘的《大唐西域记》篇幅长，但更有个性化的体验和丰富的细节。本书读者在随士兵们游历华南和中原世界之余,也不妨随这位僧人去看看遥远的西域、天竺,乃至泛舟印度洋,遍历斯里兰卡和印尼群岛,那是中国古史的另一个维度。

而且,把史书和《大藏经》里东晋十六国时期翻译的佛经对照,会有更惊人的发现。比如在淝水之战后,前秦王朝崩溃,苻坚据守长安,和鲜卑、羌人对手长期鏖战,研究魏晋史的人都知道这些。但多数人没注意的是,《大藏经》里的一些佛经篇章,居然就是这个时候在被围困的长安城内翻译的,这些自序里稍有提及。将这两者拼合,就是令人无比震惊的一幕:在靠吃人肉为生的长安围城岁月里,这群僧人居然翻译出了一部又一部佛典……

那会是怎样一幅洪荒可怖,但又宁静肃穆的场景?这个颠覆性的历史细节,似乎还没有史学和佛学研究者注意到。

在古书里复原六朝山河的同时,我还想去那些昔日战地走走看看。

刘裕军事生涯中最有戏剧性的一幕,是405年春天,他在京口城(今镇江市)聚众起兵,反对已经废晋称帝的桓玄,从京口到建康一百多华里,他的小队伍走了三天,打了三仗,然后攻克建康(今南京市),驱逐了桓玄。这条路在长江南岸、紫金山脉北麓,魏晋隋唐时期的地理志书对它有所记载,那时山林茂密,人烟稀少,甚至有行人被虎捕食的记录。我对那场进军的描写是:"他们的右边是浩荡奔腾的长江水,江滨绿柳如云;左边是绵延起伏的群山,山间杂花竞放,群鸟啼鸣,花瓣伴随着微风纷扬飘落。这支千余人的绛红色小队伍，匆匆行进在迟来的江南春色之中……"

　　说来没出息，我也有点被这段文字感动了。于是在 2010 年的春天，我到了镇江城，看了京口北固山，在刘裕队伍向建康行军的那三天时间里，我也从镇江走到了南京，在沿途的下蜀镇等乡间住宿。三天里阴雨颇多，漫山遍野的黄色油菜花，民居都是白粉墙，黑瓦上有青苔碧绿。

　　一路走完，有点遗憾，因为今天的山河已经不是一千六百年前的模样了，昔日的江流水道已经沉积成了平原，运输矿石的大卡车在小路上隆隆驶过。汉唐时，这段长江因靠近海口，宽达四五十里，烟波浩渺如海，如今已经变窄到不足当时的十分之一。当年的石头城临江而立，被江水拍打冲刷，现在城下已经淤积为平地，变成了秦淮河的延伸段……今天的人口比当年增加了五六十倍，经过现代工农业的各种开发，已经看不到那个莽荒而沉静的古中国了。我们只能止步于文字的复原再现。

　　我是北人，也常看些雪山大漠、高原牛马，然后就好奇葱茏的南国水乡，时而想象乘着轻舟过万重山，漂泊天地之间，看大江流日夜，烟渚月近人。对故国、思古人、临水登山，还有很多旧事可以书写。

2009 年秋初稿于清华园
2018 年夏再改于天山脚下
2019 年初定稿于旅次

关于本书体例的一点说明

本书侧重叙事而非考据，但不同史书或篇卷总会存在记载的差异，要进行考辨工作，有些我在脚注中做了简短说明，有些则只写成了正文，因为考虑到都出注过于烦琐，细小问题也不值得写札记论文。如果有史学同行著文指摘商榷，我非常欢迎和感谢。

另外，涉及纪年方式，本书优先采用公元纪年，因为当时不同政权采用的年号繁多，同一年内也常改好几次年号，不如用公元纪年便利；涉及月日，我则采用旧历（农历），因为今天农历也没有消亡，还在使用，今日的读者很容易对照。农历的一个好处，是可以直接确定月亮的圆缺程度，这也是复原历史很大的便利。但这又带来一个问题，就是农历年和公历年有一个多月的交错期，比如我们过完阳历的元旦，已经进入新年了，但按照农历，还在旧年的年末。这就只能请读者注意和理解了。

再现古代战争，地图比较重要，谭其骧主编的《中国历史地图集》对古代政区有比较好的再现，但缺乏地形因素，而理解战争地理，只靠没有地形的政区图就不太够。我读研究生的时候，是先把《中国历史地图集》相关部分翻得比较熟，再参照现代的地形图、卫星图，再现古代战争的各种地理要素，就弥补了这个遗憾。这里借机介绍一点史地基本知识：现代和一两千年前的古代相比，山川形势基本没变化，有变化的是两点：一、比较低平的海岸线，会因为淤积逐渐向海中推进，主要发生在黄河汇入渤海或黄海的入海口，以及长江的入海口；二、河流在下游平原上的河道，一两千年的历史维度中会发生一些摆动、改道。读者如果了解这些稳定与变化的因素，可以更好地利用现代卫星图和历史地图，更可以自行旅行访古，亲身体会山川陵谷之恒常与沧海桑田之变迁。

最后说一点关于慕容鲜卑的相貌问题。史书偶尔提及，这些人中有些皮肤白皙，或者须发呈黄色，所谓"白虏"或"黄头鲜卑"，陈寅恪最早著文总结这个现象。恐怕有人会想象成金发碧眼的所谓北欧人种特征，但我觉得未必，一是因为古史对这个现象的记载并不是十分强调、突出，如果是和中国人差异太大的北欧人相貌，中国史书肯定会用更大的篇幅来描写；二是北欧人种特征是头骨窄长，深目高鼻，这方面不仅史书没记载，现在的鲜卑墓葬等考古工作也没有发现。我在山西省有些地方游历时，曾见过当地人中有少数人的相貌特征是：肤色白皙，头发偏浅棕色，头形较圆，体形也多偏短粗，这可能也是中古时期部分鲜卑人的体貌特征。十六国早期的石勒等羯胡人高鼻多须，但史书未写其毛发颜色有异，应当是来自中亚的古伊朗人，中亚人毛发多为深色，和东亚人种差不多。所以史书里写了什么和没写什么，都应当做全面考虑、比对，不宜为攀"洋亲戚"而故作惊人之论。

李硕